Guerrilheiros
da Intolerância

Série Mecanismos Secretos da História

Herminio C. Miranda

Guerrilheiros da Intolerância

I. Hipácia, a bela filósofa de Alexandria
II. Giordano Bruno, o metafísico do Renascimento
III. Annie Besant e as suas muitas vidas

Copyright ©1997 by Herminio C. Miranda

Direitos cedidos pelo autor ao
Instituto Lachâtre
Caixa Postal 164   CEP 12914-970
Tel / Fax: (011) 4063-5354
correio eletrônico: lachatre@lachatre.org.br
página na internet: http://www.lachatre.org.br

Revisão: Cristina da Costa Pereira

Capa: Andrei Polessi

4ª edição - 1ª Reimpressão – Outubro de 2018

A reprodução desta obra, no todo ou em parte, por qualquer meio, será permitida somente com a autorização, por escrito, da Editora (Lei nº 6.896 de 17.12.1980).

CIP-Brasil. Catalogação na fonte

M642g   Miranda, Herminio Correia de, 1920-2013.
Guerrilheiros da intolerância / Hermínio C. Miranda – Bragança Paulista, SP : Lachâtre, 2018.
256 p.
Bibliografia

1.Espiritismo. 2.Reencarnação-pesquisas. 3.Hipácia, 380-415. 4.Bruno, Giordano, 1548-1600. 5.Bessant, Annie, 1847-1933. I.Título. II.Série : Mecanismos Secretos da História. III. Bibliografia.

CDD 133.9   CDU 133.7

Impresso no Brasil
Presita en Brazilo

SUMÁRIO

A reencarnação através da história (Ismael Gomes Braga), 7
História do livro, 11
Introdução, 17

HIPÁCIA
A bela filósofa da Alexandria, 23

GIORDANO BRUNO
Formação cultural e primeiras andanças, 45
Peregrinação pela Europa, 57
Na boca do lobo, 67
O gato e o rato, 75
A "grande fábrica" do Santo Ofício, 89
Frances Yates, uma saudável reavaliação, 97
Os andaimes herméticos do pensamento bruniano, 107
Bruno, o metafísico do Renascimento, 119

ANNIE BESANT
O núcleo familiar, 127
Educação e instrução, 135
As angustiantes "realidades do casamento", 141
Separação, 149
Desencontro com o reverendo e (re)encontro com Bradlaugh, 155
Annie escreve sobre Giordano Bruno, 163
Annie e Bradlaugh fazem história, 167

Novo temporal, 177
Rejeição universitária, 181
"Um portentoso silêncio", 185
A última das "cinco vidas", 199
Entrega total, 209
Depressão, 215
O Messias, 221
A controvertida personalidade de Leadbeater, 225
Krishnamurti decepciona seus patrocinadores, 235
O fim da jornada terrena, 243

Bibliografia, 255

A REENCARNAÇÃO ATRAVÉS DA HISTÓRIA

Todos nós, leitores de *Reformador*, somos reconhecidos ao nosso culto confrade Hermínio Miranda, pelo serviço que nos presta, lendo para nós a imprensa espírita periódica inglesa e nos fazendo dela preciosos resumos e comentários mensais.

Agora tive a ventura de ler, ainda inédito, um grande livro desse estudioso irmão, sobre a reencarnação de alguns missionários em diversas épocas da história da humanidade, tratando da mesma missão em diversos tempos e com diversos nomes.

O primeiro que ele nos apresenta em três encarnações é Alexandre, o Grande, da Macedônia, que em trinta e poucos anos de vida conquistou quase todo o mundo, em guerras sempre vitoriosas para as suas armas; depois de séculos voltou como Júlio César e fez novas guerras vitoriosas; finalmente, como Napoleão Bonaparte, sempre em guerra pela unificação do mundo. Essa luta unificadora não está vencida, mas vive no coração de muita gente que idealiza um só governo, sem os gastos horrendos que as nações hoje têm com exércitos, marinhas de guerra, aviação militar, corpo diplomático e muitas outras, consequentes da divisão do mundo em nações.

No livro inédito de Hermínio Miranda, que é uma grande obra em dois volumes de cerca de quinhentas páginas cada um, o momento histórico em que viveu e lutou por três vezes esse grande espírito que tomaria os nomes de Alexandre, Júlio César e Napoleão, vem minuciosamente documentado com a citação de muitos historiadores.

7

Depois desses guerreiros, estuda a aviação e nos apresenta Bartolomeu Lourenço de Gusmão e Santos Dumont, como sendo o mesmo espírito.

Neste caso a missão ficou cumprida, a aviação é um fato concreto, mas foi empregada logo para a guerra e isso deu a Santos-Dumont um desgosto tão profundo que ele se suicidou por enforcamento, quando viu a aviação bombardeando uma cidade brasileira em guerra fratricida. Entre o padre voador e Santos-Dumont nota-se uma grande evolução moral: o padre era concupiscente, esteve complicado em amores com freiras e foi perseguido pela Inquisição; enquanto que Santos-Dumont era de moral muito pura e sensível.

Depois dos guerreiros e aviadores vêm os políticos, e Hermínio Miranda sempre com o mesmo método de exposição, ensina a história do tempo em que o espírito trabalhou em sua missão. Apresenta-nos José Bonifácio de Andrada e Silva e Rui Barbosa, como o mesmo espírito em duas encarnações, na mesma missão política em favor do Brasil.

De passagem cita Ovídio, Rafael e Chopin como o mesmo cultor das artes e Bach (Wilhelm Friedmann) e Mendelssohn como o mesmo compositor em duas encarnações.

Finalmente apresenta João Huss e Allan Kardec, como o mesmo espírito trabalhando no domínio filosófico-religioso. Trata muito pormenorizadamente dos dois momentos históricos em que viveram as duas personagens humanas.

Ao tratar do aparecimento do espiritismo, traz muitas minúcias, mas não menciona Emmanuel Swedenborg que, na opinião de Arthur Hill e outros historiadores, é o pioneiro desta nova fase do espiritismo. Seria justo mencionar Swedenborg, pelo menos para refutá-lo, se estiver em desacordo com os historiadores do espiritismo.

O último é Allan Kardec, cuja biografia está excelente em todos os pormenores.

De qualquer modo é um livro de muito interesse, ao qual desejamos muito bom êxito quando for publicado. Tive a fortuna de ler o manuscrito ainda inacabado e por ele vejo que o nosso culto irmão não poupou tempo nem esforços na preparação de seu trabalho.

Pena não haver estudado algum caso como o de Giordano Bruno = Annie Besant, no qual o frade ousado que enfrentou as cóleras da santa Inquisição e foi queimado vivo na praça das Flores, em Roma, em fevereiro de 1600, e depois séculos mais tarde, num gracioso corpo feminino, enamorou-se, casou-se, teve filhos, mas deixou a família para retomar seu combate contra o fanatismo religioso, havendo realizado uma obra grandiosa na encarnação feminina.

Annie Besant lembrava-se nitidamente de ter sido Giordano Bruno e conservou a sua indomável energia e até o timbre da voz em seus discursos. Naturalmente preferiu um corpo feminino para domar melhor sua violência e com isso conseguiu muito. Na nova encarnação chefiou greves, fez bela obra social, fundou universidades e escolas, combateu o fanatismo religioso, sempre sem violência. Um corpo feminino que chega à maternidade abranda muito a violência de um frade fanático.

Como o livro ainda não está publicado, é possível que o autor ainda lhe acrescente algum caso de missionário reencarnando em outro sexo para facilitar a missão.

Conhecemos em nossa intimidade um missionário que depois de longa série de encarnações femininas, nas quais cultivou muitas virtudes, teve de tomar um corpo masculino para continuar sua obra, e está vitorioso. Não temos o direito de revelar-lhe o nome, porque os fatos nos foram confiados confidencialmente; o autor há de conhecer casos que já possam ser publicados para estudo de todos.

Repetimos que se trata de um livro de muito valor para estudiosos sérios.

Ismael Gomes Braga

HISTÓRIA DO LIVRO

Cada livro tem sua história e meus leitores e leitoras sabem que gosto de contar como e por que os escrevi. Não irei desapontá-los desta vez.

Houve um tempo em que um ambicioso projeto literário ocupou grande espaço em minha mente. Eu desejava escrever um livro no qual estudasse reencarnações do mesmo espírito em mais de uma existência. Escolhi para isso algumas figuras históricas conhecidas sobre as quais dispunha de informações que, pelo menos, justificavam o empenho em relatar aquilo a que chamei, provisoriamente, suas multibiografias. Colocaria as histórias de suas existências uma ao lado da outra, de modo a obter-se uma visão de conjunto que permitisse construir uma hipótese razoável de que teriam sido a mesma entidade espiritual em diferentes passagens pela vida terrena. Teriam, por exemplo, características pessoais mais ou menos reconhecíveis, que transbordassem de uma vida para outra? Os planos de trabalho de cada uma delas guardariam certa coerência de vida em vida? Haveria projetos que necessitassem de várias existências, a fim de serem levados a termo? Teriam suas preferências por esta ou aquela atividade, como política, religião, filosofia, vida militar, arte? Haveria sinais identificáveis de progresso evolutivo no traçado de uma sequência de vidas?

Foi assim que investi uma boa parte do escasso tempo disponível entre os últimos anos 60 e o início da década de 70, em demoradas pesquisas e muita meditação, comparando dados, checando informações, examinando o explícito nos textos e o implícito das entrelinhas, em busca de evidências que sustentassem especulações

11

admissíveis. O trabalho – entendia eu – precisava ter um mínimo de credibilidade, a dose certa de consistência e o colorido da imaginação, sem contudo, apelar para a fantasia. Isso porque, obviamente, eu não dispunha de provas concretas para documentar especulações, que, para muitos, não passariam de mero arranjo de divagações. Apesar das reconhecidas dificuldades, o projeto caminhava. Mesmo porque eu não tinha o propósito de provar a ninguém – nem a mim mesmo – que C havia sido B, que, por sua vez, vivera anteriormente como A. De certa forma, meu estudo seria algo parecido – ainda que muito diferente, entenda-se – com as famosas *Vidas paralelas*, de Plutarco. Que, a propósito, também consultei, nas minhas buscas, aliás, com bastante proveito, dado que o antigo historiador e filósofo romano selecionara para uma de suas 'Vidas', dois dos meus próprios escolhidos: Alexandre, o Grande e Júlio César. Teria sido uma escolha bafejada pela intuição?

Acrescentei a Alexandre e Júlio César a figura de Napoleão e, antes deles, poria Tutmés III, como uma das entidades que se reencarnava de tempos em tempos para implementar seus projetos de conquista militar. As informações sobre Alexandre não eram muitas – hoje são mais amplas –, sobre César, suficientes e sobre Napoleão, torrenciais e continuam crescendo em volume e interesse, mas eram escassas sobre o faraó guerreiro, a não ser recorrendo a textos mediúnicos, como *Romance de uma rainha*, de J. W. Rochester. Estes, porém, carregam consigo tão forte suspeição de fantasia que resultam inválidos para muitos, como evidência digna de atenção.

Selecionei, ainda, João Huss e Allan Kardec e, entre os brasileiros, Bartolomeu de Gusmão e Santos Dumont, bem como José Bonifácio de Andrada e Silva e Rui Barbosa. Arranjei um título vistoso para o livro – *Mecanismos secretos da história* – e levei alguns anos a escrevê-lo.

Ficou previsivelmente grande. Era difícil comprimi-lo para umas poucas páginas, dado que o panorama histórico era demasiado amplo e eu hesitava em sacrificar detalhes que contribuíam, a meu ver, para o fortalecimento da tese. O livro ficou pronto e me pus a esperar uma oportunidade favorável para publicá-lo.

Por esse tempo, eu costumava ir com certa frequência a Salvador, Bahia, a serviço da empresa para a qual trabalhava e, lá, usualmente, encontrava-me com Divaldo Pereira Franco. Num desses encontros, o querido amigo e médium me informou de que a entidade espiri-

GUERRILHEIROS DA INTOLERÂNCIA   13

tual dr. Bezerra de Menezes me mandava dizer que confirmava as conexões palingenésicas que eu propunha entre os vultos históricos selecionados e que estava na hora de publicar o livro, que permanecia engavetado, depois de revisto e redatilografado. Isso foi, como se percebe, na era pré-computador.

Entreguei os originais à Federação Espírita Brasileira e lá eles repousaram em outras tantas gavetas ou prateleiras por mais alguns anos. Não me foi dito por que não se decidia logo se publicavam ou não o livro. Talvez fosse grande demais – cerca de seiscentas páginas –, ou porque não gostaram da temática, de vez que não era uma obra tipicamente doutrinária, mas uma dissertação especulativa acerca da reencarnação na história. Não fiquei sabendo o que se passou.

Seja como for, resolvi pedir de volta os originais. Pensava reduzir o tamanho da obra antes de oferecê-la a outra editora. A essa altura, porém, parte do material extraviara-se na FEB. Devolveram-me apenas dois dos quatro volumes datilografados. Talvez o livro não fosse mesmo para ser publicado, pensei, ainda mais agora, que se perdera em grande parte. Leitores que haviam tomado conhecimento do trabalho me cobravam, pessoalmente ou por carta, a publicação da obra que suscitara alguma expectativa naqueles que tomaram conhecimento do projeto. Por esse tempo, contudo, além das tarefas profissionais, eu escrevia assiduamente no *Reformador* e em outras publicações, e começara a lançar os primeiros livros. Achei que *Mecanismos secretos da história* morrera na praia e que por lá deveria ficar. Acho que todo escritor precisa contar com a possibilidade de que uma ou outra de suas obras tenha o melancólico destino de não chegar à 'idade adulta' da publicação.

De repente, remexendo velhos guardados, esquecidos desde a última mudança de apartamento, minha mulher encontrou num pacote, uma cópia carbono dos originais completos dos desventurados *Mecanismos...* Pus-me a reler e achei que a obra tinha seus méritos e que ainda poderia ser publicada. Só que precisava ser reescrita ou, no mínimo, meticulosamente revista, dado que mais de vinte anos se haviam passado. Já se viu escritor reler textos seus sem remexê-los? Novamente o projeto foi sendo adiado, à espera de oportunidade favorável, mesmo porque eu estava, a esse tempo, em intensa atividade literária, ainda que já aposentado das funções profissionais.

Aconteceu, então, algo imprevisto. Fiquei sabendo por Luciano dos Anjos, que Ismael Gomes Braga havia lido os originais de *Me-*

canismos secretos..., provavelmente incumbido pela FEB de os avaliar e opinar sobre a viabilidade de sua publicação. O veterano confrade gostara do meu livro e, mais do que isso, escrevera sobre ele um pequeno artigo, contando já com a publicação, que não aconteceu, como vimos. Luciano tinha, nos seus bem organizados arquivos, o texto de Ismael, que também permanecia inédito.

Como o leitor e a leitora poderão ver, logo no vestíbulo deste livro, Ismael não se limitara a aprovar o meu livro – propusera que eu incluísse entre os biografados, a dupla Giordano Bruno/Annie Besant, que também seriam reencarnações da mesma entidade espiritual e se encaixavam, portanto, no meu plano de trabalho.

A ideia me seduziu prontamente. Sua realização é que não era tão fácil como, de início, eu havia suposto. Material de boa fonte e suficientemente esclarecedor acerca de Bruno e Besant revelou-se de difícil acesso. A partir de um momento mágico, contudo, as coisas como que começaram a destravar-se. Descobri, nas pesquisas iniciais, que havia um livro imperdível acerca de Annie Besant – os dois robustos volumes escritos pelo professor e pesquisador americano Arthur H. Nethercot, da Universidade de Chicago. Alguns anos mais se passaram até que um amigo e confrade, também interessado no projeto, conseguisse, numa biblioteca britânica, um exemplar do primeiro volume e, meses depois, o segundo.

Faltava Bruno, mas também chegaríamos lá. Primeiro, foi o brilhante estudo de Frances Yates, *Giordano Bruno e la tradizione ermetica*, exatamente o que mais interessava à minha dissertação. Não o consegui no original inglês, mas topei com uma tradução italiana, de 1969, que comprei imediatamente. (Fiquei sabendo, posteriormente, que há uma tradução brasileira).

Certo dia, na cidade, entrei numa livraria que costumo frequentar, e lá estava a obra de que mais precisava – *Vita di Giordano Bruno*, de Vincenzo Spampanato, simplesmente, "l'unica monumentale biografia bruniana", no dizer (nada exagerado) de Nuccio Ordine, no posfácio. Trata-se de uma reedição de 1988, pois a primeira, de 1921, encontrava-se esgotada há muito tempo.

Não sei se alguém, por aí, na dimensão invisível, acabou fazendo os livros chegarem às minhas mãos, talvez o próprio Ismael Gomes Braga, sei lá. De qualquer modo, seria injusto deixar de escrever a obra sugerida pelo saudoso companheiro, independente do destino que possa ter *Mecanismos secretos da história*, que continua inédito.

Outra coisa: coincidência ou não, com aspas ou sem elas, este livro programou-se para ser lançado nas proximidades do ano 2000, quarto centenário do martírio de Bruno na fogueira, em 17 de fevereiro de 1600. Curiosamente, só me dei conta disso já em pleno trabalho de elaboração do livro, aí pelo primeiro terço, ao mencionar as datas mais relevantes do processo Bruno, desde que, em 1591, ele cruzou os Alpes, de volta à Itália, depois de muitos anos de vida errante pela Europa. Em maio de 1592, Mocenigo o denunciou e ele foi encarcerado, para permanecer o restante da década de 90 à disposição do tenebroso Santo Ofício. Viveria apenas 48 dias no século dezessete.

Acrescentarei mais uma curiosidade: na década de 90, século dezenove, trezentos anos após as angústias de Bruno com a Inquisição, o antigo filósofo, em sua nova existência como Annie Besant, vivia na Inglaterra o período que Nethercot, seu principal biógrafo, caracteriza como a quinta das suas cinco primeiras vidas – *"The chela of the mahatmas"*, (A discípula dos mahatmas). Essa é, precisamente, a fase em que Bruno, reencarnado como Besant, reencontra-se com o conhecimento da realidade espiritual, que tanto havia ocupado sua mente há três séculos. No contexto da teosofia, ela viveria os longos anos que ainda tinha pela frente. Curiosamente, dei com outro ciclo de trezentos anos no tapete que essas vidas desenharam. Bruno renasceu em fevereiro de 1548 e Annie Besant, em 1º de outubro de 1847. Se você fizer as contas, descobrirá que faltaram apenas quatro meses e alguns dias para completar três séculos de diferença entre as duas reencarnações. Por onde teria andado a entidade Bruno/Besant nesses trezentos anos de intervalo?

Na experiência britânica, creio que se poderia aplicar a Besant a mesma observação que Durant cunhou acerca de Giordano Bruno – ela era mais uma guerreira do que uma filósofa. Seu projeto continuava sendo o mesmo – o de uma guerrilha pessoal contra a intolerância, o preconceito e a supressão da liberdade de pensar. Meditando sobre isso, ocorreu-me a evidência de que, tanto para Bruno quanto para Annie Besant, a comunidade humana insiste em reger-se por mecanismos obsoletos, que têm de ser renovados de tempos em tempos e com maior frequência. Conversaremos sobre isto alhures, nesta obra.

Mais ainda há algo a dizer sobre a década de 90, no século dezenove. É que em 1899, nascia em Nola, a cidade natal de Bruno,

Vincenzo Spampanato, futuro biógrafo de seu conterrâneo. Trezentos anos se haviam passado desde que o filósofo fora condenado pela Inquisição.

Antecipando conclusões deste livro, deixo aqui marcada uma posição. É necessário não nos esquecermos jamais da dramática advertência de Lutero, reiterada, aliás, por Camille Desmoulins, num daqueles momentos de irracionalidade maior vividos pela Revolução Francesa: "Queimar não é responder!"

Essa é a história deste livro. Espero que ele suscite no leitor e na leitora a mesma sensação de aventura que experimentei ao escrevê-lo, pois as vidas de Bruno e Besant e, muito antes deles, a de Hipácia, fazem parte do fascinante projeto do existir, especialmente para aqueles que vivem com o objetivo maior de decifrar os enigmas que a própria vida nos propõe.

INTRODUÇÃO

As biografias, como sabemos, podem reduzir-se a duas ou três linhas, a uma coluna ou duas nas enciclopédias, a algumas páginas em compêndios de história, ou expandir-se em volumosas obras de pesquisa e interpretação. A de Giordano Bruno não foge à regra. Figura em apenas uma linha, entre os "Biographical Names", do *Webster's New Collegiate Dictionary* (2a. edição, 1949) [*"Bruno, Giordano, 1548?-1600. Ital. philos.*]. Pelo que se fica sabendo que ele era um filósofo italiano que viveu entre 1548 e 1600. O ponto de interrogação junto do ano de nascimento indica, naturalmente, que a data é incerta. Não se pode exigir mais do que isso de uma listagem com mais de quatro mil nomes. Mesmo na sua exiguidade, contudo, a informação que oferece o suplemento biográfico do Webster é valiosa, sempre que desejamos apenas localizar uma figura histórica no espaço e no tempo.

Na *Encyclopaedia Britannica* encontramos uma coluna dedicada aos dados biográficos sobre o eminente pensador e um texto suplementar com a bibliografia de Bruno e sobre ele. O *Larousse (Gran Dictionnaire Universel Larousse*, 1866-1876), abre maior espaço para oferecer um resumo de seu pensamento filosófico.

É em *Vita di Giordano Bruno*, de Vicenzo Spampanato, que vamos conhecer a biografia definitiva. Vê-se da bibliografia coligida por Nuccio Ordine, que Spampanato, também nascido em Nola, como o filósofo, vinha estudando a complexa personalidade de Bruno desde a mocidade, publicando em 1899, aos 27 anos de idade, um livro intitulado *Bruno e Nola*. Era o primeiro de uma série. De 1900 a 1911, sairiam mais doze livros, à razão de um por ano – exceto em 1902,

17

quando foram lançados dois –, a maioria deles sobre seu ilustre conterrâneo, ao lado de estudos sobre Telesio, Della Porta e Campanella, que, aliás, tinham muito a ver com Bruno. Já constavam do livro de 1921 preciosos documentos, inéditos à época, reunidos pelo autor e ordenadamente apresentados segundo suas origens – Nápoles, Genebra, Paris, Veneza, Roma e os obtidos em arquivos alemães. Esse livro será o ponto de referência para o texto que estou oferecendo ao leitor e à leitora. Mas não o único, pois vamos precisar, também, da excelente obra de outra erudita bruniana, a inglesa Frances Yates, que discorre com rara competência e lucidez, acerca do envolvimento de Giordano Bruno com o hermetismo, tema que muito nos interessa aqui.

Constitui uma quase unanimidade, contudo, a opinião de que Bruno foi uma personalidade extremamente complexa. Não menos complexa é a obra que ele deixou, como também, a época em que viveu. Para contornar as óbvias dificuldades de abordagem ao problema Bruno-obra-época, imaginei um esquema que nos permita passar por dentro da verdadeira selva dos estudos brunianos sem nos perdermos pelos atalhos. Optei por uma das sempre brilhantes dissertações do historiador americano Will Durant, que nos proporciona uma visão, ao mesmo tempo abrangente e resumida, da posição de Giordano Bruno no contexto da história do pensamento.

Caracteristicamente, Durant não coloca Bruno no volume sobre a Reforma, nem naquele em que cuida do Renascimento, mas, sim, em *The Age of Reason Begins* (Começa a idade da razão), Parte VII da sua respeitável obra. Como se sabe, Reforma, Renascimento e Racionalismo constituem períodos que parcialmente se superpõem. A escolha de Durant, ao abrir espaço para Bruno neste último contexto, marca uma posição importante na avaliação do papel do filósofo italiano no processo da evolução do pensamento. Bruno não é, para Durant, apenas um monge incômodo que a Igreja mandou queimar por obstinada rebeldia herética, mas um pensador que ajudou a inaugurar a era da razão, em claro confronto com aquilo que o próprio Durant caracterizou como "Idade da Fé", no quarto volume de sua obra.

Bruno é o primeiro pensador estudado no capítulo XXIII, intitulado "Renascimento da filosofia", cobrindo o período de 1564 a 1648, e que abre com um texto sobre os céticos. Começava ali o questionamento ao próprio cristianismo.

Guerrilheiros da Intolerância 19

Para Bruno, Descartes, Hobbes, Spinoza, Pascal, Bayle, Holbach, Helvécio, Voltaire, Hume, Leibniz e Kant – expõe Durant (p. 613) – não se tratava mais de uma questão entre catolicismo e protestantismo, mas do próprio cristianismo, de dúvidas e contestações aos mais queridos fundamentos do antigo credo.

A posição de Giordano Bruno nesse conflito de ideias e entre os vultos históricos mencionados por Durant foi, necessariamente, a mais vulnerável. A Igreja não o via como um polêmico pensador laico a debater ideias, mas um monge renegado e herético, nutrido no seio farto da Santa Madre, criado entre os irmãos dominicanos. Mais do que isso, ele teve a temerária ousadia de atacar Aristóteles, O Filósofo, que tão bem servira às estruturas arquitetônicas do pensamento tomista. Ele não era, por outro lado, um pregador paroquial, que se pudesse facilmente fazer calar, pois falava, escrevia livros e os publicava por toda parte, por onde andasse na Europa.

É para entender melhor esse agitado período da história, que vamos, inicialmente, experimentar a visão que dele nos oferece Will Durant em oito páginas imperdíveis. Entendo que, depois disso, estaremos em condições de buscar em Spampanato e em Yates aspectos que ampliem para nós o entendimento do valente pensador italiano.

HIPÁCIA

A Bela Filósofa de Alexandria

Durante alguns séculos – não muitos – os filósofos gregos incumbiram-se de pensar praticamente todas as grandes ideias, criando um viveiro delas para transplantes por toda parte e em todos os tempos. Em seguida, entraram em cena conquistadores gregos e romanos, que se encarregaram de alargar as fronteiras de seus impérios, levando com eles a opressão política, mas, também, um pouco da cultura de seus pensadores. Alexandre, o Grande, é um bom exemplo disso. Educado por Aristóteles, na corte de seu pai, Felipe IV, da Macedônia, estava às vésperas de se tornar senhor de todo o mundo conhecido, ao morrer aos 33 anos de idade. Seu império desmoronou antes de haver sido consolidado e acabou partilhado pelos generais e assessores que sobreviveram ao chefe. O que contribuiu para que a cultura grega fincasse pé em países como o Egito, onde se estabeleceu a dinastia grega dos Ptolomeus.

Detalhe da obra "A escola de Atenas", de Rafael (ver na página anterior a obra integral): Pitágoras está sentado (lado esquerdo), em pé estão Hipácia de Alexandria, à esquerda, e Parmênides, à direita.

23

A marca de Alexandre ficou lá, na geografia e na história e até uma cidade nasceu com o toque mágico de seu nome – Alexandria. Há cerca de 1500 anos já existia ali, no delta do Nilo, uma pequena comunidade faraônica por nome Racotis. Em 332, antes do Cristo, Alexandre mandou acrescentar um subúrbio à parte ocidental da cidade, dando-lhe o nome de Neápolis (Cidade Nova). Juntou as duas comunidades numa só, e deu-lhe o nome com o qual se tornaria quase lendária – Alexandria. Ele a queria como um centro de civilização grega no Egito, maior e mais importante do que Neucratis. Implantaria ali uma base naval, a partir da qual pudesse atingir e dominar a Pérsia, bem como estabelecer um vínculo importante entre a sua distante Macedônia e o rico vale do Nilo. Para fortalecer seus planos, ocupou Faros e anexou-a à antiga Racotis. Poucos meses depois, partiu para as novas conquistas e não mais voltou vivo a Alexandria, onde acabou sendo sepultado seu corpo. Cleomenes, seu vice-rei, deu continuidade ao projeto depois da morte do chefe, em 323 a.C.

A semente era boa e o solo generoso. Alexandria tornou-se vitorioso centro comercial, para onde convergiam as rotas de mercadores orientais e europeus. Em cem anos já era maior do que Cartago e no decorrer dos séculos seguintes, somente a poderosa Roma seria mais importante do que ela. Realizara-se o sonho de Alexandre de criar no delta do Nilo um posto avançado da civilização grega. Lemos na *Britannica* – Vol. 1, p. 579 –, contudo, que não foi somente a cultura helênica que ali se estabeleceu, mas também a semita, fazendo de Alexandria a maior cidade judia do mundo. Foi lá que se traduziu a Bíblia para o grego – a venerável Septuaginta, que ficou com esse nome porque nela trabalharam setenta eruditos, conhecedores de hebraico e grego. Os primeiros ptolomeus fundaram a universidade e governaram com um senado independente, até a época romana. Não menos famosa foi sua biblioteca, criada por Ptolomeu I e mais tarde destruída por invasores, num dos costumeiros gestos de insensata prepotência que costumam cometer os poderosos.

Ao examinar a ciência e a filosofia nos duzentos anos que vão de 364 a 565 de nossa era, Will Durant (*The Age of Faith*, p. 121 e seg.) menciona as grandes universidades do oriente: Alexandria, Atenas, Constantinopla e Antioquia, especializadas, respectivamente, em medicina, filosofia, literatura e retórica. O leitor interessado deve recorrer ao imperdível texto de Durant para informar-se do ambiente cultural da época. Para o nosso propósito neste livro, basta acrescentar que Alexandria tornara-se também importante centro de estudos de alquimia, da qual começava a emergir a nova ciência da química. Durant destaca (p. 122) que "os alquimistas eram geralmente, sinceros investigadores, empregavam métodos experimentais mais fielmente do que quaisquer outros cientistas da antiguidade".

Para o historiador americano, a mais interessante personalidade da ciência na época, foi Hipácia, matemática e filósofa pagã que, segundo informações de que dispomos, renasceria no século XVI como Giordano Bruno e, no século XIX, como Annie Wood, posteriormente Besant, pelo casamento.

Hipácia era filha de Theon, matemático, comentador de Euclides e de Ptolomeu e professor da universidade. A menina nasceu ali mesmo, em Alexandria, sob o reinado de Valens, entre os anos 370 e 380 da era cristã, segundo o *Larousse*. Morreu (trucidada) em março de 415.

Leio na *Biographie universelle*, de Michaud, que "nada se sabe da história pessoal de Theon, a não ser que foi pai da ilustre e infortunada Hipácia". Exemplo explícito de pai que somente é visto porque iluminado pelo brilho próprio da filha. O autor do verbete "Théon d'Alexandrie" não revela grande admiração pelo matemático. Os comentários (*Scholies*), a ele atribuídos, sobre a obra de Aratus, pouco ou nada acrescentam à inteligência do texto que pretendem esclarecer. Limitam-se a fornecer algumas explicações verbais e se caracterizam como mera "compilação indigna de um matemático instruído". Não faltou quem considerasse tais escritos tão inexpressivos que nem seriam de Theon, mas a *Biographie* entende que "há menos razões para negar a autoria do que para atribuí-la" a Theon.

Por outro lado, os *Comentários* sobre o *Almagesto*, de Ptolomeu, também atribuídos a Theon, não merecem, segundo o autor do verbete, melhor atenção – são inúteis, na sua opinião, ao melhor entendimento da obra do famoso astrônomo.

> É bem verdade – prossegue – que o autor se vangloria por não seguir o exemplo dos comentaristas que se mostram sapientíssimos acerca de passagens que não oferecem nenhuma dificuldade, mas nada dizem sobre as que são difíceis de entender e de explicar.

Os comentários, portanto, limitam-se a parafrasear os textos de Ptolomeu, ao passo que suas observações são as que "qualquer leitor atento teria feito por si mesmo".

Essa obra de Ptolomeu foi publicada pela primeira vez em Paris, entre 1822 e 1824, a partir de um manuscrito encontrado na Biblioteca Imperial. Os "Prolegômenos" (Introdução) ao livro são parcialmente do próprio Ptolomeu e, em parte, de Theon. As tábuas de latitude, longitude e outras de natureza astronômica são atribuídas a Ptolomeu, Theon e Hipácia.

Ainda atribuída a Theon há uma continuação do *Cânone real* (tábua cronológica dos reis), de autoria de Ptolomeu, bem como uma edição comentada da obra de Euclides. Creio legítimo depreender-se que, na realidade, Theon produziu livros didáticos, algo parecidos com as modernas apostilas. Seu propósito não seria, pois, o de oferecer eruditos comentários e interpretações, mas apenas o de transmitir aos seus discípulos o conhecimento contido nos textos de sua escolha. Provavelmente, seria mais brilhante professor do que escritor. Seja como for, deve ter tido méritos consideráveis, além de pai de Hipácia, ou não teria galgado o posto de professor na famosa Escola de Alexandria, luminoso núcleo do neoplatonismo.

Quanto a Hipácia, os primeiros ensinamentos recebeu, ainda muito jovem, de seu pai, que, encantado com a inteligência da filha, ensinou-lhe matemática e astronomia. Geometria era a matéria preferida da menina. Referindo-se, mais tarde, a ela, Damascius a caracteriza como "a geômetra". A propósito disso, o verbete do *Larousse* lembra que Platão adotou para sua própria escola o seguinte dístico: "Aqui ninguém entra sem ser geômetra." A condição imposta pelo mestre continuaria a ser adotada pelos seus sucessores imediatos e, mais tarde, pelos neoplatonistas. Eis porque a geometria constituiu para Hipácia o portão de entrada para o território quase sagrado da filosofia.

Por essa época, entretanto, a famosa escola já não desfrutava mais de um clima de tranquilidade, tão necessário às suas atividades culturais. O verbete do *Larousse* informa que a gênese do período de turbulência que começava a enfrentar deveu-se ao fato de haver ligado sua sorte à do politeísmo, numa cidade na qual o cristianismo podia contar com o apoio fanático de parte considerável de uma população inclinada à sedição e que o clero manipulava como instrumento de pressão, suscitando perigosas agitações de rua.

Há algum tempo vinha sendo armado um cenário de confronto de maiores proporções entre cristãos e não cristãos. A morte de Juliano, no ano 363, contribuíra para o agravamento da explosiva situação. Alimentados por crescentes impulsos de intolerância, os desafios e ódios até então mal dissimulados, começaram a vir à tona. As repercussões foram inevitáveis e acabaram sendo fatais à escola. Pela notícia que chegou até nós, depreende-se, não obstante, que não foi a política a causa determinante da melancólica decadência do notável estabelecimento de ensino. Ou, pelo menos, não foi a única. O *Larousse* menciona a própria "força das coisas", que arrastou a instituição que, comprometida com uma causa perdida – a do politeísmo –, teve sua vitalidade esgotada na inglória luta contra a intolerância, pelo direito de pensar e ensinar com liberdade. E comenta:

> ...quando ela desejou retomar o terreno da pura especulação e dar continuidade às tradições pacíficas de seus fundadores, já havia perdido sua inspiração e a fé em si mesma.

Voltaremos a esse aspecto, mais adiante, neste mesmo capítulo, onde consultaremos a opinião de Will Durant, que não difere muito da que expõe o autor do verbete do *Larousse*.

Em prosseguimento à esmerada educação que recebeu de seu pai – e talvez, segundo o *Larousse*, de Proeresius, o sofista –, Hipácia passou algum tempo ampliando seus conhecimentos, em Atenas, onde Plutarco, o jovem, ainda lecionava publicamente, sobre Aristóteles e Platão, reservando, a grupos mais fechados de discípulos escolhidos, suas dissertações sobre os *Oráculos caldeus* e os segredos da teurgia. (Bons tempos aqueles, nos quais os mestres iam para as ruas e praças a fim de ensinar a filosofia dos gênios ao povão...)

É ao mencionar as palestras reservadas de Plutarco aos seus seletos alunos do círculo íntimo, que o *Larousse* coloca uma especulação extremamente sedutora para os objetivos deste livro.

> Teria Hipácia – pergunta-se – participado juntamente com Sirianus, do privilégio daqueles ensinamentos *esotéricos*? [Itálico no original francês] Teria ela – prossegue – sido admitida por Plutarco àquele grupo de iniciados, no qual pontificava sua filha Asclepigênia?

Certeza disso não se preservou, mas a conjectura parece autorizada com apoio em uma referência contida numa das cartas de

Sinesius, na qual o missivista se gaba de haver assistido e ouvido, juntamente com seu amigo Herculeius, dissertações de Hipácia, que caracteriza como "verdadeira iniciadora dos mistérios da filosofia".

A imagem de Hipácia como iniciadora – e, portanto, iniciada – nos postulados esotéricos não estaria fora de propósito no contexto de sua tradição espiritual posterior à sua existência em Alexandria. Quanto ao passado mais remoto, não dispomos de tais indícios, mas é de se supor que levasse nos seus arquivos secretos de entidade muito vivida riquíssimo acervo de experiências e conhecimentos desse tipo. Mesmo porque a temática voltaria a atrair magneticamente sua atenção em existências futuras, como as de Giordano Bruno e Annie Besant.

<blockquote>Seja como for – assegura Michaud –, Hipácia conquistou em Atenas certa celebridade. De volta a Alexandria, não tardou a se tornar conhecida.</blockquote>

Era eloquente – como seriam Bruno e Besant –, dotada de inteligência penetrante e, no curioso dizer do *Larousse*, de "talentos masculinos, que se somavam às graças e às virtudes peculiares ao seu sexo". A avaliação exibe conteúdo de condescendente machismo, hoje inaceitável, mesmo porque injusto sob qualquer aspecto. Capacidade intelectual e talentos nada têm a ver com sexo. Já na época em que foi organizada e publicada a *Biographie universelle* – segunda metade do século XIX – a doutrina dos espíritos proclamava que renascemos, indiferentemente, num e noutro sexo e que a bagagem de conhecimento cumulativo adquirido passa de vida em vida, ainda que sujeita ao esquecimento temporário enquanto a entidade está encarnada.

A jovem pensadora usava o manto especial que caracterizava os filósofos e circulava perfeitamente à vontade, despreocupada de sua beleza, entre os homens eminentes da época. A despeito da desusada (para a época) familiaridade com os intelectuais do sexo oposto, portava-se com irrepreensível dignidade, acima de qualquer suspeita de promiscuidade. Sua palavra era sempre grave e ouvida com atenção e respeito.

Uma observação mal-entendida em Damascius levou alguns estudiosos a suporem-na casada com o filósofo Isidoro. Michaud não encontrou evidência disso na obra daquele autor, que menciona como esposa de Isidoro uma senhora por nome Domna. Lembra ainda que Sinesius, que mantinha com Hipácia amistosas relações epistolares, pede-lhe que saúde, em seu nome, amigos comuns, sem jamais haver mencionado um possível marido dela. Do que depreende o autor da *Biographie* que Hipácia não chegou a casar-se. Como Annie Besant, cerca de 1450 anos mais tarde, ela viveria, na Inglaterra, uma desastrosa experiência matrimonial.

Hipácia foi uma politeísta de berço e de formação cultural, pois essa era a opção de seus mestres – o pai, inclusive. Não tanto por convicção, supõe Michaud, mas por pensar como Themistius e outros pagãos ilustrados da época que

> [...] sendo os cultos apenas formas exteriores e expressões particulares da percepção de cada um sobre a divindade, são considerados com indiferença. Ademais, muitos são os caminhos que conduzem a alma a Deus e que cada um é livre de escolher aquele que lhe agrada.

A citação figura entre aspas, segundo Michaud, nos escritos de Themistius. Essa era, contudo, uma posição meramente teórica, dado que, politicamente fortalecida, a Igreja não tolerava a livre escolha preconizada pelo filósofo.

Além disso, desde que o imperador Arcadius revigorara as severas ordenações de seu pai, a fim de perseguir implacavelmente os adoradores de Júpiter e de Serápis, seria imprudente promover confrontos de conotação religiosa.

Ainda a propósito da postura religiosa de Hipácia, Michaud lembra que o simples fato de haverem atribuído a ela a intenção de fazer-se cristã seria suficiente para provar sua adesão ao paganismo. A historiografia se reduz, com frequência, a um jogo sutil de pressupostos meramente especulativos. Admissíveis, até certo ponto, dado que representam esforços no sentido de interpretar situações obscuras. De minha parte, eu não afirmaria que o episódio da pretensa conversão de Hipácia ao cristianismo comprove sua adesão ao paganismo. Ela foi inteligente demais para se acomodar dentro de um esquema religioso que poucos atrativos tinha a oferecer a uma mente questionadora como a dela. A despeito dos seus simbolismos, que indicavam uma estrutura subjacente de ideias, o politeísmo cuidava mais do aspecto ritualístico, com seus cultos e oferendas. Não diria o mesmo do politeísmo grego, posteriormente transplantado para Roma, que este conseguira colocar toda uma estrutura de ensinamentos, digamos, esotéricos, por trás de um simbolismo inteligente. De certa forma, foi essa a marca de quase todas as grandes religiões, que reservavam o sentido secreto para alguns poucos iniciados, liberando as manifestações meramente ritualísticas às maiorias populares, desprovidas de capacidade de entendimento para um corpo de ideias mais transcendentais. Os textos evangélicos, por exemplo, documentam que o próprio Cristo adotou esse procedimento, revelando aspectos mais complexos da realidade apenas a um pequeno grupo de seguidores, nos quais identificava melhor capacidade de apreensão.

É certo, por outro lado, como assinala Michaud, que foi no paganismo mais mitigado que o cristianismo, com sua nova proposta religiosa, recrutou alguns de seus futuros doutores que, com relativa facilidade, puderam acomodar-se às crenças cristãs. Mesmo porque – convém acrescentar – o cristianismo procurou facilitar as coisas, adotando práticas e até doutrinas pagãs estranhas ao pensamento original de Jesus. Não é sem razão que Will Durant escreveu que o cristianismo não extinguiu o paganismo – achou preferível adotá-lo. Não se poderia negar a evidência de que essa foi uma inteligente jogada política para a Igreja, mas desastrosa como fator de distorção doutrinária. O Cristo pregara um código universal de comportamento, não uma religião ritualística e dogmática, gerida por uma hierarquia sacerdotal. Com as 'adaptações' tomadas ao paganismo, o cristianismo afastou-se de suas origens, para tornar-se mais palatável às massas, sacrificando a qualidade em proveito da quantidade, com a qual se constróem os alicerces do poder civil.

Fica, porém, a dúvida quanto a uma possível intenção de Hipácia de aderir ao cristianismo. Há, realmente, uma carta que a filósofa teria escrito a Cirilo, arcebispo local, manifestando suas simpatias ou pelo menos assumindo uma atitude 'benevolente' perante o cristianismo. A carta, "que se lê sob o nome dela, em *Nouvelle collection de conciles*, de Etienne de Baluze – declara Michaud, com ênfase – (...) é, evidentemente, apócrifa."

Por essa época, Alexandria não era mais a mesma. O ensino da filosofia estava em decadência – "parecia partida a cadeia sagrada dos mestres" – lê-se na *Biographie*. Restava Hipácia, como vestal de um templo vazio, a velar pela chama hesitante do conhecimento. Com seu carisma pessoal e mais o brilho da sua palavra inspirada, alguns ouvintes dispersos reuniam-se fielmente em torno dela.

Lamentavelmente, nada ficou nos textos sobreviventes, acerca de sua doutrina filosófica. "Sabemos apenas – escreve Aubé – que ela era ouvida com viva admiração." Que não raro se convertia em amor, de discípulo fascinado pela encantadora mestra. Um episódio algo grotesco preservou-se em texto de Suidas, segundo o qual um dos alunos tomou-se de tal paixão pela mestra que ela teve de recorrer a um recurso dramático – "brutal" é o termo de Aubé – alegando não tratar-se de amor, mas de atração meramente carnal, coisa, aliás, um tanto repugnante. O autor do verbete preferiu esconder a cena atrás do biombo de uma citação do próprio Suidas, mas em latim, deixada sem tradução francesa. A mestra teria exibido aos aturdidos alunos seus 'panos menstruais', sacados na hora, dizendo que era aquilo que eles desejavam.

Acrescenta o historiador, sempre em latim, que "os ânimos deles serenaram-se."

A crer-se na autenticidade do episódio – comenta Aubé – pouco importava-se Hipácia "com as delicadezas do pudor". Ou seria, antes, uma reação de desencanto ao perceber que os alunos não estavam ali por interesse na filosofia, mas atraídos pelos encantos pessoais da filósofa?

Certamente não lhe faltaram admiradores talvez mais comedidos. Sabe-se, por exemplo, que Sinesius, de Cirene, seu ex-aluno, conservou pela mestra um sentimento de 'reconhecida ternura'. Suas cartas dão conta desse romântico relacionamento platônico. Curiosamente, mesmo sendo bispo de Ptolemais, o saudoso discípulo queixava-se das mazelas de seu próprio país, e abria à sua ex-mestra pagã intimidades de seu coração. Temos disso o testemunho de uma frase tocada pela poesia:

> Se eu recebesse notícias suas – diz o missivista –, se eu soubesse, como espero, que você é mais feliz do que eu, minha infelicidade seria reduzida à metade.

E mais:

> Faltam-me filhos e amigos ao coração, falta-me, sobretudo, sua alma divina, que poderia, melhor que todos os outros, adoçar para mim os rigores do destino.

> Minha mãe, minha irmã, minha amante, minha benfeitora – diz alhures –, minha alma oprimida pelas aflições. Ademais, a lembrança dos filhos que perdi, me mata.

Às vezes, o amor parece mais explicitamente declarado, como nesta passagem:

> Somente por você – confidencia – eu sacrificaria minha pátria; por você, eu deixaria esta cidade, se dispusesse de tempo para isso.

Queixa-se dos críticos que atacam seus escritos, acusando-os de exagerada paixão pelas "graças da língua". Manda-lhe livros seus, como *Dion*, sua obra sobre o astrolábio, e um *Tratado dos sonhos*, ainda inédito, que teria escrito numa só noite. Deseja a opinião da amiga distante sobre este último. Vejamos como foi colocada a questão destes originais:

> Se você acha que ele merece ser publicado, eu o encaminharei ao mesmo tempo, aos oradores e aos filósofos; se ele lhe parecer indigno de ouvidos (leitores) gregos, e como Aristóteles, você coloca a verdade acima da amizade, ele permanecerá sepultado na obscuridade. Você é a primeira a me ler, dado que estas páginas ainda não viram a luz do dia.

Uma beleza de amizade entre o prelado cristão e a querida filósofa pagã. Foram preservadas apenas sete cartas de Sinesius. Lamentavelmente, nenhuma de Hipácia para ele se salvou. Ficou nas cartas do amigo bispo, contudo, um veemente testemunho de admiração, respeito e carinho pela ex-mestra, A Filósofa, como ele costumava chamá-la.

Curiosamente não se encontra nas cartas de Sinesius a Hipácia uma só palavra acerca do cristianismo. A singularidade, contudo, não surpreende Aubé, que lembra o fato de que Sinesius punha-se mais como filósofo do que prelado cristão. Posição semelhante assumiria Giordano Bruno perante a Inquisição, no século XVI, como vimos.

Hipácia foi a professora por excelência. Gostava tanto de filosofia que parava na rua para explicar aspectos mais difíceis das ideias de Platão ou Aristóteles a qualquer pessoa que lhe pedisse esclarecimentos. Sócrates, mais uma vez citado por Durant, informa que, diante dos magistrados da cidade, ela se portava com uma dignidade e auto-confiança que inspiravam "respeito e admiração universais".

Na Inglaterra vitoriana do século XIX, Annie Besant desafiou os costumes da época ao enfrentar, mais de uma vez, os tribunais da época, aos quais compareceu para defender-se das várias acusações que lhe foram imputadas. Portou-se com a mesma dignidade de antanho.

Na continuidade de seu texto sobre Hipácia, no entanto, Durant informa que a admiração não era tão universal como assegurou o cronista. Os cristãos de Alexandria consideravam-na com um olhar enviesado de suspeita, pelas mesmas razões que a sociedade londrina iria considerar Annie Besant, no século XIX – Hipácia era uma sedutora descrente dotada de poderosa dialética.

O culto à amizade lhe custaria caro. Lemos na *Biographie universelle*, que Hipácia teve o destino habitual das pessoas muito brilhantes

– ela despertava inveja. Cirilo, arcebispo de Alexandria, teria sido um dos que a invejaram. Conta-se que, ao passar certa vez, em frente à residência de Hipácia, não conseguiu livrar-se do feio pecado – ainda mais para um prelado! –, ao ver a pequena multidão de admiradores que se comprimia diante da casa. Sabia-se de seu amplo círculo de amizades com as pessoas mais destacadas da cidade, a começar por Orestes, o prefeito (pagão), que, aliás, andava às turras com o senhor arcebispo. Acusavam-se mutuamente de interferir um na jurisdição do outro. O clima era tenso na cidade dividida e acabou explodindo em violências e arruaças. Em 414, hostilizados pelos cristãos, os judeus revidaram, promovendo contra eles, "sangrentas represálias", no dizer de Aubé. Cirilo mandou tomar à força e pilhar suas sinagogas e, em seguida, os expulsou da cidade.

Orestes denunciou prontamente o abuso de poder em carta ao Imperador, ao qual também escreveu Cirilo para se justificar. Em novo confronto arcebispo versus prefeito, este mandou prender um mestre-escola, ardoroso partidário do prelado por nome Hierax, acusado de semear ódios e promover extremadas violências. Ignorando a mediação do arcebispo em favor do prisioneiro, Orestes mandou aplicar-lhe uma humilhante surra de vara.

A radicalização tornou-se inevitável e os conflitos começaram. "Monges fanatizados desceram armados das montanhas vizinhas – escreve Aubé – para defender o chefe da Igreja de Alexandria." O prefeito era, naturalmente, o alvo prioritário; foi insultado e apedrejado, saindo ferido do tumulto. Orestes recorreu à força da lei, mandando prender um monge e submetê-lo à tortura. Cirilo promoveu o que hoje se chamaria de um ato público, no qual homenageava o monge martirizado.

Novamente ambos escreveram cartas ao Imperador, acusando-se mutuamente de ultrajes cometidos e usurpação de poder. Alexandria se tornara pequena demais para os dois. À falta de uma decisão da autoridade suprema – no caso, o imperador –, Cirilo tentou um entendimento com Orestes. Foi ao prefeito com seus acólitos e os Evangelhos, a fim de que ambos sacramentassem uma conciliação com um juramento formal.

Nesse ponto do minucioso verbete da *Biographie*, uma dúvida me assalta e aí vai ela honestamente exposta: será que o autor do texto não seria um bom e convicto cristão, compreensivelmente interessado em manifestar suas simpatias pelo remoto arcebispo de Alexandria? É o que me parece, pois ele fala dos *santos* Evangelhos e o prelado não é apenas Cirilo, mas, *são* Cirilo, dado que foi, posteriormente, canonizado.

Seja como for, a tentativa de conciliação fracassa. Eu teria imaginado que falhou a gestão do arcebispo por óbvias razões. A primeira delas foi a de que o prefeito poderia não confiar nas (aparentes) boas intenções do prelado; a segunda, é que, mesmo concordando com uma negociação pacificadora, o prefeito pagão dificilmente concordaria em jurar com as mãos postas no livro sagrado dos cristãos. O autor do verbete, contudo, oferece outra ex plicação. (Não digo que a tenha inventado, pelo amor de Deus, pois deve ter suas fontes para isso.) Sua informação é a de que o único obstáculo a um bom entendimento entre o prefeito e o arcebispo era Hipácia! É o que se dizia, declara Aubé. Não devemos nos esquecer, a esta altura, que, colocando a filósofa nessa incômoda posição, fica menos difícil de justificar-se o que aconteceria a ela.

Havia, de fato, estreitos laços de amizade entre Hipácia e o prefeito, mas será que ela se aproveitava dessa amizade para manipular Orestes como um títere, sempre pronto a fazer o que ela desejasse ou lhe sugerisse?

De qualquer modo o cenário da tragédia estava montado e até os atores e atrizes já colocados no palco, prontos para entrar em ação no momento oportuno. Era preciso remover o "único obstáculo à paz entre os dois adversários". Os ânimos estavam exaltados e os cristãos mais enfurecidos, liderados por certo Pedro, prepararam uma emboscada. No momento em que Hipácia saía de casa, arrancaram-na da carruagem, arrastaram-na até à igreja Cesariana, despiram-na e a apedrejaram impiedosamente. Não satisfeitos, ainda, retalharam o corpo da filósofa (com conchas marinhas, informa Nethercot, biógrafo de Annie Besant), e arrastaram os pedaços sangrentos pelas ruas da cidade. Em seguida, os restos da infeliz pensadora foram reunidos e queimados num local chamado Cinaron.

E agora me digam se, ao renascer como Giordano Bruno e, posteriormente, como Annie Besant, a antiga Hipácia não teria sólidas razões para desconfiar daquele tipo de cristianismo deformado que tanto a infelicitara no passado?

Hipácia foi despida, esquartejada viva e posteriormente queimada, no Cinaron, em Alexandria. Bruno foi despido e queimado vivo no Campo das Flores, em Roma. Ambos defendiam o direito ao livre pensar e à livre escolha entre as diversas opções religiosas. Como também, Annie Besant. Os três sempre se opuseram à intolerância.

Mais para o final de seu verbete sobre Hipácia, na excelente *Biographie universelle*, Aubé quase se redime de minhas suspeitas de simpatia pela causa de Cirilo, aliás, são Cirilo, ao declarar ser "difícil crer-se que São Cirilo não haja mergulhado suas mãos naquela sangrenta tragédia". O *Larousse* – *Dictionnaire universel Larousse illustré*, 1900, verbete *Hypathie* – também concede ao arcebispo o benefício da dúvida, dizendo que "acusou-se o patriarca São Cirilo de não ter estado alheio a esse atentado". E só.

Citado na *Biographie*, tanto quanto por Will Durant, o historiador Sócrates – não *aquele* Sócrates, pai da filosofia – descreve o massacre e comenta que o episódio "cobriu de infâmia não somente Cirilo, mas toda a Igreja de Alexandria".

Aubé menciona, ainda, uma dissertação do abade Goujet que tentou desculpar Cirilo, na *Continuation des mémoires de littérature et d'histoire*, do padre Desmolets.

O autor do verbete considera inconvincente a defesa de Goujet, taxando-a de "inconclusiva". Rejeita, igualmente, como "estranha maneira de raciocinar" a pretensão de Cave (*in Histoire litteraire*) em descartar-se do testemunho histórico de Damascius, o primeiro cronista a acusar Cirilo de ter estado por trás da barbaridade cometida com Hipácia, sob a alegação de que o aludido Damascius era inimigo da religião cristã e que o caráter de Cirilo era suficiente para deixá-lo ao abrigo de semelhante mancha.

Com as minhas desculpas, retiro, pois, minhas infundadas suspeitas de que Aubé estaria com panos quentes com Cirilo. No seu entender, o arcebispo não se livra do envolvimento no tenebroso martírio da filósofa.

Mais ainda: para ele, Aubé, "Hipácia é, sem a menor dúvida, a mais ilustre daquela plêiade de mulheres como Asclepigêmia, Edésia, Sosipatra, que honraram a filosofia grega no século quinto, por seus talentos e suas virtudes."

Informa, ainda, o precioso texto de Aubé, que Paul Florus, conhecido como *Le silenciaire* (o Taciturno?) compôs, em homenagem a Hipácia, um epigrama que figura na *Antologia* e que Grotius traduziu para o latim.

Lamentavelmente, nenhuma obra de Hipácia chegou até nós. Há quem suponha ser de autoria dela as Tábuas astronômicas, incluídas nas Tábuas manuais, de Theon, seu pai. Suidas menciona dois perdidos tratados de matemática – *Comentário sobre Diofantes* e *Comentário sobre as secções cônicas de Apolonius de Perga*.

O imperador Teodósio, contudo, não se mostrou muito impressionado com a barbaridade cometida. Não houve punição para ninguém; limitou-se a mandar restringir, em setembro de 416, a aparição dos monges em público. Em dezembro do mesmo ano, decreto seu vedava aos pagãos o exercício de qualquer cargo público. "A vitória de Cirilo – comenta Durant (p. 123) – foi completa." Não apenas política, diga-se de passagem, mas ele contou ainda com a aparente aprovação dos poderes celestes pela sua meritória severidade na defesa da fé, dado que foi canonizado. Pela importância do papel que, indiretamente, exerceu na vida (e na morte) de Hipácia, parece indicado aqui algumas palavras sobre o dinâmico arcebispo de Alexandria.

Ele nasceu em 376 e morreu em 444, aos 68 anos, portanto. Estudou letras profanas em Atenas e praticou a vida monástica no monte Carmelo. Em 412, sucedeu ao seu tio Teófilo na arquidiocese de Alexandria, onde se revelaria inflexível defensor da ortodoxia católica. Logo ao assumir o Patriarcado, mandou fechar as igrejas que estavam sendo utilizadas por uma seita dissidente, a dos novacianos. Em seguida, promoveu a expulsão dos judeus da cidade. Foi por causa do que a *Britannica* caracteriza como seu "zelo furioso" que Orestes, o prefeito pagão amigo de Hipácia, entrou em choque com ele.

Cirilo opunha-se também à escola de Antioquia, recusando-se a homenagear como mártir a Crisóstomo, cujo nome não admitia que figurasse nas preces em sua igreja. O mesmo combativo espírito de patrulheiro da fé levou-o a escrever os doze anátemas contra a heresia dos nestorianos.

Em 431, presidiu, em nome do papa, o Concílio de Éfeso, no qual se definiu a unidade da pessoa divina do Cristo, proclamou-se Maria como mãe de Deus e condenou Nestorius. Nesse ínterim, João, patriarca de Antioquia, apoiado pelos bispos orientais, conseguira convencer o imperador da necessidade de depor Cirilo, acusando-o de heresia, mas o imperador voltou atrás e Cirilo reassumiu seu posto de patriarca de Alexandria, vitorioso, mais uma vez, com a deposição de seu arqui-inimigo Nestorius. Como se percebe, tratava-se de uma feia luta política pelo poder e não uma sadia disputa para saber quem serviria melhor à causa do verdadeiro cristianismo.

A aniquilação de Hipácia não foi, portanto, seu último feito, pois teria, ainda, 29 anos de vida e poder pela frente, quando ela foi massacrada em 415. Quase doze séculos após, em 1600, Bruno seria queimado vivo, em novo confronto com a Igreja. Por onde andaria Cirilo no século XVI? Estaria curado da intolerância com a qual manipulou grupos fanáticos ou seria, ainda, um dos carrascos da antiga Hipácia?

Segundo Nethercot, Annie Besant acreditava que Bradlaugh, seu grande amigo e companheiro de lutas memoráveis na Inglaterra, seria uma reencarnação de Orestes, o remoto prefeito de Alexandria, amigo de Hipácia. Se é que posso discordar, nesse jogo de especulações e probabilidades, eu diria que Bradlaugh teria sido, antes, Theon, o pai da bela professora alexandrina, e não, Orestes. Coincidência ou não, uma das filhas de Bradlaugh chamou-se Hipácia, raríssimo nome para uma jovem britânica.

Após a trágica morte de Hipácia, os professores de filosofia buscaram refúgio em Atenas, onde ainda se tolerava a presença de mestres não cristãos. O prejuízo ficou, naturalmente, com Alexandria, cidade de tão brilhantes tradições culturais. O neoplatonismo florescia, ainda, por esse tempo, mas a tarefa principal de seus representantes tornara-se muito menos criativa, limitando-se a repetir as ideias dos antigos mestres da filosofia, especialmente as de Platão. No elegante dizer de Will Durant (p. 123), "eles se sentiam oprimidos e sufocados pela magnitude de sua herança (cultural)". Embora conservasse algo de seu conteúdo primitivo, o neoplatonismo começou a transviar-se pelo misticismo, influenciado até mesmo por aspectos menos ortodoxos do cristianismo.

É verdade isso. Os textos que resumem para nós o conteúdo da filosofia neoplatonista daqueles tempos nos revelam uma filosofia descaracterizada e algo confusa, sem as luminosidades do pensamento platônico de origem. Haviam conseguido complicar e deformar o que fora simples e belo. O que nos faz lembrar a observação de George Berkley, (apud Geddes MacGregor, em *Gnosis*, p. 80), segundo o qual os filósofos "...primeiro levantam a poeira e, em seguida, queixam-se de que não conseguem ver com clareza". Fora-se o tempo em que a filosofia era um roteiro acessível a todo aquele que busca informar-se, e não um debate erudito e inútil entre filósofos. Ninguém mais faria parar uma Hipácia nas ruas de Alexandria para encantar-se com sua eloquente explicação do pensamento dos gênios.

Mesmo assim, ficaram, no neoplatonismo, preciosas sementes, indicando, no mapa obscurecido do pensamento, pontos de luz onde aspectos da realidade espiritual haviam sido preservados. A mente do leitor atento as encontrará também, mais concentradas ou mais esparsas, em numerosos textos especulativos, até mesmo em pesados tratados teológicos nos quais a luminosa e singela filosofia do amor que o Cristo ensinou e exemplificou ficou soterrada pelas complexidades da retórica medieval.

Por isso, como diz Yates – já era tempo de voltar a ela –, o que se procurava na releitura do hermetismo renascentista não era propriamente uma síntese de toda a filosofia sobre bases místicas, aspirava-se mais a uma nova gnose do que a uma nova filosofia (Yates, p. 129). De filosofia estavam cansadas as criaturas; o que continuavam desejando os pioneiros de sempre era um entendimento melhor para os valores supremos da realidade espiritual que sempre se pressentiu subjacente à realidade sensorial da matéria densa. O grande problema estava em que as posições das quais uma ação renovadora pudesse ser exercitada com maior eficácia estavam todas ocupadas e ferozmente defendidas por uma inexorável intolerância, da qual Cirilo, patriarca de Alexandria, fora apenas um entre muitos. Hipácia e seu amigo Orestes bateram de frente contra ele, tal como Giordano Bruno se chocaria contra o poderoso cardeal Santaseverina e os eminentes prelados que se sentavam, imponentes, às mesas dos tribunais inquisitoriais.

Parece haver sempre uma vocação irresistível para esse difícil e arriscado papel de contestador, a desafiar o velho, a fim de que o novo tenha sua vez e seja, pelo menos, ouvido. Ao tempo em que viveu Annie Besant, as igrejas mostravam-se consideravelmente esvaziadas de seu poderio, mas as estruturas sócio-políticas as substituíram, em grande parte, com o mesmo objetivo de manter as coisas como estavam. Por isso, Annie Besant teve diante de si o mesmo tipo de muralha, contra a qual se chocou, e a mesma intolerância que tentou sufocá-la. Há, pois, uma coerência, uma consistência, um plano que essa entidade vem desenvolvendo ao longo do tempo, uma das guerrilheiras da intolerância. O pensamento somente pode tornar-se criativo e renovador quando livre. Livre até para errar, mesmo porque, no correr do tempo, a verdade acabará sempre por encontrar um nicho, onde possa ser examinada e de onde se irradie para fecundar o futuro. O que essa gente buscava, nem sempre pelos caminhos certos, era uma visão gnóstica da realidade, um projeto de vida, uma doutrina comportamental, que foi exatamente o que o Cristo ensinou e exemplificou. Sem teologias obscuras, sem filosofias meramente especulativas, sem intolerâncias, sem dogmas, ritos, cultos e, principalmente, sem poder de opressão.

Identificamos no erudito livro de Frances Yates os componentes básicos da realidade espiritual espalhados por todas as obras legítimamente interessadas na busca de um modelo religioso mais inteligente. Lembra ela, por exemplo (p. 126), ao discutir o envolvimento de Pico della Mirandola com a magia cabalística, que a magia de Ficino constitui "uma versão extremamente refinada e modificada da necromancia pneumática", ao passo que "a cabala prática de Pico é uma versão intensamente religiosa e mística do ocultismo". O leitor habituado a essa temática percebe logo que ambos falavam da mesma coisa, embora colocados em pontos de vista algo diferentes, ainda que não excludentes, pois cuidam ambos de manifestações da mesma realidade espiritual de sempre. Um deles, mais ocupado com o intercâmbio com entidades espirituais – necromancia pneumática –, e outro mais atento aos aspectos místicos e religiosos da fenomenologia.

A despeito da diferença nas interpretações, ambas as correntes, e outras tantas subsidiárias ou complementares, iriam dar, necessariamente – como assinala Yates – no gnosticismo pagão dos primeiros séculos. Daí concluir a autora inglesa que tanto a magia como a cabala do Renascimento devem ser consideradas "revivescências das atividades mágicas derivadas, em última análise, do gnosticismo pagão e do hebraico".

Continuamos, pois, a ver, reiteradamente, em tudo isso, uma constante, na presença dos mesmos elementos básicos que identificam entre si gnosticismo, neoplatonismo, magia, cabala, ocultismo e hermetismo. A grande desgraça desses pensadores pioneiros sempre esteve no fato de que a Igreja rejeitava em bloco a realidade espiritual contida nas diversas correntes de pensamento. Mais que rejeição, a poderosa instituição punha todos os recursos desse poder no esforço de esmagar qualquer expectativa de reformulação dos conceitos fundamentais de sua teologia. Por resultarem, bem ou mal, dos ensinamentos básicos do Cristo, a teologia católica e, depois, a protestante, acolheram a crença na existência, na sobrevivência e na imortalidade da alma; recusavam-se, contudo, a admitir a preexistência – somente atribuída ao Cristo. Para cada pessoa que nasce, Deus criaria uma alma novinha, sem passado e, teoricamente, sem pecado, tornando inexplicável o sofrimento. Quanto à destinação do ser, as únicas opções foram as de céu e inferno, acrescidas posteriormente do limbo ou purgatório, o que complicava ainda mais as coisas, sem nada explicar.

Para as correntes gnósticas de pensamento, porém, a alma passa por um longo processo de maturação, de vida em vida, de mundo em mundo, até os mais elevados patamares de evolução compatíveis com a natureza humana. Para os gnósticos, a alma é fagulha divina provinda de Deus e a ele destinada a voltar um dia.

> Se lhes disserem: De onde vêm vocês? – ensina o Cristo, em o *Evangelho de Tomé, logion* 50 – Respondam: Nascemos da luz, lá onde a luz nasce de si mesma[...]

O pensamento gnóstico – lembra Yates (p. 126) – ensina que a alma evolui na sua peregrinação de esfera em esfera, libertando-se gradualmente do domínio da matéria até que, purificada, se deixa penetrar pelas vibrações de Deus.

Rejeitando esses conceitos fundamentais e mais a prática do intercâmbio com os 'mortos', que prevaleceu durante os dois séculos iniciais do cristianismo primitivo, a Igreja perdeu o bonde da história, desviando-se para uma estrada lateral, sem saída e sem retorno.

Ao organizar metodicamente os ensinamentos dos seus instrutores invisíveis, o professor Rivail (Allan Kardec) ainda nutria a esperança de que os princípios básicos da doutrina dos espíritos contribuíssem para restaurar as esclerosadas estruturas do pensamento religioso contemporâneo. Bem ou mal, tais princípios sempre ajudaram a compor os modelos religiosos de que o ser humano necessita para entender a vida e expressar-se perante Deus. O novo código ético-espiritual que o espiritismo vinha propor chegou até a atrair, de início, alguns religiosos mais esclarecidos ou insatisfeitos com as teologias que tinham à sua disposição, mas logo se viu que a Igreja como um todo – protestantismo inclusive – mantinha-se irredutível na rejeição a tudo aquilo que, a seu critério exclusivo, desviasse da rígida moldura traçada pelos seus dogmas. Para a teologia tradicional, tudo já estava pensado, definido e cristalizado. Não havia mais o que discutir, o debate era inútil e qualquer modificação ou reformulação, inaceitável, mesmo porque implicaria a ruína de todo o edifício teológico pacientemente construído como extensão de intocável revelação divina.

Foi essa a muralha contra a qual se chocaram rebeldes guerrilheiros do pensamento como Hipácia, Giordano Bruno e tantos outros. Annie Besant não encontraria mais, no século XIX, semelhante grau de intolerância prepotente. A Inglaterra vitoriana nem era mais predominantemente católica e, ainda que o fosse, não haveria como acionar a máquina trituradora do Santo Ofício para fazer calar as vozes que pediam liberdade para repensar os enigmas da vida. Os tempos eram outros.

Por tudo isso – insiste Yates (p. 137) –, o hermetismo:

[...] juntamente com o neoplatonismo e a cabala pode ter desempenhado, no período de sua vitoriosa influência sobre o pensamento ocidental, papel singularmente importante na formação do destino do ser humano.

De minha parte, até substituiria no texto da erudita autora inglesa, uma expressão verbal. Não acho que os conceitos herméticos *possam* ter exercido o importante papel que ela lhes atribui – penso que eles, de fato, o desempenharam a inteiro contento. Mesmo porque estavam basicamente reiterando aspectos da realidade espiritual que vinha – e continua – sendo tenazmente rejeitada pelos que se colocam como donos da verdade. Seja como for, uma semente de contestação reformuladora tem sido repetidamente plantada em solo infértil. Bruno foi um de tais semeadores. Não conseguiu apagar com seu sangue a fogueira que consumiu seu corpo físico. A despeito de evidentes equívocos de avaliação e até das contradições e certa inconsistência que Will Durant, por exemplo, denuncia no seu pensamento – seus condenados textos heréticos repercutem aspectos relevantes, presentes em qualquer formulação descompromissada da realidade espiritual. Por isso, mesmo crestadas pelas labaredas das fogueiras inquisitoriais ou encharcadas pelo sangue de muitos mártires, as sementes da verdade acabarão germinando, a despeito das resistências e das rejeições que encontram no solo sobre o qual são lançadas e relançadas de tempos em tempos.

Para Yates (p. 184), o neoplatonismo propiciou "uma interpretação e uma compreensão novas do cristianismo". Eu poria nessa categoria todas as correntes paralelas que cuidaram basicamente da mesma temática de que se ocupou o neoplatonismo. Para ser mais preciso, do platonismo originário, que discorria sobre existência, preexistência e sobrevivência da alma, bem como acerca da multiplicidade das vidas e dos mundos habitados. Nenhuma delas, no entanto, se configurou tão nitidamente como retomada do cristianismo original do Cristo quanto a doutrina dos espíritos, na segunda metade do século XIX.

Eis porque "a magia, tal como se desenvolveu a partir de Ficino e de Pico – ensina Yates – constituía fundamentalmente, problema de natureza religiosa". Uma vez mais concordo com a visão da autora inglesa. As filosofias, de modo geral, costumam ser um discurso interminável e, às vezes, enfadonho e confuso, em torno de meras construções retóricas, que tanto irritavam Bruno, na sua guerra permanente contra os 'gramáticos'. As religiões que se prezam, por outro lado, bem ou mal, costumam levar em conta um componente ético, fincando pelos caminhos setas que apontam para a eventual realização daquilo que o Cristo caracterizou como o Reino de Deus na intimidade de cada um de nós.

Giordano Bruno, como lembra Yates (p. 238), não fez segredo de que propunha uma releitura no pensamento religioso, declarando abertamente que seu 'egipcianismo' era, de fato, uma proposta religiosa – daquela:

> [...] boa religião que fora relegada às sombras quando o cristianismo a destruiu, proibiu-a com suas leis e a substituiu pelo culto das coisas mortas, dos rituais absurdos, de uma perversa conduta moral e de guerras contínuas.

Bruno via na prática religiosa dos egípcios uma religião natural legítima, consistente com princípios neoplatônicos, e projetada em corretas consequências morais. Para ele, como ensina Yates mais adiante (p. 299):

> [...] o egipcianismo hermético não era outra coisa senão o egipcianismo interpretado pelos neoplatônicos da antiguidade mais tardia.

Bruno teria procurado no hermetismo renascentista algo que não estava encontrando nas ofertas religiosas que tinha à sua escolha, ou seja, "um refúgio de tolerância", dentro do qual pudesse trabalhar na concepção de uma conciliação generalizada de poderosas seitas em luta, no contexto de uma época de "terríveis manifestações de intolerância religiosa" (Yates, p. 299).

Essa foi a sua generosa, ainda que um tanto sonhadora, utopia. (E existem utopias não sonhadoras?) Para concretizá-la no plano humano, nada predisposto a acolhê-la, o filósofo imaginou angariar apoio de figuras olímpicas como Elizabeth I, da Inglaterra ou Henrique IV, da França. O projeto era ambicioso demais e vinha cedo demais. Ele deve ter tido consciência disso e, talvez em razão dessa dificuldade, pensou em invocar o poder dos astros, a fim de promover, com as energias cósmicas deles provindas, as gigantescas reformulações com as quais sonhava.

Yates chega mesmo a atribuir seu inexplicável retorno à Itália, para meter-se na boca do lobo, a uma esperança, aliás partilhada por muitos na Europa, de que a ascensão do duque de Navarra ao trono francês inauguraria uma época de mais ampla tolerância religiosa que, eventualmente, alcançaria também a Itália.

GIORDANO BRUNO

Estátua erguida em homenagem a Giordano Bruno e ao pensamento livre
Campo dei Fiori, Roma

FORMAÇÃO CULTURAL E
PRIMEIRAS ANDANÇAS

Ao contrário de seus livros anteriores, nos quais o ano do nascimento de Bruno figura ao lado de um ponto de interrogação, ao escrever *The Age of Reason begins*, Will Durant não tinha mais dúvidas quanto ao nascimento do filósofo – o ano é mesmo 1548.

Durant situa-o como pensador, não necessariamente teólogo, a despeito de haver recebido ordens religiosas e de ter sido condenado pela Inquisição por motivos religiosos. Para Durant, Bruno faz parte de uma equipe que começou a acender as tochas que iriam iluminar uma nova era – a do racionalismo.

No dizer de Durant, Bruno situa-se na linhagem dos grandes céticos, ao lado de Descartes, Hobbes, Spinoza, Pascal, Bayle, Helvetius, Voltaire, Hume, Leibniz e Kant. Essa gente não cuidava prioritariamente da disputa catolicismo versus protestantismo, mas questionava o cristianismo em si (p. 613).

Coloco, neste ponto, um aparte. É indispensável, a meu ver, ressalvar que essa constelação de pensadores questionava, a rigor, não os ensinamentos do Cristo, mas aquele modelo de cristianismo institucionalizado, que se fizera prisioneiro de uma estrutura teológica dogmática, irracional e exclusivista, que se levantara sobre graníticos alicerces de poder político. Na verdade, a mensagem do Cristo ainda estava ali, mas soterrada, esquecida, deformada, para atender a interesses mundanos de dominação.

Giordano Bruno nasceu em Nola, cerca de 25 quilômetros de Nápoles. Declararia mais tarde, aos inquisidores, em Veneza, que seu pai, Giovanni, era militar. Servia profissionalmente a um ou outro nobre da época, como de costume. Não era o que se chamaria um soldado raso nem um oficial de patente mais elevada. Tinha seu próprio cavalo e outros petrechos – o que indica certo *status* – e recebia um soldo pelos seus serviços. Spampanato, nolano, como os Bruni, reuniu impressionante volume de material pesquisado localmente. Chega ao detalhe de reproduzir folhas de pagamento, em que Giovanni Bruno figura como componente desses pequenos exércitos privados. O biógrafo encontrou outros Bruni – Cesare e Ludovico, bem como Gian Gaspare, e Gian Mariano, todos *soldati*, mas Giovanni, pai de Giordano, foi o que mais se destacou na carreira. Houve também pelo menos um prelado de nome Bruno, monsenhor Gian Francesco, bispo de Nola, de 1505 a 1549, ano seguinte ao do nascimento de Giordano. Que, aliás, não se chamava Giordano e sim Filippo, pelo batismo. Giordano foi o nome adotado ao entrar para o mosteiro dominicano de Nápoles, aos 17 anos de idade.

A opção pelo ensino religioso foi ditada, aparentemente, pelo irresistível desejo de estudar e não pelas inclinações religiosas. Se bem que acima das faixas mais pobres da população, a família não tinha como sustentar o menino em outro tipo de colégio que não os de ensino gratuito mantidos pela Igreja, e que também proporcionavam moradia, alimentação, roupas e livros. Principalmente, para Giordano, livros, muitos livros. Não eram somente os de teologia que lá estavam agora, à sua disposição, mas também, clássicos gregos e latinos, Platão, Aristóteles e até autores árabes traduzidos em latim.

Por isso, antes mesmo de se aprofundar na teologia católica, o jovem deixou-se encantar pela mitologia pagã, pelo atomismo de Demócrito, pelas especulações de Avicena e Averroes e pelo filósofo judeu Avicebron. Durant lembra que tais ideias permaneceriam no contexto cultural de Bruno mesmo depois que a teologia já se esmaecera como elemento formador de suas meditações. Na verdade, Bruno estaria ampliando cada vez mais o abrangente círculo de suas leituras para além da área estritamente teológica. Essa busca incluía Paracelso, quase seu contemporâneo (1453-1541), Cornelius Agrippa (1486-1535), e, particularmente, Raymond Lully (1235-1315), cujo misticismo constituiria um dos componentes de sua formação.

O resultado era de se esperar. Nutrido nessa rica dieta cultural, Bruno passaria da rejeição à hostilidade por Aristóteles e pelo escolasticismo, entre outras correntes de pensamento, mas principalmente Tomás de Aquino. Acontece que Aquino era o 'herói intelectual' dos dominicanos, no dizer de Durant (p. 616), e Aristóteles o filósofo que conseguira agradar a gregos e troianos, ou seja, teólogos e eruditos leigos, espalhados pelas universidades afora.

Com essas ideias na cabeça, é fácil concluir-se que o noviço rebelde perturbava seus mestres "com objeções, questionamentos e teorias"(p. 616). O problema-Bruno, contudo, era mais amplo, porque, no dizer de Durant, "o sexo fervilhava no seu sangue" e ele confessaria, mais tarde, "que nem toda a neve do Cáucaso seria suficiente para extinguir as chamas" que trazia dentro de si.

Aliás, na denúncia à Inquisição, em 29 de março de 1592, Mocenigo diria que Bruno achava que deixar de aproveitar-se dos prazeres da vida era *grandissimo peccato* (Spampanato, p. 686). Mais que isso, Bruno teria confessado a Mocenigo que "muito lhe agradavam as mulheres, que não havia, ainda, chegado ao número que tivera Salomão e que a Igreja tinha por grande pecado (o que) tanto bem faz à natureza". Ao contrário, ele, Bruno, considerava isso de *grandissimo merito*.

Mesmo assim, o jovem foi ordenado em 1572, aos 24 anos de idade, portanto. As dúvidas, contudo, persistiam. Por algum tempo, elas estariam preservadas no segredo de suas meditações, mas, com o tempo, ele começaria a expressá-las verbalmente e por escrito, o que seria desastroso para sua carreira eclesiástica. Durant lembra algumas de tais dúvidas. Como era possível existirem três pessoas num só Deus? Como teria o sacerdote poderes para transmutar pão e vinho em corpo e sangue do Cristo? Por essas e outras, chegou a ser formalmente censurado pelos seus superiores, em duas oportunidades, depois da ordenação.

Na ótica deste livro, Giordano *não se tornou* um pensador rebelde – ele *renasceu* rebelde, tradição que vinha de Hipácia e continuaria em Annie Besant.

Em 1576, depois de onze anos de convento, ele fugiu para Roma. Lá chegando, descartou-se do hábito religioso, reassumiu o nome de batismo e tentou viver fora do contexto religioso, conseguindo um emprego de professor num colégio para meninos, em Noli, perto de Gênova. Ao fim de quatro meses, mudou-se para Savona, e, em seguida, para Turim, Veneza e Pádua. Começava a vida errante.

Para garantir hospedagem nos mosteiros e conventos, tornou a vestir o hábito dominicano. De Pádua foi para Brescia, depois para

Bérgamo. Cruzou os Alpes, chegando a Chambéry, na França, onde se alojou num mosteiro de sua própria ordem, os dominicanos. Mas não ficou ali por muito tempo. Seguiu em frente, para Lyon e, em seguida, para Genebra, na Suíça.

Chegara, pois, ao cérebro e ao coração do calvinismo. Pela segunda vez, desvestiu-se do hábito monástico e tentou a vida civil, trabalhando como revisor de manuscritos e de provas tipográficas. Enquanto isso, comparecia aos locais onde se realizavam prédicas e sermões pronunciados por teólogos franceses e italianos que por lá havia. Spampanato (p. 283) menciona entre tais pregadores, Nicolo Balbini, de Lucca, que comentava as epístolas de Paulo e os evangelhos, em geral. A nova atividade mal durou dois meses.

Diria, mais tarde, em Veneza, ter sido advertido de que não poderia permanecer na cidade por muito tempo, a não ser que resolvesse aceitar a religião dominante. Por isso, teria saído dali, mesmo porque não recebia dos calvinistas nenhuma remuneração que o ajudasse a sustentar-se na cidade. Mas a história não é bem assim. É que ele não hesitou em extrapolar seu modesto ofício de revisor, ao apontar nada menos de vinte erros no texto de uma conferência que importante teólogo calvinista, *monsieur* de la Faye, pronunciara na universidade local.

As autoridades político-religiosas da cidade mandaram prender imediatamente Jean Bergeon, dono da tipografia que imprimira a "indução do sobredito italiano", como se lê de documento redigido em francês, colhido por Spampanato, em Genebra (p. 632). O infeliz livreiro alegou que Bruno havia-lhe dito que se tratava de um mero papel de natureza filosófica. Mesmo assim, esteve preso por um dia e condenado a pagar multa de 50 florins. Bergeon apelou e conseguiu reduzir a multa para 25 florins. Bruno, por sua vez, também foi detido e intimado a comparecer perante o Consistório, para julgamento. Pediu desculpas pela sua temeridade – a ata em francês alega que o acusado "clamou pela mercê de Deus e a da justiça". Foi absolvido, depois de condenado a rasgar publicamente o documento que escrevera, caracterizado como calunioso "libelo difamatório". Não era preciso mais para convencê-lo de que não havia lugar para ele em Genebra. Abandonou-a, sem mais ruído, de volta a Lyon, de onde seguiu para Toulouse, no Languedoc, passando por Valencia, Avignon e Montpellier. Em Lyon ficaria cerca de um mês apenas, entre setembro e outubro de 1579. Não encontrou ali, segundo suas própróprias palavras, "condições de ganhar o suficiente para viver e atender suas necessidades."

Em Toulouse teria melhor acolhimento. A presença de "grande número de renomados jurisconsultos e teólogos" (Spampanato, 302), tornara a cidade importante centro cultural e mais liberal do que a Genebra calvinista. A rivalidade entre católicos e huguenotes estabelecia um clima de maior equilíbrio e tolerância. Durant menciona que viviam também ali, judeus portugueses e espanhóis *only slightly converted* (p. 617), ou seja, não muito convictos da fé cristã, o que confirma a existência de ambiente de convivência mais amena.

Em seu relato aos inquisidores, Bruno diria, mais tarde, que, havendo demonstrado ser pessoa inteligente, foi convidado a lecionar, informalmente, astronomia e filosofia, durante cerca de seis meses. Nesse ínterim, vagou a cadeira de filosofia. Bruno candidatou-se ao mestrado, foi aprovado e admitido ao magistério. Durante os próximos dois anos, segundo ele, explicaria *De anima*, de Aristóteles, bem como outros pontos de filosofia. Spampanato informa, no entanto, que ele não teria permanecido em Toulouse mais que vinte meses (p. 303).

Ainda em Toulouse, Bruno teria procurado um sacerdote jesuíta para uma sondagem quanto ao seu possível retorno ao seio da Igreja. Sem que se saiba ao certo por que, resolveu trocar Toulouse por Paris. Durant arrisca o palpite de que, provavelmente, o dominicano rebelde desejasse um ambiente onde pudesse ampliar sua nascente fama.

Já àquela altura, com pouco mais de trinta anos de idade, Bruno havia adquirido certa reputação como filósofo e conhecedor dos segredos da memória. Foi esta segunda faceta de sua cultura que atraiu a atenção do rei Henrique III, da França, interessado em estudar com ele, "segredos da magia e da boa memória", no dizer de Durant (p. 617).

Os *Documenti parigiani*, estampados pelo incansável Spampanato, no original francês, informam que, "no decorrer de sua vida aventurosa", Bruno esteve em Paris duas vezes – a primeira, por vinte meses, aí pelo fim do ano de 1581 até metade do verão de 1583 e, pela segunda vez, de sete a oito meses, do início de dezembro de 1585, o mais tardar, até junho ou julho de 1586.

Conversaremos sobre a segunda estada em Paris, mais adiante. Durante a primeira, sabe-se que o rei gostou tanto das suas palestras, que o nomeou professor do Collège de France. Por mais de um ano – Durant exagera para dois – o jovem mestre foi bem. Lecionou sobre os atributos de Deus e sobre a arte da memória. Foi lá, em Paris, que publicou *Il candelaio*, comédia na qual deblaterava contra a corrupção dos costumes e distribuía farpas a monges, professores e aos seus alvos prediletos – os gramáticos pedantes.

Ao que se lê em Durant, arrefecera-se, aí pelo início de 1583, o entusiasmo de Henrique III pelo seu preceptor. Teria sido por causa das irreverências do *Candelabro*? O historiador americano vai buscar na biografia de Bruno por D. W. Singer a observação de que o rei, "mais disposto a recomendá-lo aos outros do que a retê-lo a seu serviço", escreveu uma carta apresentando-o a Michel de Castelnau, *sieur* de la Mauvissière, seu embaixador em Londres.

Na corte da rainha Elizabeth I, Bruno iria viver cerca de dois anos, um dos mais felizes e tranquilos períodos da sua vida. Livre de suas costumeiras aperturas financeiras, nada lhe faltava na mansão do embaixador, nem mesmo a oportunidade de frequentar a corte e cultivar amizades preciosas com pessoas de elevada condição social, no que se incluía a própria rainha. Relações estas, aliás, que iriam suscitar perigosas suspeitas nos inquisidores, mais tarde.

Spampanato (p. 343) informa que, não fosse pelo embaixador de França, talvez Bruno não teria tido oportunidade de tecer seus expressivos elogios à hospitalidade britânica. Seja como for, o jovem pensador italiano encontrou ali um ambiente sofisticado, girando em torno da olímpica figura da rainha, uma intelectual respeitada pela inteligência e pela cultura, independentemente do considerável poder político que tinha nas mãos.

Ao abrigo das turbulências que seus ditos e escritos costumavam suscitar, Bruno escreveria na Inglaterra alguns de seus melhores livros. Durant lembra que para isso contribuía o embaixador, homem tolerante, ainda que não muito interessado nas sutilezas metafísicas que ocupavam a mente de seu hóspede. Um dos livros desse período, inspirado nas sofisticadas conversações a que assistia e das quais participava, foi *La cena de le ceneri* (*A ceia da Quarta-feira de Cinzas*).

Quanto à rainha, o entusiasmo de Bruno ia facilmente ao exagero, mesmo descontado o costume de elogiar extravagantemente os poderosos, em todos os tempos. A imagem de Elizabeth, dez anos mais jovem do que ele, brilha nos pronunciamentos do filósofo italiano como a de uma semideusa – literalmente uma "diva", dona de muitos talentos, virtudes e conhecimento. Os elogios podem ser tidos por algo exagerados, mas eram, em grande parte, justificados. Além do mais, repercutiam avaliação ainda mais veemente do embaixador Castelnau, outro admirador incondicional da rainha. Bruno achava mesmo que os poderes de Elizabeth deveriam ser ampliados de tal forma que abrangessem todo o mundo. Na verdade, a rainha da Inglaterra seria, na sua concepção, uma das raras pessoas com a capacidade suficiente e o poder necessário para implantar na Terra a utopia que ele começava a conceber.

Havia um toque místico nessa admiração, que Frances Yates qualifica de "ilimitada" (p. 315) e que se eleva à condição de um culto, palavra que figura no título do capítulo XV de seu livro. Esse culto, no entanto, dirigia-se a uma rainha protestante, contra a qual empenhou-se inutilmente, em nome da Igreja, o rei Felipe II, da Espanha. Em futuros interrogatórios, a Inquisição cobraria a Bruno seu fascínio pela rainha herética, imperdoável atitude em um pensador de formação católica.

Para aconselhar, em inglês, a uma pessoa que fique quieta, em silêncio, sem dizer nada, de boca fechada, diz-se *Keep your peace*, ou seja, literalmente, 'conserve sua paz'. Em numerosas oportunidades, Giordano Bruno perdeu a paz, por haver falado (ou escrito) quando deveria ter ficado calado. Pelo menos uma de tais ocasiões foi na Inglaterra, ao expressar de modo tão veemente sua admiração por Elizabeth.

Estava ele posto em sossego, como disse Camões acerca de Inês, desfrutando as mordomias que lhe conferiam seu *status* de hóspede do embaixador da França em Londres, quando resolveu, em 1583, pleitear junto à Universidade de Oxford o privilégio de lecionar ali por algum tempo. Na solicitação formal que dirigiu à augusta universidade, foi de tal maneira explícito quanto aos seus méritos e talentos, que, segundo Durant (p. 618), "ficaria livre para sempre de qualquer imputação de modéstia". Em outras palavras, era um vaidoso assumido.

A universidade concordou em ouvi-lo e ele discorreu acerca da imortalidade da alma e sobre as cinco esferas, ou seja, o sistema de Copérnico, sendo que este ainda não devidamente metabolizado pelos contextos religiosos e acadêmicos tradicionais, ferrenhamente aristotélicos e convictos de que a Terra continuava sendo o umbigo do cosmos.

O termo reencarnação ainda não havia sido cunhado, naturalmente, mas para Bruno, a alma era, não apenas imortal, mas voltava a viver na Terra inúmeras vezes, segundo um mecanismo de "transcorporação", de que já falavam "os druidas, os saduceus (?) e não poucos platônicos" (Spampanato, 335). A seu ver, "nem a alma nem o corpo deveriam temer a morte, porque tanto a matéria quanto a forma constituem princípios constantíssimos". Em outras palavras: a morte é apenas um processo de restituição da matéria orgânica aos imensos reservatórios cósmicos, enquanto a alma segue em frente, rumo à perfeição.

• • •

Transcorporação parece figurar aqui como tradução do termo grego metensomatose (*metensomatosis*), que alguns eruditos consideram mais apropriado do que metempsicose, que se tornou mais conhecido. O primeiro conceitua o processo segundo o qual a alma passa de um corpo (soma) a outro, enquanto o segundo refere-se a uma baldeação psíquica, isto é, da alma. O uso desvirtuou o sentido, fazendo de metempsicose uma inaceitável reencarnação de seres humanos em animais, quando quer dizer apenas a substituição de um corpo humano, por outro, também humano.

• • •

Bruno aproveitou a oportunidade de suas palestras universitárias, em Oxford, para despachar aguçados disparos retóricos na direção de seus alvos prediletos – os sofistas, os gramáticos e os peripatéticos, bem como para condenar os "vãos matemáticos e a visão cega dos filósofos vulgares".

Spampanato informa que o filósofo italiano foi ouvido, "a princípio, com frieza e, depois, com manifesta hostilidade"(p. 339), especialmente, quando apontou suas baterias para o vulto quase sagrado de Aristóteles. Oxford era um templo devotado ao culto aristotélico. Os severos estatutos do colégio estabeleciam penalidades para qualquer bacharel ou mestre que deixasse de seguir rigorosamente a 'bíblia' aristotélica. A multa era de "cinco xelins (um quarto de libra esterlina) para cada ponto de divergência ou por qualquer violação das leis do *Organon*" (p. 338). O expositor foi veementemente contestado, entre outros, pelo reitor do Lincoln College. Bruno reagiria posteriormente, ao escrever *La cena de le ceneri*, obra na qual não poupou adjetivos para qualificar o "corifeu (mestre) da Academia", como um pobre pintinho todo enleado, sendo arrastado daqui para ali. Pior do que isso, condenava nele "a incivilidade e a descortesia de um porco", em contraste com "a paciência e a benevolência" de alguém (o próprio Bruno, naturalmente), que teve a felicidade de "nascer e criar-se em Nápoles, sob um céu mais benigno". Conseguiu, portanto, ofender a tudo e a todos, mestres, discípulos, a faculdade e até a Inglaterra, onde "porcos" como aquele eram gerados e nutridos.

E não parou por aí. Durant colheu, também, o testemunho de John Owen, em *Skeptics of the french Renaissance* (Londres, 1893), segundo o qual Bruno seria ainda mais virulento, ao qualificar a orgulhosa Oxford de "*vedova de la buone lettere*" – viúva do aprendizado sadio, verdadeira "constelação de pedantismo e da mais obstinada ignorância e presunção, de mistura com uma rústica incivilidade que teria exaurido a paciência de um Jó".

E, como acrescenta Durant, com a sutil ironia que foi a sua marca, "Bruno não era nenhum Jó" (p. 618). Aliás, convém nos demorarmos um tanto mais nesta passagem do texto de Durant, a fim de se conhecer melhor a avaliação que ele faz do caráter de Bruno.

Para o historiador americano, o filósofo italiano, "escrevia de modo brilhante acerca dos astros", mas "achava os terráqueos intoleravelmente obtusos". Embora a revolucionária astronomia de Copérnico (1473-1543), fosse ainda largamente rejeitada, e até considerada herética, ele não apenas a adotou, como desenvolveu em torno dela uma filosofia que considerava benéfica ao progresso do conhecimento. Não hesitava em expressar-se como "crítico mordaz" de quem quer que se opusesse à sua leitura pessoal da concepção copernicana do cosmos.

Durant balanceia a severidade desse julgamento com o depoimento de Flório, segundo o qual, uma vez "apaziguado", Bruno tornava-se "gentil e urbano". Era, portanto, o que se diria hoje, um sujeito temperamental, de trato difícil, e que não poupava quem dele discordasse ou lhe questionasse o saber. "Sua vaidade" – acrescenta (p. 618) – "era uma provação para seus amigos, tanto quanto a brisa que enfunava suas velas." Em outras palavras, era o combustível do ímpeto que punha em tudo quanto dizia e escrevia. Atribuía a si mesmo os mais pomposos títulos, como "doutor da mais avançada teologia, professor de uma sabedoria mais pura e inofensiva". A imaginação mostrava-se exaltada, a eloquência coloria-se de emoção, enquanto o "sol quente do sul aquecia seu sangue, por onde quer que ele andasse".

No mesmo parágrafo, Durant foi buscar nos escritos de Bruno, uma passagem na qual identifica em si mesmo um traço que Nethercot encontraria também em Annie Besant – a atração algo mórbida pelo martírio.

> Que pelo amor à verdadeira sabedoria – declara Bruno – e zelo pela verdadeira contemplação, eu me esfalfo, me atormento e me crucifico.

A estada em Oxford, foi, por motivos óbvios, muito breve. Não havia espaço cultural para ele num contexto como aquele, ortodoxamente aristotélico. No mesmo mês de junho, Bruno retornou às mordomias da mansão do embaixador francês, em Londres, e ao 'culto' da rainha, do qual partilhava abertamente o diplomata.

Pelo que diz Spampanato, em nota de rodapé (p. 347), o nobre francês assumira cavalheirescamente, a defesa da rainha, "especialmente das acusações de avareza e luxúria", que lhe eram, às vezes, imputadas. Reproduz, em inglês da época, em nota à mesma página, um longo texto recolhido por Florio, nas *Mémoires*, de Castelnau. Para o embaixador, não havia palavras suficientemente boas para exaltar "a liberalidade, a magnificência, a cortesia, a virtude, a prudência, a beleza e a nobreza" de Sua Majestade. Melhor seria caracterizá-la como celestial do que como terrestre. E tome elogio: culta, sábia, gentil, cortês, nobre, prudente, liberal, justa, amável, virtuosa, galante, corajosa, compassiva. Esgotadas as nobres virtudes, Castelnau apela para a negação de imperfeições de caráter, como convinha a uma semi-deusa. A rainha não era orgulhosa, nem cobiçosa, ou cruel. "... ela é – prosseguia o inesgotável panegírico – o último refúgio, a defesa e a fortaleza de todas as virtudes banidas". Além do mais, amava os estrangeiros e expressava-se bem e com eloquência, em muitas línguas vivas e mortas, como grego, latim, italiano, francês, espanhol, escocês, flamengo e inglês.

Castelnau não estava sozinho em tal avaliação de Elizabeth. Spampanato acrescenta como reforço a essa elevada opinião, o testemunho de outros embaixadores à corte inglesa, confirmando as nobres qualidades de espírito, o talento, a cultura e até a beleza da nobre rainha, para a qual parece nunca ter havido elogios suficientes.

> Muito bela de rosto e de corpo [diz Soranzo, num livro sobre os embaixadores italianos] e com um porte de tão grave majestade em tudo quanto faça, que não há quem não veja nela a rainha.

Não se admira, portanto, que Giordano Bruno tenha também experimentado o impacto da carismática personalidade de Elizabeth, como se vê de seus testemunhos escritos, na *Cena*, em *De la causa* e em *Eroici furori*, conforme excertos colhidos por Spampanato (p. 348-349). Nesses textos a rainha é uma "singular e raríssima dama", um "nume da Terra", uma das ninfas, a "única Diana" , nunca inferior a qualquer outro soberano no mundo. No seu eloquente entusiasmo, Bruno entendia mesmo que Elizabeth poderia muito bem ampliar seus poderes de modo que "sua poderosa mão sustentasse o globo numa geral e inteiriça monarquia."

Não hesitou, ademais, o pensador italiano, em colocar-se ao lado de Elizabeth, a rainha herética, contra Felipe II, de Espanha, que catalogou como aquele "espanhol violento, tenaz e radical" (Spampanato, 502).

Por tudo isso, seria, mais tarde, meticulosamente questionado, pelos inquisidores italianos, como ainda veremos. Perante o Santo Ofício, tentou – inutilmente, já se vê – minimizar sua admiração pela rainha inglesa, alegando que tinha em mente seus dotes pessoais e não "suas opiniões religiosas" (Spampanato, p. 503).

Em 1585, mais para o fim do ano, o embaixador Castelnau foi chamado de volta à França e Bruno retornou com ele, para sua segunda estada em Paris. Veremos isto a seguir.

Peregrinação pela Europa

De volta a Paris, não teve mais as facilidades que encontrou em Londres, como hóspede do embaixador Castelnau. Diria posteriormente, que passou a viver ali, "como fizera a maior parte do tempo", ou seja, às próprias custas, dedicando-se aos estudos. Tentara uma reaproximação com a Igreja, através do Núncio. Não que desejasse retomar o hábito e submeter-se novamente às ordenações dos dominicanos – queria ser apenas um católico leigo, com o que não concordou a hierarquia, àquela altura sob o pontificado de Sixto V.

Ainda assim, passou a frequentar a abadia de Saint-Victor, não pelo culto e pelos sacramentos – aos quais não tinha acesso, na condição de apóstata – o que lhe interessava na abadia era a sua bem sortida biblioteca. Spampanato informa que se tratava de uma "das mais antigas e mais importantes da França, no século XVI" (p. 393). Bruno teria, ali, à sua disposição, "raríssimas edições e apreciados manuscritos". O homem que tomava conta dessas preciosidades era Guillaume Cotin, um monge cantor e que, por sua "incomum memória, erudição e modéstia", era procurado por toda sorte de estudiosos e pesquisadores, interessados nos livros. Bruno foi um desses. Mantinha longas conversações com o monge-cantor-bibliotecário, falava de seus estudos, seus planos e até lhe fazia confidências, que Cotin ia registrando metodicamente em seu diário. A despeito de sua costumeira rejeição por Aristóteles, declarou seu propósito de escrever um tratado sobre a "filosofia completa" do famoso pensador grego, "reduzida a uns poucos aspectos, de tal modo que se poderia aprendê-la em seis meses". Estava, também, nos seus planos, um livro no qual "a memória artificial" seria "tratada e aplicada mais amplamente do que na *Arte*, de Lully" (pp. 392-393).

Depois das atas da Inquisição de Veneza e da carta de Scopius a Conrad Rittershuys – ainda a veremos, mais adiante – o *Diário* de Cotin, descoberto na Biblioteca de Paris, é um dos mais preciosos (documentos) que temos sobre Giordano Bruno, a despeito de algumas discrepâncias cronológicas.

É o que nos assegura Lucien Auvray, em artigo igualmente reproduzido por Spampanato (p. 643).

Na avaliação de Auvray, Bruno revela-se, nas conversações com Cotin, um sujeito "vaidoso, fanfarrão e desdenhoso". Além disso, condena com veemência, pessoas nada desprezíveis, como "Cajetan, Pico de la Mirandolla, Cujas, Passerat, Panigarola e muitos outros" (p. 649). Esses eram, positivamente, no entender de Auvray, "indícios de um talento não verdadeiramente superior".

Cotin não analisa por sua própria conta as ideias de Bruno – limita-se a reproduzir o que lhe foi dito. O sacramento da eucaristia, por exemplo, segundo o filósofo italiano, não fora do conhecimento de s. Pedro e s. Paulo. A referência textual resume-se no *Hoc corpus meum*. Nada mais. Bruno falou, ainda, de sua rejeição pelas sutilezas dos escolásticos e pela filosofia dos jesuítas, que não passavam de reprodução do pensamento de Aristóteles. Disse que detestava igualmente os heréticos de França e os da Inglaterra. Pregavam todos a justificação pela fé e acreditavam que as dificuldades da religião estariam resolvidas quando tais aspectos fossem esclarecidos, o que esperavam para breve.

Isto nos leva a supor que, já àquela altura, aos 37 anos de idade, Bruno havia elaborado para si mesmo um projeto missionário de reformador das estruturas de pensamento e ação não apenas religiosas, mas até políticas ou, pelo menos, sociais. Para implantação da parte política dessa utopia é certo que sonhou com gente como Elizabeth I, Henrique IV, de França e até mesmo com um papa. Ele sabia, pela experiência da Reforma Protestante, que qualquer plano desses estaria condenado ao fracasso sem poderoso e decidido apoio político e, se possível, religioso. Em verdade, o ideal para essa posição de liderança era mesmo o papa, que reunia nas suas mãos, as duas modalidades de poder. Há evidências convincentes de que ele pensou a sério na temerária empreitada de convencer o papa a ser o instrumento vivo de sua reforma.

Por falar em política, criara-se um clima de insegurança por causa dos conflitos de Henrique III com a Liga Católica, no fundo, uma disputa de poder entre católicos e protestantes, com resultados imprevisíveis àquela época. Cautelosamente, Bruno resolveu ir para a Alemanha, onde a definição de áreas de influência era mais nítida.

Em julho de 1576, pleiteou uma cátedra na Universidade de Marburg e foi rejeitado. Era o problema de sempre – sua antipatia pela filosofia aristotélica. Subiu-lhe à cabeça o ardente sangue napolitano, ele despachou um ataque ao reitor e viajou para Wittenberg, berço da Reforma luterana, para onde acorriam, de toda parte "da estudiosa Europa, italianos, franceses, espanhóis, portugueses, ingleses e escoceses" (Spampanato, p. 424) e onde foi bem recebido. Os registros da universidade documentam a aceitação do *dottore italiano* a 20 de agosto de 1586.

Lecionaria durante dois anos na universidade protestante, onde encontrou, afinal, liberdade de cátedra. Daria testemunho escrito da sua satisfação, caracterizando Wittenberg como "a Atenas da ampla, augusta e poderosa Alemanha" (Spampanato, p. 422). A temática de suas aulas foi a filosofia que desenvolvera a partir da nova concepção cosmológica de Copérnico, apesar de considerada ímpia por Melanchthon, morto há cerca de 26 anos. Dava continuidade, na Alemanha, ao que havia começado na Inglaterra, como diz Spampanato (p. 420).

Ao partir de Wittenberg, deixou expressa sua gratidão pelo acolhimento que ali experimentara, mas ficou igualmente claro que não o atraía a teologia dos reformadores.

Mais uma vez, seu carisma pessoal conquistou importante admirador. Rodolfo II ficou encantado com o filósofo italiano, fez-lhe um donativo de trezentos *thalers* – dinheiro com o qual se manteve algum tempo – e o autorizou a lecionar na Universidade de Helmstadt, em Brunswick.

Atravessara a Saxônia, viajando pelos domínios dos Braunschweig-Wolfenbüttel, uma das mais antigas e ilustres casas da Europa e que se manteve fiel à Igreja Católica. Por alguns meses – sete, informa Durant (p. 619), seis, diz Spampanato (p. 431) –, Bruno sentiu-se feliz. Achava mesmo que fora encaminhado àquela cidade "não por acaso, mas pela Providência Divina".

A universidade havia sido fundada pelo duque Julius, em 1575. Cinco mil alunos enxameavam em torno de cinquenta professores. Prescreviam os estatutos que os professores deveriam "conservar a paz e a concórdia entre si, fugir às controvérsias inúteis e prejudiciais, ensinar com a maior sinceridade, sem o gosto pela ostentação e pela novidade, sem qualquer adorno ou falácia, a verdadeira filosofia aristotélica" (p. 432). Esta última regra não deve ter sido muito do agrado de Bruno, credenciado em 13 de janeiro de 1589, como "italiano de Nola".

Em maio, dia 5, morreu o velho duque Julius. Bruno compareceu às exéquias, "espontaneamente, sem ter sido solicitado ou convidado por ninguém", mesmo porque não exercia cargo oficial, embora contasse já com as boas graças dos donos do poder. Queria apenas participar do evento, mas acabou pronunciando uma bela *Oratio consolatoria* nas comemorações realizadas oito semanas após a morte do estimado duque. Aproveitou a oportunidade para dizer do quanto se sentia bem ali, "onde retornara à vida como que por milagre", após ter sido "forçado a abandonar a pátria, onde estava exposto à gula voraz da loba romana, obrigado a um culto insano e supersticioso, oprimido pela violência da tirania".

Genuinamente sensibilizado, Heinrich Julius, filho e herdeiro do duque morto, mandou entregar oitenta escudos a Bruno em testemunho de sua gratidão.

Mesmo contando com essa poderosa proteção, Bruno não escapou à excomunhão que lhe impôs Gilbert Voet, dirigente da igreja local. O filósofo apelou inutilmente, citando Sêneca, segundo o qual, "aquele que pronuncia sentença sem ouvir o acusado, não é juiz imparcial, ainda que bem documentado".

Bruno lhe daria o troco, mais tarde, em sua obra *De imenso*, na qual atacou, à sua maneira contundente, "os secretários celestes", que definia como:

> [...] gramáticos latinos e gregos, hebreus e caldeus, que, como tantos outros filhos de Deus tocados pela graça divina, dignam-se decidir as controvérsias filosóficas, vão às academias, sobem ao púlpito, julgam e condenam sem a legítima presença e defesa das partes porque todo o direito e as luzes se encontram depositados em suas santíssimas mentes de supermestres (p. 439).

Durante um ano e meio permaneceu em Helmstadt, aproveitando o tempo para escrever. Andava, por essa época, familiarizado com os mistérios da magia, que aborda em *De magia* e em *Theses de magia*, nos quais procurava dar aos fenômenos observados explicações físicas ou, como se diria hoje, científicas. Apoiava-se, para esse fim, em ideias expostas em suas próprias obras anteriores, em italiano e em latim: os ensinamentos neoplatônicos, os das escolas cabalísticas e no animismo universal (p. 440).

É de supor-se que Spampanato tenha tido notícia de Hipácia, a brilhante matemática e filósofa neoplatonista, morta em Alexandria no ano 415 da nossa era, mas dificilmente teria como considerá-la uma encarnação anterior do próprio Giordano Bruno, seu conterrâneo de Nola. É igualmente improvável que ele haja sido informado de que Bruno, que ele tanto admirava, estivesse reencarnado na Inglaterra, como Annie Besant, sua contemporânea – (Spampanato [1872-1928], Annie Besant [1847-1933]). O biógrafo italiano nascera, portanto, 25 anos depois da sra. Besant e morreu cinco anos antes dela. Ela não seria mais uma neoplatônica assumida como seu pai, Theon, mas continuava a estudar, como Bruno, processos racionais de explicar o animismo, a magia, os enigmas da vida e os mistérios mais íntimos da matéria.

O erudito biógrafo menciona nesse ponto do seu livro (capítulo X, p. 441 e seg.), o interesse de Bruno pela magia, ainda que sem abandonar sua tarefa prioritária de fecundo escritor. Annie Besant exploraria a temática das mônadas, de que cuidou Bruno em *De monade, numero et figura*. O pensador italiano expunha nessa obra sua teoria atômica, as propriedades do número e o procedimento para encontrá-lo, bem como os princípios que regulavam o estudo das medidas. Citando Tocco – seu amigo pessoal, a quem o livro é dedicado – Spampanato colhe em *La opere latine di G. Bruno*, a opinião de que o filósofo nolano abriu espaço para que fosse possível "transformar o antigo atomismo grego na moderna monadologia" (p. 442).

Bruno estava, àquela época em Brunswick, interessado em mandar imprimir alguma obra sua, a fim de enviá-la ao duque, como sua homenagem e testemunho de gratidão. Pensava em fixar-se por algum tempo em Magdenburg, mas acabou indo para Frankfurt, que figura em Spampanato como "cidade de passagem", ou seja, uma espécie de encruzilhada por onde circulava muita gente de muitos países.

Realmente, Frankfurt já era, àquele tempo, cidade de considerável importância comercial, onde as mais diferentes mercadorias importadas e locais poderiam ser encontradas, até raridades como o açúcar, destaca o biógrafo. Mais importante que isso, para Bruno, Frankfurt tinha livrarias e tipografias. Entre os editores locais destacava-se Andre Wechel, conhecido, segundo Spampanato, pela publicação de "obras-primas de clareza e elegância."

Era, pois, uma cidade de tradições culturais, que, aliás, conserva até hoje, com suas famosas feiras de livros, para as quais acorrem pequenas multidões interessadas em escrever, imprimir e vender livros. Bruno chegou a Frankfurt, o mais tardar, em junho. Em 2 de julho encaminhou uma petição às autoridades solicitando permissão para hospedar-se na casa de Wechel por algumas semanas, a fim de acompanhar de perto a impressão de obras de sua autoria. Curiosa maneira essa de pedir permissão para morar em casa alheia... Talvez isto signifique apenas que ele tinha de indicar endereço certo, onde pudesse ser encontrado. Não se preservou a resposta do 'Senado' local, e mesmo a petição estava indecifrável, em grande parte, quando foi descoberta, séculos mais tarde. Seja por deliberação das autoridades ou do próprio Wechel, Bruno hospedou-se no convento Carmelita, provavelmente por conta do editor, que – diz Spampanato – "era obrigado a dar-lhe moradia". Bons tempos, aqueles, em que os editores sustentavam os autores! Eu nunca tive mordomias desse tipo!

Posto em sossego, pelo menos por algum tempo, Bruno pôde dedicar-se à "acuradíssima revisão das provas". Chegou mesmo a desenhar e entalhar, ele próprio, as ilustrações do livro.

Aprovado pela censura, *De minimo* foi posto à venda duas semanas depois. *De monada*, *De immenso* e *De imaginum compositione* foram expostos na feira do outono daquele mesmo ano.

Repentina e inexplicavelmente, Bruno deixou Frankfurt. Spampanato recorre a Berti, biógrafo mais antigo do filósofo, em busca das razões dessa inesperada partida, mas não parece endossar as que Berti tem a oferecer. Segundo este, Bruno recebeu, ainda em Frankfurt, carta de Giovanni Mocenigo – o mesmíssimo cavalheiro veneziano que o denunciaria à Inquisição dali a alguns anos. Berti acrescenta que o filósofo teria ido primeiro a Zurique, onde tinha alguns amigos. Informa, ainda, que talvez tenha sido necessário ao ex-monge "por-se a salvo com toda pressa", para não se expor a alguma ordem de prisão de iniciativa dos magistrados de Frankfurt. Spampanato apurou que a permanência em Zurique durou apenas o inverno e que Bruno teria dado aulas particulares a "certos doutores" (p. 449).

Após a curta ausência, contudo, retornou o "exilado", como o caracteriza Spampanato, a Frankfurt, onde permaneceria mais cerca de seis meses. É improvável, portanto, que sua inesperada partida haja sido motivada por temor às autoridades locais. O mais certo é que, passado o perigo iminente, ele tenha retornado para concluir o trabalho de revisão dos livros que compõem sua obra em latim, que lá estavam em fase de impressão. Durant informa (p. 619) que, a essa altura – um ano antes de se tornar prisioneiro da Inquisição – "sua filosofia estava completa, a despeito de jamais haver conseguido alcançar clareza e coerência".

Creio de utilidade, aqui, conhecermos em maior detalhe a opinião de Durant sobre o pensamento de Giordano Bruno. É que, antes de se entregar de corpo e alma ao gigantesco projeto de contar a história da humanidade, o historiógrafo americano dedicou-se com empenho ao estudo da filosofia, do que deu conta em dois livros – *The story of philosophy* e *The mansions of philosophy*. Para ele, os títulos das obras brunianas "são, com frequência, poéticos e obscuros", criando no leitor mais uma expectativa de meditações algo sonhadoras e extáticas, do que de uma sistemática e coerente dissertação filosófica. A não ser em Rabelais – particulariza Durant – só em Bruno se encontra uma:

> [...] verdadeira salada de epítetos, retórica, alegorias, símbolos, mitos, narcisismo, expressões bombásticas, trivialidades, exaltação, farsa, e perspicácia empilhados uns sobre os outros, em nebulosa confusão de dogmas, discernimento e hipóteses (p. 619).

Como se vê, o historiador não poupou adjetivos na avaliação da obra bruniana e quase todos mais para a faixa da vaia do que do aplauso. Raramente se encontra nos seus textos tão abundante adjetivação. Que, aliás, prossegue no mesmo parágrafo, acrescentando que Bruno teria herdado:

> [...] o talento dos dramaturgos italianos, a escandalosa hilaridade dos poetas macarrônicos e o cortante espírito satírico de Berni e Aretino.

Durant declara ausentes, na ampla obra do filósofo italiano, as características usuais da filosofia, ou seja,

> [...] a calma perspectiva, a contida racionalidade, a capacidade de ver todos os lados de uma questão, tolerância para as diferenças e até simpatia pelos simplórios.

Daí porque, para Durant, Bruno não se qualifica como:

[...] filósofo e sim um guerreiro que colocou viseiras diante dos olhos, a fim de que os perigos que o cercavam não o desviassem de sua meta – que consistia, dois séculos antes de Voltaire, em *écraser l'infâme*, esmagar a infâmia do obscurantismo e da perseguição.

Como Voltaire, mais tarde, Bruno manteve a Igreja na mira de suas baterias, na frágil expectativa de que o tomariam por mero filósofo a debater ideias em vez de um ex-monge apóstata, excomungado e herege. Seria essa, aliás, a tônica de sua defesa perante a Inquisição, como ainda veremos.

Quanto a Durant, creio ter ficado claro que ele não gostou nem um pouco da obra bruniana. Sequer lhe concede o título de filósofo. Mais adiante, contudo, em resumo crítico das ideias de Bruno, seu texto é mais ameno. Chega até a admitir que a visão – "primariamente estética" – do universo se resolve em Bruno, numa

> [...] tentativa filosófica de ajustar o pensamento ao cosmos, do qual nosso planeta é parte infinitesimal de uma desconhecida imensidão (p. 620).

Lembra, ainda, o historiador que, para Bruno,

> [...] o mundo se compõe de diminutas mônadas, indivisíveis unidades de força, vida e de mente rudimentar.

Como se sabe, Annie Besant iria retomar o discurso bruniano sobre as mônadas, trabalhando novamente com a ideia de que elas serviam de campo de decolagem para as primitivas manifestações da mente. Isto se pode ler principalmente em *A study in consciousness*, que tive oportunidade de examinar em meu livro *Alquimia da mente*.

A palavra final de Durant, como se previa, não é nada favorável. O historiador confessa ter produzido um "resumo rudimentar" do pensamento bruniano, deixando de fora "todo o seu brilho e seu heroico entusiasmo". Sua análise crítica mantém, contudo, uma uniforme tonalidade de subestima, como se a filosofia do pensador nolano não merecesse mais do que esse registro algo condescendente, mas depreciativo. Essa atitude fica mais clara, quando o historiador acrescenta que o pensamento de Bruno surge, na sua sinopse, com uma aparência de "continuidade e consistência inexistentes" nos originais. Foi como se dissesse que ele, Durant, conseguiu até mesmo emprestar certa consistência à verdadeira salada cultural de Bruno. A mim se me afigura injusto o julgamento. Tanto mais porque o historiador coloca Bruno logo na abertura do capítulo intitulado "Renascimento da filosofia", no importante compêndio em que estuda o início da Idade da Razão. O que significa que, bem ou mal, Bruno é um dos formuladores das novas arquiteturas de pensamento a se projetarem no futuro. O que se tem a lamentar, a meu ver, é o fato de que a busca do racionalismo transbordaria para excessos que impregnariam a cultura moderna de uma forte e ainda predominante coloração materialista. Giordano Bruno, mesmo debruçado sobre a matéria do cosmos e do ser humano, com o decidido propósito de aprender, não deixou de especular sobre os enigmas que se escondiam naquilo que Aristóteles chamou metafísica, isto é, além da física, algo mais do que matéria bruta. Sinto-me autorizado a concluir, portanto, que Will Durant prefere colocar entre suas prioridades o racionalismo agnóstico e materialista, em prejuízo da visão espiritual da vida. Não tem, pois, a formação cultural necessária a uma avaliação mais ampla do pensamento bruniano, naqueles aspectos em que o ex-dominicano especula sobre realidades que transcendem ao limitado território da matéria.

Além do mais, é necessário ter em mente que Bruno situa-se numa espécie de terra de ninguém, entre uma época vitimada pelo obscurantismo fanático, que não oferecia espaço para a criatividade e o livre debate, e outra, que seria mais luminosa, mas que ainda estava por construir-se. O próprio Durant reconhece em Bruno o papel de elo de ligação entre uma época e outra, como, por exemplo, ao examinar o problema das mônadas, no qual sua posição é a de uma ponte – *bridge*, é o temo usado por Durant – entre Lucrécio e Leibniz (p. 620). A formação do pensador italiano nutrira-se na herança cultural de sua época e nem poderia ter sido de outra maneira. Ele a estudara precisamente para propor as modificações modernizadoras e libertadoras com as quais sonhava. É certo que colocou nos seus escritos muito do poeta e até do utopista, no seu afã de reformular as estruturas de pensamento do seu tempo. É de se admitir, ainda, que suas dissertações contenham contradições e se ressintam de alguma falta de consistência, como pensa Will Durant. Temos de nos lembrar, contudo, de que, numa obra tão ampla e variada como a de Bruno, escrita ao longo de várias décadas, discrepâncias e contradições são praticamente inevitáveis e podem até significar mudanças revisionistas para melhor, correções de rumo, no contexto de uma dissertação que se espraia por tantos livros. Não obstante, a única consistência que Durant identifica em Bruno é a sua "inebriação cósmica".

Pode-se concordar com Durant em que os textos de Bruno não se prestam à leitura contida de um frio pensador centrado na mente. Eles têm a oferecer o discurso exaltado, poético, veemente de um autor – napolitano, não nos esqueçamos – que põe muito da sua paixão e de suas emoções naquilo que escreve, mesmo quando discorre sobre aspectos usualmente áridos, como geometria, física ou matemática. Ele se envolve nos temas de suas dissertações, arrasta-os consigo como se fossem questões de vida e morte. E muitas vezes são mesmo, como ele próprio demonstrou com a sua morte na fogueira. Se há, pois, incoerências nos seus textos, são as da personalidade mesma do autor, no esforço de abranger os temas dominantes de sua época, a fim de dar-lhes uma nova ordenação e colocá-los em diferente perspectiva. São incoerências e inconsistências de seu tempo e do contexto em que vivia, mais do que suas, pessoais.

Há, contudo, em Durant uma observação que devemos conservar em mente. Ele reconhece que sua avaliação resulta de *sua* leitura pessoal da obra bruniana, que não será, necessariamente, a única possível. "Outra seleção de suas ideias" – reconhece (p. 621) – "faria dele um mago místico." É verdadeiro isso, o que se constata pela leitura de Frances Yates, que examinaremos mais adiante neste livro, a fim de tentar uma leitura menos maniqueísta das ideias do pensador italiano. Isto não retiraria de Bruno o aspecto polêmico de sua obra, pois ele não fez questão alguma de evitar a imagem de pensador polêmico, veemente, combativo, disposto, até ao sacrifício maior de sua vida, a lutar pela reformulação das estruturas culturais de seu tempo. O próprio Durant admite isso, ao caracterizá-lo como um guerreiro, e não como um filósofo, naturalmente, nos moldes em que Durant fundiu a sua imagem de um filósofo – calmo, metódico, contido, discreto, mais para o cérebro do que para o coração e seus impulsos emocionais. Não é esse o molde do qual saiu Bruno.

NA BOCA DO LOBO

Para Will Durant, a ilusão final de Bruno foi a esperança de que, de volta à Itália, pudesse levar os inquisidores a crerem que continuava sendo um filho querido da Igreja, citando numerosos pontos de sua obra em que a ortodoxia católica fora preservada. Não sei se foi esse o propósito, mas que foi infeliz sua decisão de repatriar-se, não há dúvida. Perante o temido tribunal do Santo Ofício, ele adotou a linha defensiva de colocar-se como filósofo incumbido de analisar ideias e não como teólogo empenhado em contestar e questionar aspectos religiosos. Não conseguiu convencer seus juízes, como veremos.

O propósito de passar incólume pelos filtros da Inquisição pode, de fato, ter ocupado sua mente, mas não creio seja o único, nem o mais relevante. Ele devia estar ansioso por retornar à pátria. Essa é, aliás, a opinião de Bartholomès, (in *J. Bruno*, Paris, 1701), segundo o qual, *apud* Spampanato, Bruno estaria mergulhado em "nostalgia, essa profunda melancolia de que sofrem os homens de todos os tempos e de todos os lugares" (p. 509). (A palavra portuguesa saudade diria tudo isso de uma só vez.) Bruno cansara-se da vida errante e instável de exilado, a peregrinar pela Europa em busca de pouso onde pudesse viver em paz, escrevendo seus livros e dando aulas em universidades e a grupos particulares. Ansiava por voltar ao convívio de sua gente, ouvindo a língua materna, sob o céu luminoso da região onde nascera. Seria, assim, explicável a presteza com que aceitou o convite de Giovanni Mocenigo, que lhe oferecia hospedagem e remuneração a troco de aulas sobre sua filosofia, especialmente sobre a temática da magia e dos segredos do bom gerenciamento da memória. Mesmo atraído pela sedutora opinião de Bartholomès,

Spampanato considera inexplicável a decisão de Bruno de retornar à Itália. Lembra a observação de certo Valente Acidalio, a exclamar, perplexo: "Como ele ousou retornar a um país do qual sua confissão religiosa o obrigara a exilar-se?" (p. 511). Spampanato compara sua temeridade à de Servet, que se "meteu na boca do lobo", pondo-se ao alcance de Calvino, "homem incapaz de perdoar e que havia jurado destruí-lo". E acrescenta que Bruno estaria "cansado de quinze anos de peregrinação", desejoso de assentar-se por um longo tempo em algum lugar tranquilo, onde pudesse elaborar um sistema definitivo para o seu ideário (p. 513). Pensava, até, em reformar-se, ou, pelo menos, sentia a necessidade de tornar-se mais estável, menos impulsivo e temperamental, a fim de se preservar e às suas ideias.

Era tarde para uma reformulação dessa profundidade, mesmo porque a obra publicada testemunhava contra ele, bloqueando-lhe a intenção de promover nela uma releitura. Ainda assim, tentou minimizar perante os inquisidores de Veneza o impacto negativo de seus escritos sobre as intocáveis estruturas teológicas da Igreja.

> Creio [lê-se no seu depoimento (p. 516)] que se acha escrita em minha obra muita coisa que seria contrária à fé católica e que, paralelamente, nos raciocínios, eu tenha dito algo que pudesse suscitar escândalo, mas não disse, nem escrevi nada disso *ex-professo*, nem para contestar frontalmente a fé católica, mas baseando-me somente em razões de ordem filosófica ou citando opiniões de heréticos.

Antes de examinar o tenebroso drama do julgamento, contudo, é necessário relatar o que se passou entre Bruno e Mocenigo.

Bruno partiu de Frankfurt no outono de 1591 e atravessou os Alpes, rumo a Veneza e ao seu destino, saltando, igualmente, para dentro da boca do lobo.

Encontramos em Spampanato outras informações sobre os antecedentes dessa história nada edificante, que nos fala dos muitos olhos e dos longos braços da Inquisição, sempre desconfiada, vigilante e onipresente. Em 16 de agosto de 1589, o Santo Ofício determinou ao núncio apostólico em Veneza, que, "com todo cuidado, procurasse saber onde estavam sendo impressos os livros nocivos", que circulavam pela Itália. Recomendações semelhantes foram expedidas aos prelados regulares da Dalmácia e da Ístria, instruídos a impedir a publicação de livros sem a devida licença, o famoso *Nihil obstat* e mais o *Imprimatur*, da autoridade eclesiástica competente.

Há algum tempo, portanto, vinha a Inquisição preocupada com a invasão silenciosa das publicações "nocivas", assim qualificadas, naturalmente, aquelas que contivessem qualquer referência que se chocasse com o pensamento oficial da Igreja e com suas práticas. Esse documento ordenava ao inquisidor sediado em Milão que deixasse passar mercadorias de outra natureza, devidamente embaladas e que não se destinassem a Milão. Quanto aos livros e demais publicações despachados para Milão, contudo, o inquisidor deveria verificar-lhes o conteúdo e, quanto aos que por ali transitavam, de onde vinham e para onde se destinavam.

Por esse tempo, informa Spampanato (p. 454 e seg), embora existissem boas livrarias em Veneza, como as de Giacomo Britano, e Gian Battista Ciotti, as artes gráficas na Itália não haviam alcançado o melhor nível das suas congêneres nos países ao Norte. Era costume dos livreiros italianos comparecerem regularmente às famosas feiras de Frankfurt, em busca de livros para as suas prateleiras. Britano, por exemplo, não perdia uma feira, desde 1576.

Foi lá, em Frankfurt, em 1590, que Ciotti encontrou Giordano Bruno – de quem já conhecia algumas obras –, hospedado, como ele, no convento dos carmelitas. De regresso a Veneza, levou consigo "importantes novidades literárias", como *De minimo, magno et mesura*, que despertou o interesse de Mocenigo.

Giovanni Mocenigo pertencia a uma das mais ilustres famílias venezianas. Nascera em 1558, de Isabella Vituri e do "chiarissimo signor Marco Antonio", (Spampanato, pp. 454-458), casara-se com Cecilia Nani e tivera com ela, entre 1585 e 1597, oito filhos, cinco homens e três mulheres.

Encantado com o livro de Bruno, perguntou ao livreiro Ciotti, se conhecia o autor. Este respondeu que o havia visto em Frankfurt, mas, não sabia se Bruno ainda estava por lá; supunha que sim. Mocenigo manifestou desejo de trazê-lo a Veneza para que lhe "ensinasse os segredos da memória e outras matérias" de seu conhecimento, como se podia ver no livro. Ciotti acreditava que Bruno poderia ser localizado e que aceitaria o convite.

Dias depois, vai Mocenigo à livraria de Ciotti com uma carta dirigida a Bruno. Ciotti incumbiu-se de encaminhar o convite, certamente pelos meios habituais de comunicação com seus correspondentes em Frankfurt. Ficou sabendo, ainda, que Mocenigo expediu nova carta a Bruno, insistindo para que viesse para Veneza como seu mestre. Ciotti não sabe por quem a segunda carta fora enviada. É certo, porém, que Bruno aceitou o convite e se pôs a caminho, chegando a Veneza em agosto de 1591. Alojou-se por alguns dias em um cômodo alugado e, em seguida, foi a Pádua, onde permaneceu durante mais de três meses. Encontrou-se lá com Jerônimo Besler (Hieronimus?), de Nurenberg, que trabalhara como copista de alguns escritos seus e que transcreveu, em Pádua, a última obra latina do filósofo.

De volta a Veneza, Bruno parecia cheio de planos, trabalhando "com muito empenho" para terminar um livro que considerava importante, sobre as sete artes liberais. Concluído este, pensava escrever outro ainda mais importante acerca da sete artes criativas.

> A Inquisição [informa Durant (p. 621)] há muito havia declarado Bruno fora da lei, sujeito a ser aprisionado tão logo fosse possível, mas Veneza tornara-se famosa pela proteção que concedia aos perseguidos e por sua atitude desafiadora perante a inquisição".

A observação de Durant sobre o confronto entre Veneza e o Santo Ofício tem sua razão de ser, mas a proteção não seria tão decisiva como poderia parecer e, talvez, como Bruno desejasse. Segundo Spampanato (p. 468), Bruno estava consciente de que deveria "abreviar o tempo de uma perigosa hospitalidade aos olhos dos Inquisidores."

Seja como for, Bruno hospedou-se na mansão de Mocenigo e começou logo a trabalhar com seu rico aluno. Circulava nas horas vagas pela cidade, fazia conferências sobre filosofia e teologia a grupos de nobres e sacerdotes, frequentava livrarias e círculos de conversação erudita. Eram comuns os debates em torno de temas de livre escolha, dos quais todos os presentes podiam participar ativamente. No seu depoimento ao Santo Ofício, Gian Battista Ciotti, o livreiro – pois ele também seria convocado a depor – diria que Bruno "estava por ali há sete ou oito meses, ficou não sei quantos dias em um cômodo alugado... foi à Pádua e, ultimamente, passou a residir na casa do sr. Giovanni (Mocenigo)"... (p. 468). Depoimento esse que Bruno confirmaria, ao dizer que viera há cerca de sete ou oito meses, ocupando-se em ensinar Mocenigo, primeiramente fora de sua casa e, ultimamente, na própria residência do seu importante aluno.

Seja porque o discípulo fosse um tanto lento no aprendizado, seja porque o mestre fosse pouco diligente, o certo é que Mocenigo passou a desconfiar de Bruno e da eficácia de sua didática ou da sua filosofia. Ciotti relatou que aprestava-se para viajar novamente para a feira de livros em Frankfurt, quando se encontrou com Mocenigo e ouviu dele a seguinte história. Bruno estava ali, em Veneza, às suas custas – hospedagem, boa quantidade de dinheiro e roupas – sob promessa de ensinar-lhe "muitas coisas", mas que ele, Mocenigo, não estava conseguindo chegar a qualquer conclusão sobre as coisas de que o outro lhe falava. Acrescentou, explicitamente, que já duvidava de que Bruno fosse um homem de bem. Pediu mesmo a Ciotti que, aproveitando a estada em Frankfurt, lhe fizesse o favor de promover "diligências, a fim de apurar se (Bruno) era pessoa de se poder confiar e se cumprirá o que me prometeu" (p. 472).

As diligências de Ciotti, em Frankfurt, junto a pessoas que haviam frequentado as aulas do filósofo nolano, resultaram na elaboração de uma imagem negativa de Bruno. Havia apurado, em suma, que Giordano conhecia bem os segredos da memória e outros assuntos, mas todos aqueles que o conheceram de perto declaravam-se insatisfeitos e comentavam: "Não sei como ele está em Veneza, porque aqui é tido como homem que não tem religião alguma..."

Ao regressar de Frankfurt e dar conta de sua tarefa a Mocenigo, este lhe disse que continuaria a estudar por algum tempo com Bruno, com o propósito de arrancar dele algum proveito do que lhe fora prometido, a fim de não perder tudo quanto lhe pagara, mas que, depois disso, iria denunciá-lo ao Santo Ofício.

Insatisfeito com o mestre, mas ainda disposto a conseguir dele algo mais em troca de seu rico dinheirinho, Mocenigo conteve-se por algum tempo, mas verificara, como declarou a Ciotti, "o quanto era absurdo e complicado o mecanismo da memória artificial, de que ouvira maravilhas da parte do mestre" (p. 473).

O que se depreende, portanto, é que aluno e mestre estavam insatisfeitos um com o outro. Convicto de haver transmitido a Mocenigo não tanto quanto sabia, mas tudo quanto o discípulo era capaz de assimilar e pelo que lhe havia pago, Bruno planejava retornar a Frankfurt, onde pretendia ensinar livremente a outros o que tentara ensinar a Mocenigo, bem como mandar imprimir mais alguns escritos seus, especialmente *Sette arte liberali*. Tencionava levar essa obra e mais algumas, "que eu aprovo e que alguns não aprovam" (p. 480), ao papa, junto ao qual pleitearia "a absolvição dos excessos (cometidos) e a graça de poder viver em hábito clerical, mas fora da Ordem religiosa".

A despeito da insistência de Mocenigo para que ficasse, Bruno preparou-se para viajar a Frankfurt. Além dos motivos alegados, ele deveria estar consciente da temeridade que era demorar-se por mais tempo em Veneza, praticamente à mercê da Inquisição. A 21 de maio (1592), após resistir tenazmente ao assédio e até às ameaças de Mocenigo, Bruno foi deitar-se decidido a viajar na manhã seguinte, mesmo porque já havia despachado suas coisas para Frankfurt.

Alegando que precisava falar-lhe, Mocenigo foi aos seus aposentos, acompanhado de Bartolo, seu homem de confiança e mais cinco ou seis gondoleiros, que arrancaram o teimoso filósofo de seu leito, arrastaram-no pelo assoalho e o levaram para uma prisão domiciliar. Nunca mais teria liberdade.

A versão de Mocenigo, ao denunciá-lo ao Santo Ofício, foi a de que:

> [...] no sábado, prendi Giordano Bruno, exigindo dele que aquilo que não quisera me ensinar [...] em troca de tantas cortesias e tantos presentes que eu lhe fizera, teria de fazê-lo pelo menos para que eu não o acusasse (p. 482).

Bruno teria, segundo Mocenigo, tentado negociar sua liberdade, comprometendo-se a ensinar-lhe tudo quanto sabia, revelando só a ele o segredo de todas as suas obras já publicadas e das que viesse a escrever. Tornar-se-ia verdadeiro escravo do obstinado e poderoso discípulo, sem nenhuma outra compensação.

Spampanato desconfia da autenticidade de tal negociação, declarando que a denúncia de Mocenigo era confusa e contraditória. "Evidentemente" – escreve (p. 482) – "Bruno manteve-se irredutível", declarando não temer a Inquisição, dado que não induzira ninguém a viver dessa ou daquela maneira e que não se recordava de haver dito nada de mau. E mais, ainda que fosse chamado pela Inquisição, o máximo que poderiam exigir dele seria obrigá-lo a retomar o hábito religioso que abandonara. Do que se depreende que Bruno talvez estivesse subestimando a fanática severidade do Santo Ofício.

Os documentos contendo a denúncia de Mocenigo, datados de 23 e 29 de maio de 1592, vêm transcritos na íntegra no livro de Spampanato, no anexo intitulado "Documenti veneti, I" (pp. 679-684). São dirigidos ao inquisidor de Veneza e assinados não como Giovanni, mas Zuane Mocenigo, que declara fazer a denúncia forçado por sua própria consciência e por ordem de seu confessor, a quem consultara. Matreiramente, o confessor aconselhara-o a esperar um pouco, a fim de que Bruno se expusesse mais. No mesmo dia 23, pela manhã, Mocenigo mandou chamar um oficial de justiça, que, acompanhado de alguns homens, levou Bruno para um depósito nas proximidades de São Samuel, dado que Mocenigo não o queria em sua própria casa mais do que o tempo estritamente necessário às providências subsequentes. O Santo Ofício foi notificado, compareceu ao local indicado e, às três horas da tarde, levou Bruno para suas próprias masmorras.

Vamos, contudo, reservar o episódio do julgamento para o capítulo seguinte.

O Gato e o Rato

Para facilitar o entendimento da difícil situação em que se metera Bruno, vamos apresentar, uma por uma, as acusações formuladas por Mocenigo com base nas suas conversações com o filósofo e relatadas na denúncia de 23 de maio. 1) que era grande blasfêmia da parte dos católicos considerar que o pão se transubstancia em carne; 2) que ele era inimigo da missa; 3) que nenhuma religião era de seu agrado; 4) que o Cristo foi uma pessoa melancólica, que realizava coisas tristes, seduzindo o povo, e que poderia muito bem ter previsto que seria crucificado; 5) que não há, em Deus, distinção de pessoas, o que seria nele, uma imperfeição; 6) que o mundo é eterno, há um número infinito de mundos e que Deus os faz continuamente infinitos; 7) que o Cristo fazia milagres apenas na aparência; era um mago, como também os apóstolos, e que ele, Bruno, poderia fazer tudo aquilo e até mais; 8) que (Jesus) morreu contra a sua vontade e procurou fugir da morte tanto quanto lhe foi possível; 9) que não há punição para o pecado; 10) que as almas criadas pela natureza passam de um animal a outro; 11) que assim como os animais nascem da corrupção, assim também os homens, quando, após o dilúvio, voltaram a nascer; 12) que mencionou o propósito de fazer-se autor de uma nova seita sob o nome de Nova Filosofia; 13) que a Virgem não pode ter tido trabalhos de parto; 14) que a fé católica é cheia de blasfêmias contra a majestade de Deus; 15) que era necessário abolir as disputas e a formação dos frades porque eles maculam o mundo; 16) que são todos uns asnos e que nossas opiniões (como católicos) são doutrinas asnáticas; 17) que não temos prova de que nossa fé seja digna de Deus; 18) que não basta ao bem viver que não façamos aos outros o que não queremos que nos seja feito, sendo necessário abstermo-nos de todos os outros pecados; 19) que se maravilhava de como Deus suporta tanta heresia da parte dos católicos; 20) que desejava aplicar-se às artes divinatórias e que pretendia ardentemente usá-las em proveito do mundo; 21) que são Tomás de Aquino e todos os doutores nada sabiam em comparação com ele, Bruno; 22) que esclareceria a todos os principais teólogos do mundo que não soubessem responder às suas questões.

Acrescentava que Bruno havia tido problemas com a Inquisição romana, da qual fugira, e que ele, Mocenigo, não sabia, ao convidá-lo como mestre, que se tratava de sujeito tão pernicioso. Declarava, aliás, que o tinha por endemoninhado, motivo pelo qual pedia urgente decisão a respeito das denúncias que estava oferecendo. E mais, que os livreiros Ciotti e Bertano (o nome deste vem escrito de várias maneiras) poderiam dar testemunho de algumas das acusações.

No documento do dia 25, oferecia ao Santo Ofício sua versão do confronto com Bruno, que lhe dissera não temer a Inquisição, de vez que esta somente poderia obrigá-lo a retomar o hábito religioso, pois nada havia dito de reprovável. Mocenigo lhe teria perguntado se ainda se considerava um religioso e ele respondeu que havia recebido apenas as ordens menores e que poderia acomodar as coisas.

> E como pode você acomodar as coisas [teria retrucado Mocenigo] se não crê na Santíssima Trindade, se fala tão mal de Jesus Cristo, se considera a nossa alma feita de lodo e que tudo no mundo resulta do acaso, como me disse de outras vezes?

Concluía dizendo que Bruno teria de rever suas opiniões e que lhe oferecia toda a ajuda que lhe pudesse dar, a despeito de haver faltado com a palavra e da ingratidão pelas cortesias que recebera, dado que ele, Mocenigo, desejava, "de todo o modo, e em todas as coisas, ser seu amigo". A isto, concluía o denunciante, Bruno nada respondeu, senão que o deixasse partir, dado que o afligia a impaciência do discípulo em aprender. Comprometia-se, no entanto, a ensinar-lhe tudo quanto sabia, inclusive o que se contivesse em obras que ainda pretendia escrever e isto sem nenhuma outra remuneração. E mais – que deixava com Mocenigo seus bens, mesmo porque os recebera dele.

Como vimos, Spampanato manifesta suas restrições ao teor desse relato, mas, àquela altura, Bruno já se encontrava em poder da Inquisição, recolhido a um dos seus tenebrosos cárceres. Não teria mais nem um dia de liberdade no correr dos próximos sete anos e meses que o separavam da fogueira, em Roma.

A 29 de maio, em novo documento, Mocenigo volta à carga, em atenção ao que lhe recomendara o inquisidor, ou seja, que procurasse lembrar-se de tudo quanto ouvira de Bruno, além, evidentemente, do que informara no documento do dia 23. Este, por sua vez, parece ter sido composto apoiado em anotações que ele fazia à medida que ia conversando com Bruno. Em cerrada concentração, o ex-aluno demonstrou ter aproveitado alguns ensinamentos, pois encontrou na memória mais o que dizer do ex-mestre: 1) que o procedimento da Igreja não era o mesmo dos apóstolos, dado que estes convertiam as pessoas com a pregação e o bom exemplo, ao passo que "agora, quem não quiser ser católico, tem de ser castigado e punido, porque se usa a força e não o amor". 2) que este mundo não poderia continuar por muito tempo como estava, pois não havia senão ignorância e nenhuma boa religião; 3) que a (religião) católica agradava-lhe bem mais do que as outras, mas que precisava de grandes reformas; não estava bem, mas, em breve, o próprio mundo passaria por uma reforma geral; 4) que ele, Bruno, esperava grandes coisas do rei de Navarra, e que tencionava apressar a publicação de sua obra, a fim de credenciar-se com ela, no tempo devido, a um cargo de relevo (capitano); 5) que não seria sempre pobre porque desfrutaria de tesouros alheios; 6) que eram terríveis os tempos que viviam, dado que dominados por uma ignorância tal que o mundo jamais conhecera.

Por essas e outras, Mocenigo se declara, como católico, escandalizado, sendo Bruno "pior do que luterano".

Dissera-lhe ainda Bruno que muito apreciava as mulheres, mas que não chegara ainda a ter tantas quanto tivera Salomão. Considerava o relacionamento com as mulheres como coisa muito meritória e não entendia por que a Igreja condenava como grande pecado o que tão bem servia aos propósitos da natureza.

Para encerrar, garante, sob juramento, que seu relato é "veríssimo", beija humildemente a mão do poderoso inquisidor e aproveita a oportunidade para enviar à Sua Reverendíssima, um dos livros "do dito Bruno", no qual havia assinalado um trecho que considerava reprovável, como poderia verificar o prelado.

Já no dia 26 (maio de 1592), a Inquisição convocara o livreiro Gian Battista Ciotti para depor. Compunham a mesa o núncio apostólico, o patriarca de Veneza e o reverendíssimo padre-magistrado

Gabriele de Salustiis, inquisidor, além de um secretário. Punha-se em marcha o triturante rolo compressor da rotina inquisitorial.

Interrogado, o depoente respondeu que sim, conhecera Giordano Bruno. Vira-o, pela primeira vez, em Frankfurt, Alemanha, quando lá estivera a negócios, na feira de livros de setembro, há quase dois anos. Bruno hospedara-se no mesmo mosteiro dos Carmelitas em que ele, Ciotti, estava. O "dito Bruno" era um homem de baixa estatura (*un piccolo uomo*), magro, com um pouco de barba negra e aparentava aproximadamente quarenta anos (na verdade, estava, àquela altura, com mais de 44). Tanto quanto pudera ouvi-lo falar, não tinha motivos para duvidar de que Bruno fosse católico e bom cristão.

Narrou, a seguir, o episódio no qual Mocenigo, entusiasmado com o livro *De minimo, magno et mensura*, manifestou-lhe o desejo de mandar vir Bruno a Veneza, a fim de ensinar-lhe pessoalmente os segredos da memória e outros que expunha no livro. Lembrou, ainda, que, mais tarde, em outra oportunidade, incumbira-se, a pedido de Mocenigo, de apurar durante a sua próxima viagem a Frankfurt, quem era, de fato, Bruno e se era pessoa em que se pudesse confiar.

Naquele mesmo dia 26, além de Ciotti, foi ouvido o livreiro Britano, cujo nome o secretário grafou como Iacobus Brictanus. Também este conhecera Bruno em Frankfurt, por ocasião de uma feira de livros, há três anos, no convento dos carmelitas, onde estavam hospedados. Viu-o, posteriormente, em Zurique, na Suíça e, finalmente, em Veneza, já a serviço de Mocenigo. Ouvira em Frankfurt muitos elogios à obra de Bruno. O prior do convento local, por exemplo, lhe dissera que Bruno "ocupava-se principalmente em escrever e elaborar quimeras e presságios" (Spampanato, p. 692). Que o aludido Bruno jamais lhe dissera algo que não fosse considerado de bom teor cristão e que o próprio prior do convento dos carmelitas considerava Bruno pessoa dotada de uma "bela inteligência e letrado, um homem universal".

O depoimento constante do *Documento veneti, VIII* é do próprio Bruno. O secretário o descreve em breve introdução, em latim, como homem de estatura comum, barba castanha – e não negra, como dissera Ciotti –, aparentando cerca de quarenta anos de idade. O depoente fala de sua vinda para Veneza a convite de Gioanni Mocenigo, que lhe enviara, nesse sentido, duas cartas para Frankfurt, onde se encontrava no ano anterior.

Na qualificação, declarou seu nome como Giordano – não o Filippo do batismo –, da família dos Bruni, de Nola, a doze milhas de Nápoles, onde nasceu e se criou. Não assumiu a condição religiosa, identificando a profissão como de "letras e todas as ciências". O pai chamava-se Giovanni, era militar, e a mãe, Fraulissa Savolina, ambos já falecidos. O depoimento é interrompido, "pelo adiantado da hora" e o acusado devolvido *ad locum suum*, ou seja, ao cárcere.

No dia 30, sábado, comparece novamente. Fala de suas andanças, inicialmente pela Itália e posteriormente pela Europa: Genebra, Lyon, Toulouse, Paris, Londres, escrevendo, lecionando e fazendo conferências. Lembrou que Henrique III, de França, lhe perguntara "se a memória que eu tinha e que professava era natural ou devida a artes mágicas". Respondera-lhe que o próprio rei poderia experimentá-la para se convencer de que não se tratava de artes mágicas, mas de ciência. De volta a Paris, continuara o périplo, indo a Mainz, Wittenberg, Praga, Brunswick e Frankfurt, o roteiro, enfim, que já conhecemos. Falou de seu livro *Delle sette arte liberali*, com o qual, juntamente com outros de sua escolha, pretendia ir ao papa, a fim de expor-lhe seu caso pessoal, pleiteando do sumo pontífice "a absolvição dos excessos cometidos e a graça de poder viver com o hábito clerical, fora de sua Ordem".

Logo de início começa a desenvolver a argumentação de defesa, pondo-se como filósofo, independentemente da sua condição de católico. Will Durant informa que Bruno se valia da opinião de Pomponazzi, segundo o qual havia "duas verdades", razão pela qual se poderia "questionar, como filósofo, doutrinas que se aceitavam como católico" (p. 622). Por mais engenhosa que fosse a tese, os sisudos inquisidores não estavam nada inclinados ou preparados para aceitá-la como justificativa para suas ousadas heresias.

Terminado o interrogatório – *inquisitio*, termo latino de inocente conotação –, usualmente pelo adiantado da hora, o acusado era devolvido ao cárcere, onde disporia de tempo de sobra para meditar e, quem sabe, retratar-se de suas inaceitáveis ideias. Era um perigoso jogo de gato e rato e este perdia quase sempre. Consistia técnica sutil do Santo Ofício em interrogar os acusados a intervalos irregulares, dando tempo ao tempo, numa verdadeira guerra de nervos. Bruno seria ouvido dessa maneira, de maio a setembro de 1592. No depoimento de 2 de maio, por exemplo, foi solicitado a falar sobre o conteúdo de seus livros. Confirmou que expunha neles sua própria doutrina, exceto em *De sigillis Hermetis, Ptolomei et aliorum*, inédito, que continha ideias alheias, por transcrição, pois o original manuscrito pertencia a um discípulo seu de Nurenberg. Em todos eles a matéria tratada era de natureza filosófica, como se podia observar dos próprios títulos. Acredita não haver neles nada por que pudesse ser julgado, dado que sua intenção não fora a de impugnar a religião, mas a de exaltar a filosofia.

Em *Centovinti articuli contra li peripatetici*, publicado, aliás, com permissão superior, discutira os princípios naturais, sem prejuízo da verdade segundo a fé, pois entendia que Aristóteles e Platão eram, indiretamente, contrários à fé que, ele, Bruno defendia.

Desenvolve, nesse mesmo depoimento, alguns de seus conceitos teológicos. Confessa suas dificuldades com o Espírito Santo – *terza persona* – que não conseguia entender "segundo o modo pelo qual se deve crer", isto é, como manda a Igreja. Só o entendia à maneira pitagórica, como mostra Salomão, que o tinha por alma do universo, como se lê no livro da Sabedoria, cuja passagem cita em latim: "O Espírito do Senhor preenchia o orbe terráqueo e tudo quanto nele se continha." Quanto à doutrina pitagórica, estava explicada na *Eneida*, de Virgílio – também citado e transcrito na ata em latim –, segundo o qual a matéria é movimentada pelo espírito difundido por toda parte na intimidade de todas as coisas. Conceito que seria retomado por Annie Besant três séculos mais tarde.

Por mais engenhosos que fossem seus malabarismos intelectuais, a temática era escorregadia e não seria com apoio em poetas e pensadores pagãos que ele iria convencer os inquisidores de suas razões. Aliás, ele parece estar falando sozinho. Não há diálogo com seus questionadores. Eles se limitam a formular as perguntas, ouvir e anotar o que é dito, mantendo impenetráveis os seus próprios pensamentos e juízos. Os comentários que porventura formulassem ficariam certamente para depois, entre eles.

Quanto ao Espírito Santo, ponto de vital importância teológica, pois invadia o dogma da Santíssima Trindade, Bruno deveria estar consciente dos riscos que corria. Reiterou seu ponto de vista de que abordava a temática da Trindade de duas óticas diferentes, "falando cristãmente, segundo a teologia, em concordância com o que todo fiel cristão deve crer", mas também filosoficamente. Jamais, contudo, "havia negado, ensinado nem escrito a respeito, mas somente duvidado dentro de mim mesmo, como tenho dito" (*Documenti veneti* XI, p. 712, *in* Spampanato). Porventura ignorava ele que constituía suficiente escândalo para o Santo Ofício saber que ele duvidava do Espírito Santo, tal como ensinava a Santa Madre Igreja?

O depoimento seguinte foi colhido no mesmo dia, sob juramento, como sempre, mas no próprio cárcere. O tema continuava sendo o mesmo – a Santíssima Trindade.

Declarou admitir que muita coisa em sua obra fosse contrária à fé cristã e que até suscitasse escândalo, mas ele, Bruno, não havia escrito tais coisas *ex-professo*, nem para contestar a doutrina católica, mas apoiando-se "somente em razões de ordem filosófica ou citando opiniões de heréticos". Para reiterar e resumir o que havia dito pela manhã, dizia crer na existência de "um Deus distinto como Pai, Verbo e Amor, que é o Espírito Santo, e estão todos os três em uma só em essência, mas não tenho conseguido entender e tenho duvidado de que nestas três possa distinguir nomes de pessoas, pois não me parece que nomes pessoais convenham à divindade". Citou, a propósito, palavras de santo Agostinho, que, no seu entender, justificavam sua posição filosófica. Lembrou ainda que nem no Novo nem no Antigo Testamento encontrara esse modo de referir-se a Deus.

Mais grave, ainda, confessava-se incerto quanto à divindade do Cristo, sem poder definir o que seria nele divino e o que seria humano. Havia, pois, vacilado na dúvida quanto à doutrina da encarnação do Verbo, mas não quanto à autoridade do texto sagrado, que ensinava que "O Verbo se fez carne" e do Credo, segundo o qual ele se encarnou (*Et incarnatus est*, etc.).

Quanto à missa, deixou de frequentá-la em respeito ao ato de excomunhão e por ser considerado apóstata, mas que comparecia ao culto vespertino e às prédicas. Nesse mesmo depoimento, menciona sua estada entre os calvinistas, luteranos e outros heréticos, mas assegura que não duvidara da transubstanciação. Ademais, só tratava com tais heréticos de temas filosóficos e não teológicos. Tinham-no por filósofo e percebiam que ele não se intrometia em suas opiniões.

Perguntado sobre o sacramento da penitência (confissão), respondeu que se ocupava da purgação dos pecados e sempre entendeu que "aquele que morre em pecado mortal está condenado". Declarou, a seguir, que, há cerca de dezesseis anos, não se confessava, a não ser em duas ocasiões, uma vez em Toulouse, com um jesuíta, e outra, em Paris, com outro jesuíta. Por intermédio do núncio apostólico em Paris, tentara negociar seu retorno à Igreja. Não foi atendido, sob a alegação de que não poderiam absolvê-lo por causa de sua condição de apóstata. Estava, assim, impedido de confessar-se e de assistir à missa, mesmo com o propósito de se livrar de tal censura (apostasia) e de viver cristãmente como religioso.

A próxima pergunta, no longo interrogatório daquele dia, foi acerca do que hoje conhecemos por reencarnação. Queriam saber em que ponto de sua obra dissera que a alma é imortal e que passa de um corpo a outro. Bruno responde, no contexto da sua tese de defesa, separando religião para um lado, filosofia para outro. "Catolicamente falando" – declara – a alma não passa de um corpo a outro, mas vai para o paraíso, para o purgatório ou para o inferno,

> [...] mas, pensando bem, e, de acordo com razões de ordem filosófica, sendo a alma capaz de sobreviver sem o corpo e inexistente no corpo, penso que, da mesma maneira que está em um corpo, poderá estar em outro, sendo possível, portanto, passar de um para outro corpo, e que, se não é verdadeira, pelo menos é plausível a opinião de Pitágoras a respeito.

Informa, ainda, em resposta a outra pergunta, que não se considerava muito bem versado em estudos teológicos, de vez que se ateve sempre "à filosofia, sua profissão". Com esse mesmo propósito de investigação filosófica, havia lido livros de Melanchthon, Lutero, Calvino e outros hereges estrangeiros, não para se apoderar das doutrinas deles, mesmo porque os considerava "mais ignorantes do que eu", mas por mera curiosidade. Lera até autores condenados, como Raymond Lully e outros que haviam tratado de matéria filosófica. E explicou, com veemência, por que desprezava a doutrina de todos os citados – "porque não merecem o nome de teólogos, mas de pedantes". Falava em nome de sua antiga e obstinada implicância com "gramáticos", "peripatéticos" e aristotélicos em geral. No seu entender, toda essa gente ocupava-se apenas de um jogo de palavras, gramaticalmente correto, mas sem conteúdo.

Pouco a pouco foram sendo repassadas as questões suscitadas na denúncia de Mocenigo, como a de que eram aparentes e resultavam de artes mágicas os milagres feitos pelo Cristo e pelos apóstolos. Num gesto dramático, Bruno levanta as mãos (*extollendo ambas manus et dicendo*) para exclamar: "Que é isso? Quem teria formulado essa coisa diabólica? Jamais disse tal coisa, nem isso me passou pela cabeça! Oh Deus, que é isto? Preferiria estar morto antes de me ser atribuída tal coisa."

Que lessem seus livros, se bem que fossem profanos e não tratados de teologia, para se certificarem de que jamais expressara semelhantes ideias.

Já sobre "os pecados da carne", admite que tenha falado algo a respeito. Entendia serem esses – falando genericamente, ressalva –, "os menores dos pecados", sendo que, no quadro específico dos pecados da carne, o do adultério era o maior, porque contra a natureza. Entendia mais, que "o pecado da simples fornicação era tão leve que deveria ser considerado venial". Reconhecia seu erro nessa postura, dado que se lembrava das palavras de são Paulo, segundo o qual *"quod fornicarii non possidebunt regnum Dei"*. (Os fornicadores não possuirão o reino de Deus.) Ele, Bruno, contudo, dissera tal coisa "por leviandade, em conversa com outras pessoas, ao discorrer sobre coisas ociosas e mundanas", não, portanto, no contexto de um livro sério.

O depoimento de 3 de junho é, também, muito longo e foi tomado, como o anterior, *in loco supradicto*, ou seja, na prisão.

Às vezes, certos pontos mais delicados são repassados, como o espinhoso problema da encarnação divina no Cristo. No depoimento do dia 3 de junho, por exemplo, ele retoma a questão, num arrazoado mais longo, para dizer, em suma, das dificuldades que percebia na espinhosa questão. O argumento que elabora é lógico e racional, mas os inquisidores não demonstravam a mais leve predisposição para um debate pacífico e tolerante, por mais racional que fossem as ideias colocadas. Para eles, o réu patrocinava conceitos que se opunham claramente a tudo aquilo que se sentiam no direito e no dever de considerar imutável. Bruno diz que lhe parecia desproporcional a participação da natureza infinita da divindade na natureza finita da humanidade, uma eterna, outra temporal, da mesma maneira pela qual "a alma humana se liga, proporcionalmente, ao corpo na constituição de uma pessoa". Preferia pensar que a divindade "assistia à humanidade do Cristo" (p. 730).

E assim se passavam as horas e os dias, em depoimentos, sempre em data incerta e a exclusivo critério (ou falta de) dos reverendíssimos inquisidores. Parece que o Santo Ofício concedia ao prisioneiro oportunidades para se comprometer mais e mais, a cada interrogatório. Como o pescador que vai soltando a linha para que o peixe engula mais fundo o anzol. Não se fica sabendo se Bruno ainda nutria, a essa altura, alguma esperança de sair dali com vida. Para isso, tinha de convencer o tribunal da sua condição de filósofo, em vez de ser avaliado como um ex-sacerdote e, portanto, apóstata, verdadeira afronta à Igreja.

Os inquisidores queriam saber também de seu envolvimento com o ocultismo (ou hermetismo, como prefere Frances Yates), lendo "algum livro de conjurações ou que tratasse de semelhantes artes supersticiosas". Admitiu que lera alguma coisa a respeito, mas que sempre desprezou tais assuntos por não lhes atribuir eficácia alguma. Quanto às artes divinatórias, contudo, as estudara no passado e tencionava continuar o estudo delas, a fim de concluir se continham alguma parcela de verdade. Tudo quanto se referia à filosofia era de seu interesse de curioso por todas as ciências, exceto a do direito.

Quanto à rainha da Inglaterra, é certo que lhe dirigira grandes elogios, mas isso fizera também a outros nobres heréticos. Não os louvara como heréticos, mas pelas virtudes morais que possuíam. Em sua obra *Della causa, principio et uno*, dizia da rainha que era uma diva, não, porém, no sentido de atributo religioso, mas como um termo que os antigos costumavam empregar em relação aos príncipes. Uma espécie de cortesia, portanto, sem nenhuma outra conotação.

Na Inglaterra, onde se encontrava ao escrever aquele livro, era de bom tom chamar a rainha de diva, tanto mais que ela o conhecia pessoalmente, em vista de suas idas ao palácio, em companhia do embaixador francês na corte britânica. Reconhecia, contudo, estar em erro ao louvar aquela senhora, sendo ela herética, ainda mais atribuindo-lhe o título de diva.

Já com o rei de Navarra, o caso era algo diferente, a seu ver. Não o considerava calvinista e herético senão por necessidade de reinar, dado que, se não professasse a heresia, não haveria quem o seguisse. (Foi realmente esse o tipo de realismo político demonstrado por Henrique IV, que fez profissão de fé católica para poder contar com o apoio da Igreja. Teria mesmo declarado que Paris bem que valia uma missa.)

Não se lembrava de haver dito, como afirmara Mocenigo na denúncia, que queria ser um mandante (capitano), a fim de aproveitar-se dos tesouros alheios. Jamais desejara ser senão um filósofo e estudar as ciências.

A essa altura, o Santo Ofício começa a ter voz; o interrogatório fica mais parecido com um diálogo, não – jamais – no sentido de uma busca de entendimento, mas de uma conversa na qual há mais de uma pessoa. As perguntas não se limitam ao objetivo de coligir informações, contêm acusações mais explícitas. Exemplo: "Os erros e heresias cometidos e confessados por você ainda são aceitos, ou você os abomina?" Bruno parece entender que não tem mais saída. Já não transmite ao leitor das atas aquela sensação de calma e segurança que demonstrara de início, como se apenas estivesse a discorrer sobre suas ideias de filósofo. Além de reconhecer os erros cometidos, declara-se arrependido e pleiteia a clemência do *Sacro Tribunale* que, ciente de sua fraqueza, o aceite de volta ao seio da "Santa Igreja, provendo-me os remédios necessários à minha saúde e usando comigo de misericórdia" (*Documenti veneti*, XIII, pp. 735-736).

O tribunal, que parecia mudo, agora se faz de surdo, ao responder com outra pergunta: se existira contra ele, anteriormente, alguma imputação "de coisas a respeito da santa fé" e onde, quando, sobre que aspectos, o que teria acontecido com o respectivo processo e se havia abjurado de alguma heresia. Não se trata de questão ociosa ou de rotina, mas formulada por quem estava informado a respeito dos antigos confrontos entre Bruno e seus mestres e superiores.

Ele menciona um processo movido pelo Provincial, aí por volta de 1576, antes de ir para Roma, mas não se lembrava, ao certo, de que fora acusado. Disseram-lhe apenas que se tratava de um processo de heresia, movido ao tempo de seu noviciado. Para não ser feito prisioneiro, deixou Nápoles e foi para Roma. Algum tempo depois, recebeu carta de Nápoles, dizendo que haviam encontrado certos livros suspeitos, que ele lera secretamente. Resolvera, pois, deixar Roma, também, mas não abjurara, nem estivera jamais perante o Tribunal do Santo Ofício por causa disso. As acusações, a seu ver, eram irrelevantes.

Não, não tinha inimigos, a não ser o senhor Giovanni Mocenigo e seus sequazes e servidores, que o ofenderam tão gravemente,

> [...] porque ele me assassinou na vida, na honra e nos bens, tendo me encarcerado em sua própria casa e apreendido todos os meus escritos, livros e outros bens.

Fez isso porque

> [...] queria que eu lhe ensinasse tudo quanto eu sabia e não o ensinasse a mais ninguém, e que estava sempre a ameaçar-me na vida e na honra, caso não lhe ensinasse tudo quanto eu sabia (p. 739).

Depois desse interrogatório de 3 de junho, Bruno só voltaria a ser chamado ao tribunal em 30 de julho. Foram quase dois meses em clima de pressão psicológica, sob o disfarce de uma trégua. Durant menciona, como vimos, essa técnica inquisitorial. Enquanto isso, o tempo ia passando e o acusado poderia decidir-se por uma dramática retratação seguida de um pedido de clemência e perdão. Ou, quem sabe, faria ele o grande favor de morrer na cela infecta, úmida e sombria, onde não havia como desfrutar de um mínimo de saúde. Galileu, por exemplo, resolveu retratar-se, mas viveria seus anos finais sob o olhar atento e onipresente da Inquisição.

As acusações são, agora, explícitas e objetivas. Não se convencem os inquisidores de que ele tenha realmente desejado reverter ao seio da Igreja, como declarou.

> Não parece que você tenha tido tal disposição de retornar à santa fé, dado que, na França e em outros lugares católicos, onde, por muitos anos, esteve, você não procurou tratar do assunto com nenhum prelado da Santa Igreja, a fim de retornar à obediência e à verdade da fé católica, e, ao chegar a Veneza, não apenas deixou de manifestar tal disposição, como ainda ensinou doutrinas e dogmas falsos e heréticos.

Bruno repetiu a história de que havia procurado, em Paris, o antigo bispo de Bérgamo, que exercia ali o cargo de núncio apostólico e que este o recomendara a dom Bernardin Mendoza, da nunciatura, e que ele, Bruno, conhecera na Inglaterra. Não apenas havia debatido o assunto com essas autoridades, mas lhes pedira, insistentemente, que escrevessem ao papa expondo seu caso e pleiteando sua readmissão à Igreja. O núncio, contudo, não acreditava no êxito da petição junto a Sisto V. Foi, a seguir, encaminhado a um sacerdote espanhol, por nome Alonso, que, ouvido o seu caso, entendeu que nada se poderia fazer enquanto ele não conseguisse a absolvição da censura papal que pesava sobre ele. E mais, que, como excomungado, não tinha acesso aos sacramentos. Tudo quanto ele desejava, contudo, era "viver religiosamente no século, extra-clausura", ou seja, viver como católico, mas fora da sua ordem religiosa, os dominicanos.

Após ouvir a longa exposição de seus motivos, os inquisidores retornam, ainda mais severos, às acusações, declarando que lhe seria necessário que "muito bem considerasse e se recordasse de sua condição, dado que, por largo espaço de muitos anos" ele vivera como apóstata, sob censura,

> [...] andara por locais de heréticos, onde facilmente poderia ter-se tornado réu em outros aspectos e atos, que não aqueles mencionados nos depoimentos anteriores.

Era necessário fazê-lo agora, para "expurgar devidamente sua consciência".

É um momento difícil e Bruno demonstra vergar, mais uma vez, ao impacto da pressão. Reconhece que, ao longo daquele tempo, pode ter errado e se desviado da Santa Igreja, em aspectos que não tenham constado de seus depoimentos, ficando, assim, exposto a novas censuras, mas que por mais que tenha pensado a respeito, não se lembrava de nada nesse sentido. E prossegue, mais dramático:

> Confessei e confesso agora, prontamente, os meus erros, que são aqueles que se acham em mãos de Vossas Ilustríssimas, a fim de receber o remédio necessário à minha salvação. Quanto ao arrependimento de meus delitos não poderei dizer de que intensidade é, nem expressar eficazmente, como desejaria, minha opinião.

Dito isto, recitou uma pequena observação em latim, ajoelhou-se e acrescentou:

> Peço humildemente perdão ao Senhor Deus e a Vossas Reverendíssimas, de todos os erros por mim cometidos e aqui estou pronto para acatar tudo quanto, pela vossa prudência, seja deliberado e julgado necessário à minha alma.

Pedia, ainda, que fosse logo castigado, de forma a que "não resultasse nenhuma desonra ao sagrado hábito da Ordem que enverguei". Se, porém:

> [...] pela misericórdia de Deus e a de Vossas Reverendíssimas me for concedida a vida, prometo reformar de maneira notável minha vida, a fim de compensar o escândalo que eu tenha suscitado, com outras tantas edificações (p. 746).

Em seguida – diz uma nota em latim, entre parênteses –, o tribunal ordenou, repetidamente, que ele se pusesse de pé e lhe perguntou se tinha mais alguma coisa a dizer. Respondeu Bruno que nada mais lhe ocorria, com o que foi devolvido ao cárcere, para mais dois meses de meditação sobre os graves erros cometidos contra a fé cristã.

Seria, aquele, o último depoimento de Bruno em Veneza. O jogo de gato-e-rato prosseguiria, mas o gato, bem maior e mais feroz, estava para se transformar em leão. O cardeal Santaseverina, dirigente geral do Santo Oficio, determinava, em documento de 17 de setembro de 1592, que o acusado fosse entregue às autoridades civis de Veneza, que deveriam cuidar de transferi-lo a Roma, a fim de ser questionado pelo tribunal superior.

Desenrolou-se, nesse ponto, uma guerrilha, pois as autoridades de Veneza entendiam-se revestidas das condições e do poder necessários ao correto desempenho do julgamento de Bruno. O caso assumia, de repente, uma conotação política, estimulada por uma disputa de jurisdição. Alguns meses se esgotaram em delicadas negociações. Ainda que não especificamente expresso, o poderoso cardeal Santaseverina movia-se discretamente, mas decisivamente, nos bastidores. Na disputa diplomática, oficialmente entre o papa e as autoridades civis e eclesiásticas de Veneza, claro que não seria difícil prever quem venceria. Os de Veneza bem que montaram um cenário de resistência, pois o assunto foi até submetido ao Senado local, mesmo porque as cidades gozavam, por aquele tempo, e desde a antiguidade mais remota, de certa autonomia. Surgiram, na verdade, a partir de núcleos de poder pessoal desenvolvidos em torno de destacadas lideranças da nobreza.

Houve um prolongado vaivém de cartas e de gente devidamente credenciada para negociar a transferência de Giordano Bruno. Convencido ou não, o Senado decidiu ceder, sob a alegação de que Bruno não era cidadão veneziano, mas napolitano, o que ficou muito parecido com uma hábil e estratégica saída honrosa. Não se obedecia cegamente à imposição do papa, mas se permitia a entrega do acusado ao tribunal maior da inquisição romana.

A guerrilha durara mais de cinco meses, de 17 de setembro de 1592, data do ofício de Santaseverina, até 27 de fevereiro, quando Bruno foi "deportado" – como escreve Durant (p. 622) – para Roma.

Lá chegando, Bruno amargaria quase um ano a mais no silêncio e nas sombras do cárcere, pois somente seria chamado ao primeiro depoimento, em dezembro de 1593. A Inquisição poderia estar indignada com o monge rebelde, mas não demonstrava pressa alguma em concluir o processo com uma sentença final, qualquer que fosse. Ele que ficasse sozinho com seus pensamentos e seus erros por mais algum tempo. Isso poderia ser útil à salvação de sua alma, pesada de crimes contra a verdadeira fé.

A "Grande Fábrica" do Santo Ofício

Na correta avaliação de Spampanato (p. 558), a fase veneziana do processo contra Bruno constou apenas das denúncias, especialmente a de Mocenigo, dos depoimentos e de poucas testemunhas; o período romano seria muito mais amplo porque compreenderia o exame do conteúdo dos livros do acusado. Embora continuasse tecnicamente à disposição das autoridades eclesiásticas de Veneza, até 17 de fevereiro de 1593 – há exatamente sete anos de sua execução, em1600 –, quando foi extraditado para Roma, seu último depoimento na cidade dos Doges, foi a 30 de julho, de vez que mais de quatro meses foram consumidos em negociações políticas em torno da remoção do prisioneiro, como vimos.

Se a Inquisição de Veneza não tinha pressa, a de Roma – que Spampanato caracteriza como a "grande fábrica" do Santo Ofício – se revelaria ainda mais lenta, caprichando na tortura física da impiedosa carceragem, acrescida da tortura moral, que criava grandes vazios de 'suspense', na expectativa, no dizer de Durant (p. 623), de "quebrar a resistência do ardoroso espírito, a fim de reduzi-lo a uma edificante humildade". Contariam com sete anos para essa 'nobre' tarefa.

Somente em dezembro de 1593, quase um ano depois de chegar a Roma, é que o tribunal convocou Bruno para depor. O cronograma levantado por Will Durant traça o roteiro do horror. O prisioneiro seria novamente intimado a depor em abril, maio, setembro e dezembro de 1594. Em janeiro de 1595, os inquisidores se reuniram duas vezes para estudar os autos. Em março de 1595 e, em seguida, um ano depois, em abril de 1596, segundo as atas, Bruno "foi trazido perante os Senhores Cardeais" e foi "visitado" na prisão e ouvido acerca de "suas necessidades". Não se sabe quais, mas não é difícil imaginar – seriam as péssimas condições da carceragem, sob as quais vegetava. Em dezembro de 1596, queixou-se, em nova audiência, "acerca dos alimentos". Em março de 1597, novamente perante seus algozes, "foi ouvido acerca de suas necessidades". Em dezembro de 1597, outra audiência, seguida de mais um ano de cadeia, silêncio, miséria, incerteza e angústia. Em dezembro de 1598, concederam-lhe o duvidoso "privilégio" de uma doação de pena e papel, para escrever.

Escorriam lentamente os anos de sofrimento e privações. Em 14 de janeiro de 1599, o tribunal o convocou e mandou ler para ele oito proposições tidas por heréticas, destacadas de seus livros. Foi solicitado a retratar-se delas, mas ele preferiu defendê-las e recorrer ao papa. Do que se depreende que, longe de quebrar-lhe a resistência, os longos anos de cárcere haviam fortalecido seu ânimo rebelde. O apelo ao papa era, certamente, direito que lhe cabia, mas seria apenas mais um recurso e um adiamento do desenlace, e não sei se ele estava, àquela altura, interessado em ganhar tempo. Para quê? Para continuar apodrecendo vivo na cela? Teria, ainda, alguma esperança de que alguém, naquele clima de pesadelo, entendesse a sua mensagem e lhe estendesse a mão?

Spampanato escreve (p. 564) que os longos anos de prisão haviam convencido Bruno de uma triste realidade. Fora-se o otimismo da juventude:

> [...] que o havia tantas vezes defendido da malignidade dos ignorantes e invejosos, que havia aquecido em seu coração os mais belos sentimentos de filantropia, que havia elevado sua mente a uma serena e magnífica concepção do universo e que lhe parecia uma ilusão distante, uma loucura, haver nutrido a esperança de que falou a frei Domenico, de Nocera.

Não podia contar com o perdão de Clemente VIII e nem com o seu desligamento da militância religiosa, que o levaria à realização de seu grande sonho de uma vida tranquila, dedicada ao estudo e ao ensino. Provavelmente, teria escapado se fosse apenas um filósofo laico, ocupado de suas ideias e de seus livros, mas como ex-sacerdote, batia de frente com a muralha inexpugnável que a intolerância erguera em torno da Igreja e de seus dogmas. O erro fora, portanto, de origem – não deveria ter procurado a educação religiosa para saciar a sede de conhecimento com a qual nascera. Não tivera, contudo, outras opções menos arriscadas. Os conventos proporcionavam, sim, oportunidade de aprendizado, mas, se não cobravam em moeda corrente a formação cultural do jovem, cobravam-no em fidelidade, uma entrega total, uma renúncia ao direito de pensar por si mesmo. Estruturas de pensamento religioso e filosófico já estavam definidas e cristalizadas para sempre, irretocáveis, inamovíveis. A própria imagem do universo se tornara igualmente irretocável – a da Terra como centro cósmico, em torno do qual giravam todos os corpos celestes. Um universo limitado, criado por Deus, tal como se lia na Bíblia, para uma humanidade que começava com Adão e Eva num perdido paraíso, há cerca de quatro mil anos. A Terra era tão importante que para aqui teria vindo o próprio Deus, encarnado em Jesus, para resgatar-nos com seu próprio sangue.

A decisão papal foi relativamente rápida – em 4 de fevereiro, Clemente VIII e a Congregação do Santo Ofício decidiram que as proposições sob discussão eram claramente heréticas. Durant diz que não há menção à posição de Bruno acerca das ideias de Copérnico; as heresias tinham a ver com o espinhoso problema da encarnação do Cristo e a Trindade. Mas não é bem assim, porque alguns dos seus mais importantes postulados haviam sido desenvolvidos precisamente a partir da cosmogonia copernicana. O texto do Santo Ofício foi, como de hábito, um exercício de sutileza sofística, ao declarar que as heresias não estavam sendo condenadas, naquele momento, pela ilustrada Congregação, de vez que já o haviam sido "pelos mais antigos pais da Igreja e da Sé Apostólica". Com o que os inquisidores eximiam-se da responsabilidade da condenação. Exigia-se dele imediata abjuração e, em caso negativo, concediam-lhe, generosamente, quarenta dias para meditar e produzir, afinal, uma declaração de reconhecimento de seus erros.

Algumas das heresias eram antigas e foram colhidas, aqui e ali, nos livros de Bruno; outras eram recentes e vieram à tona no decorrer dos interrogatórios. Entre as antigas, a que punha em dúvida a transubstanciação, a virgindade de Maria e outras; entre as recentes,

> [...] aquela horrenda e absurdíssima da pluralidade dos mundos [O termo exato é inumerabilidade] e a de que a alma passa de um corpo a outro, de mundo em mundo.

Em suma, Bruno estava antecipando, em cerca de trezentos anos, algumas das informações que várias entidades espirituais estariam passando a Allan Kardec, na França, em meados do século XIX, ou seja, a pluralidade dos mundos habitados, a imortalidade do espírito e a reencarnação.

O acusado foi ouvido, novamente, em 18 de fevereiro e, posteriormente, em abril, setembro e novembro. Em 21 de dezembro declarou que não se arrependia. "Não queria nem devia arrepender-se, porque não tinha motivo, matéria nem argumento de que se arrepender". Se o leitor deseja conferir, pode-se transcrever aqui, o texto original desse ato de coragem, que figura no *Documenti romani, IV* e que assim está redigido: "*Dixit quod non debet nec vult rescipiscere, et non habet quid rescipiscat nec habet materiam rescispiscendi, et nescit super quo debet rescipisci*". (Atenção para a nota de Spampanato, que informa ser o verbo empregado uma corruptela de *resipisco*.)

Insistiu Bruno no apelo ao papa, em memorial no qual declarava terem sido erradamente citadas fora do contexto de suas obras as proposições tidas por heréticas. Oferecia-se para discuti-las com quaisquer teólogos, à escolha da Igreja, e se declarava, uma vez mais, disposto a aceitar a decisão final do papa. Decisão, aliás, que não tardou. Lê-se nas atas que "Sua Santidade, o Papa Clemente VIII decretou e determinou que o processo seja conduzido às providências finais." A sentença determinava, especificamente, que "o dito Irmão Iordanus" fosse entregue à justiça civil.

Bruno foi convocado, mais uma vez, a 8 de fevereiro de 1600, para a cena final perante o tribunal. Repetiam-se, no texto lido da sentença, as acusações que lhe foram imputadas, lembraram-lhe que oito anos lhe haviam sido concedidos na esperança de que ele chegasse ao arrependimento e que ele próprio concordara em aceitar a decisão final do papa. A decisão fora tomada e, como ele ainda persistia nas suas heresias, nelas mantendo-se "impenitente, obstinado e pertinaz", passavam-no, naquele momento, à custódia do governador de Roma, ali presente, a fim de que recebesse a devida punição. O documento encerra-se com o costumeiro apelo à clemência, primoroso modelo de cinismo e insensibilidade, no qual se pleiteava da autoridade civil que:

> [...] mitigasse o rigor da lei quanto às penas a que está sujeita a tua pessoa, de modo a que não incidas no risco de morte nem na mutilação de teus membros.

Spampanato discorre, a essa altura (pp. 575-578), acerca da sinistra prática de executar quem discordasse das posturas oficiais da religião dominante. A hipocrisia do apelo à clemência parece um resíduo de antigo costume das autoridades eclesiásticas, que

> [...] não interferiam para não agravar os processos, empenhando-se sinceramente para que não fossem empregadas contra os delinquentes (em geral) penas de sangue.

São Martinho – lembra o biógrafo de Bruno – excomungou um bispo que, tendo acusado alguns heréticos perante o imperador Máximo, tornou-se causador da morte deles. Santo Agostinho foi ainda mais radical, "ao rogar, ardentemente, aos magistrados que desistissem das penalidades máximas (penas de sangue)". Declarou, em carta, que, se o procônsul africano Donato "insistisse em castigar os heréticos com a (perda da) vida, os bispos deixariam de notificar-lhe os casos". O que se esperava é que agissem "com doçura". Na sua opinião, a fé deve resultar da dissuasão, não da imposição (*Fides suadenda est, non imponenda*). Vancandard (*Vie de saint Bernard*, Paris, J. Gabalda, 1920, dois volumes) relata atitude semelhante da parte de seu biografado e lembra que Agostinho admitia a aplicação de diversas penas aos heréticos, como o confisco de bens e até o exílio, mas esses eram os limites propostos por ele. Quando se levantou a ideia de os punir de morte, ele "protestou com generosa indignação". E conclui: "A ideia de que se pudesse derramar sangue de um cristão em nome da Igreja causava-lhe horror" (p. 222, segundo volume).

Daí, certamente, o fingido apelo dos inquisidores no sentido de que as autoridades civis – representantes do famigerado 'braço secular' – não derramassem o sangue dos heréticos que lhes eram confiados, e nem pusessem em risco a vida deles e, mais tarde, que não lhes partissem os ossos. Restavam as opções da fogueira e do enforcamento, modalidades não especificamente condenadas nas tradições da Igreja e, portanto, admissíveis. Afinal de contas, a Igreja apenas julgava e condenava, quem executava o infeliz era o poder civil. E poderia o poder civil recusar-se à infame tarefa que lhe era atribuída? Interpretava-se a fogueira e o enforcamento, portanto, como penalidades perfeitamente legais, dado que, a rigor, não provocavam derramamento de sangue, nem quebra de ossos, ou risco de vida. Se a vítima morria, era problema seu.

Isto me faz lembrar o dramático depoimento da 'sra. Smith', transcrito pelo médico inglês dr. Arthur Guirdham, em *The cathars and reincarnation*. A jovem senhora lembrava-se da sua trágica existência na comunidade cátara, do século XIII, no Languedoc, onde foi queimada viva, juntamente com outros companheiros e companheiras de ideal. Ao destruir-lhe as camadas exteriores da pele, o fogo rompia-lhe as veias e o sangue pingava, chiando, sobre as brasas da fogueira. Tudo quanto ela desejava, naquele momento de horror, era ter sangue suficiente para apagar o fogo e livrar-se do insuportável tormento. Mas a agonia somente acabou depois que ela passou do lado de cá da vida para o outro lado, onde a alma se põe a salvo do fogo.

Joana d'Arc, a valente menina francesa, também teve ossos e sangue teoricamente preservados, como mandava a tradição. Desde que não se derramasse sangue, portanto, e que não fossem quebrados os ossos, tudo bem. O herético deixava de incomodar e tudo continuava como dantes, preservando-se a fé, em toda a sua pureza imaculada e, naturalmente, o poder daqueles que se punham como seus defensores.

Papel importante, no caso Bruno, exerceu o poderoso cardeal Santaseverina, que Spampanato caracteriza como de "natureza terrível", e que "havia comemorado o massacre de São Bartolomeu", há pouco desencadeado por Catarina de Médicis, sobrinha, aliás de um papa, contra os protestantes franceses.

A sentença de Bruno fora subscrita por nove cardeais, Santaseverina em segundo lugar, como dom Iulius Antonius, ou seja Giulio Antonio (Santoro, como informa Spampanato). Não consta, evidentemente, dos autos, mas Caspar Scioppius – erudito alemão, recentemente convertido ao catolicismo e residente em Roma – conta que Bruno declarou aos seus juízes: "Talvez os senhores que pronunciam a sentença contra mim estejam mais temerosos do que eu que a recebo".

Curioso detalhe registra Spampanato, no *Documenti romani*, XII, (p. 786), segundo o qual o bispo de Sidônia foi remunerado em dois escudos "por haver degradado frei Giordano Bruno" e dois outros escudos pela degradação de frei Cipriano de Cruciferi. O trabalho foi pago a 14 de março de 1600, quase um mês após a incineração de Bruno. O documento número XI diz que, ao morrer, Bruno declarou que sua alma subiria ao paraíso juntamente com a fumaça da fogueira. Ou a frase é inventada ou, então, não lhe vedaram a boca, como se diz alhures.

Tentou-se, ainda, à última hora, convencê-lo de seus erros, pelo menos para que não morresse marcado por pecados tão graves que o destinavam implacavelmente ao inferno. Foi procurado na prisão – a essa altura, a cadeia pública, na torre di Nona – pelo capelão da igreja de Santa Úrsula, para as orações de praxe. Além desse, compareceram dois padres de são Domingos, dois de Jesus (jesuítas?), dois da Igreja nova, e um de são Jerônimo, "os quais, com grande afeto e muita doutrina", mostraram-lhe seus erros. A tentativa bateu de frente com a obstinada rejeição de Bruno, e a doçura prontamente virou veneno, dado que, "finalmente, permanecendo ele na sua maldita obstinação", confirmava "seus mil erros e sua vaidade".

Em 19 de fevereiro de 1600, sujo, macerado e obstinadamente impenitente, Giordano Bruno foi levado ao *Campo dei Fiori*. Acompanhavam-no, cantando suas litanias, os devotados sacerdotes que haviam tentado demovê-lo, à última hora, de sua "maldita obstinação". Tiraram-lhe as roupas, taparam-lhe a boca – para que não ofendesse os presentes "com a suas ímpias blasfêmias" –, ataram-no a um poste fincado no meio de uma pilha de lenha, e atearam fogo à madeira. A multidão mantinha-se atenta ao edificante ato de fidelidade que a elevada hierarquia da Igreja julgava prestar à suprema doutrina do amor que o Cristo viera ensinar e exemplificar. Não deve ter durado muito a incineração do infeliz filósofo. Britano o descrevera como *un piccolo uomo, scarno* – um homem pequeno, magro e de pouca barba. Estaria muito mais descarnado, na sua nudez, ali na Praça das Flores, após oito anos de penúria e sofrimento nos calabouços do Santo Ofício.

Se é correta a suposição de Spampanato de que Bruno nascera em fevereiro de 1548, ele estaria ali, na pira chamejante, nas proximidades de seu natalício, renascendo para a vida maior, ao imolar-se aos 52 anos de idade.

FRANCES YATES – UMA SAUDÁVEL REAVALIAÇÃO

Obras vastas, variadas e especialmente polêmicas, como a de Giordano Bruno, oferecem oportunidade a leituras diferentes, como assinalou Will Durant. Eu diria mesmo que são tantas as interpretações quantas as pessoas que as estudam, dado que o nosso modo de ser e de ver projeta-se, necessariamente, naquilo que a gente examina com a instrumentação intelectual de que dispõe. Dizem os filósofos da ciência ser impraticável observar um fenômeno sem influir nele. Creio que esse princípio aplica-se à abordagem a obras escritas. A evidência fala por si mesma, sem necessidade de qualquer argumentação de reforço. Os inquisidores, por exemplo, viram na obra de Bruno perigosa ameaça às estruturas de poder que a Igreja havia montado diligentemente, no correr dos séculos, em cima de intocáveis bases dogmáticas. Bruno mexia com esses alicerces, pondo em risco a segurança do milenar edifício teológico e eclesiástico. Will Durant, filósofo e historiador, reconhece a importância, o brilho e o pioneirismo do pensamento bruniano, mas vê nele incoerências, contradições e certa inconsistência metodológica. Chega mesmo a dizer que o resumo que ele, Durant, preparou, a fim de proporcionar ao leitor uma visão panorâmica da obra, "leva a supor, no pensamento de Bruno, continuidade e consistência que lhe são totalmente estranhas" (p. 621). E acrescenta: "Uma diferente seleção de suas ideias poderia fazer dele um mago místico." É evidente que não é essa a leitura que Durant faria dos textos brunianos, mas é precisamente a que faz a escritora inglesa Frances Yates.

O erudito estudo de Yates é um primor de pesquisa e dissertação. É uma pena que a gente tenha de fazer dele um resumo, necessariamente inadequado, incompleto e até mutilador, tão rico é o panorama que abre ante os olhos do leitor, iluminando uma visão de Bruno que ainda não havíamos percebido. Minha esperança é a de que meu resumo suscite no leitor o desejo de examinar pessoalmente o importante estudo da autora inglesa. Além de proporcionar à figura do filósofo italiano uma nova dimensão, o livro oferece uma brilhante dissertação acerca do hermetismo em si, além de uma bem documentada panorâmica da magia e da ciência no Renascimento. É de notar-se que a autora é reconhecida como uma das maiores autoridades internacionais acerca desse período histórico.

Yates não se deixou contaminar pela generalizada rejeição acadêmica ao chamado ocultismo; ao contrário, trata-o com aprofundado conhecimento de causa e com o devido respeito, colocando-o no centro nevrálgico do pensamento bruniano. Seu livro adota uma atitude decididamente revisionista em relação à filosofia de Bruno e a sua posição na história do pensamento.

> Bruno [escreve (p. 484)] torna a repropor-se como importante marco na história do pensamento, não pelos velhos e equivocados motivos, mas por motivos novos e válidos.

Lembra, nesse sentido, *La vita de Giordano Bruno da Nola* (Florença, 1867, primeira edição), biografia na qual Domenico Berti desenha a imagem de um Bruno "herói, que preferiu morrer a ter que renunciar à sua convicção acerca da validade da teoria copernicana, como mártir da ciência moderna, o filósofo que rompeu com o aristotelismo medieval e inaugurou o mundo moderno". Para ela, Bruno está colocado sob "falsa luz" nessa avaliação, que teria ajudado a cristalizar uma equivocada imagem histórica do filósofo no imaginário popular.

> Se não conseguir evidenciar definitivamente o quanto essa visão é infundada [escreve Yates (p. 484)], este livro terá sido escrito em vão.

Antes de um mergulho mais fundo no livro da autora inglesa, parece-me conveniente conhecer logo os parâmetros que adotou na sua análise crítica do filósofo italiano. Isso nos ajudará a navegar pelo seu rico texto, sem nos demorarmos em detalhes e debates que tornariam longa e menos produtiva nossa viagem pelas quase quinhentas páginas do livro. Qual é, afinal, a verdade acerca de Giordano Bruno? – pergunta-se ela. E responde:

Bruno era um mago integral, um 'egípcio' e um hermético do tipo mais radical, que via no heliocentrismo copernicano o prenúncio de um retorno à religião mágica. Na disputa com os doutores de Oxford, ele associou o copernicanismo à magia exposta em *De vita coelitus comparanda*, de Ficino. Além disso, ele interpretava o diagrama copernicano como um hieróglifo do divino e sustentava a teoria do movimento terrestre com argumentação hermética, que entendia a magia da vida disseminada por toda a natureza. Seu propósito, enfim, era o de conseguir que, por processos mágicos, a gnose hermética refletisse o mundo na mente, nisso incluído o aprendizado mnemônico da imagem mágica das estrelas, com o que se tornaria um grande mago e líder religioso capaz de operar milagres.

Bruno seria, na visão de Yates, um reformador que não pretendia demolir a religião dominante, mas reformular suas estruturas com base no pensamento dos "herméticos cristãos, utilizando-se da cabala exclusivamente como instrumento subsidiário da magia" (p. 485). Punha-se, desse modo, como um "puro naturalista, cuja religião é a religião natural do Asclepius hermético pseudoegípcio".

Para ele, a "infinita extensão do divino refletia-se na natureza". Situa-se, com isso, no centro do antigo debate em torno do panteísmo, que Spinoza retomaria mais tarde e que, de certa forma, persiste ao escrevermos estas linhas. Debate inútil, a meu ver, como tantos outros que ainda trazem um ranço de escolasticismo, que, aliás, Bruno tanto combateu. Entendo eu, HCM, o cosmos como um pensamento criador e mantenedor de Deus, que a tudo e a todos abrange e sustenta por toda parte. É preciso destacar, neste ponto, com a ênfase desejável, que estou falando do *pensamento* divino, não, necessariamente da *presença* de Deus. Isso não quer dizer que tudo é Deus e sim, que Deus está em tudo, através de seu pensamento.

Vemos, por outro lado, que Bruno antecipou de muito a ideia de que a Terra é um ser vivo, conceito retomado recentemente por pensadores como James Lovelock, em *Gaia, a new look at life on earth*, ou Peter Russell, em *The global brain*, e outros. "A terra se move" – escreve Yates, repercutindo Bruno (p. 485) – "porque é um ser vivo...", como vivos são os demais corpos celestes que circulam pelo cosmos.

Não vamos, porém, avançar mais do que o necessário nas conclusões de Frances Yates antes de acompanhar o roteiro seguido por ela para chegar à sua avaliação final do pensamento do filósofo italiano, que tanto ela se empenhou em colocar sob nova luz.

Frances Yates não se limita a identificar o hermetismo como fator dominante na formulação da filosofia bruniana, ela mergulha fundo no tema pelo qual há uma rejeição quase unânime nos circuitos da erudição acadêmica internacional. O que, aliás, explicaria por que razão, no seu modo de ver, o pensamento de Bruno tem estado sob falsa luz. Sem estudar o hermetismo, ela teria provavelmente reiterado opiniões de antigos e mais recentes biógrafos e críticos, que veem Bruno na imagem padronizada do herói que se deixa queimar por ideias, que sequer teriam sido bem formuladas, como pensa Will Durant, por exemplo.

Pela bibliografia de apoio listada pela autora inglesa, pode-se perceber a profundidade e a extensão das pesquisas que promoveu para documentar sua abordagem pessoal ao pensamento bruniano: *La révélation d'Hermès Trimégiste*, de A.-J. Festugière (Paris, 1950-1954, 4 volumes), *Opera omnia*, de Marsilio Fucino (Basileia, 1576, 2 volumes) e o próprio *Corpus hermeticum*, traduzido por Festugière (Paris, 1945 e 1954, 4 volumes), bem como a *Opere latine*, de Bruno (3 volumes), a *Opera omnia* de Pico della Mirandola, os quatro volumes da *Hermetica*, de W. Scott (Oxford, 1924-1936), os seis volumes de *A history of magic and experimental science*, de Lynn Thorndyke (Columbia University, 1923-1941) e *Spiritual and demonic magic from Ficino to Campanella*, de D. P. Walker (The Warburg Institute e Universidade de Londres, 1958).

Yates discorre, pois, com autoridade e conhecimento de causa acerca das correntes herméticas dominantes na filosofia bruniana, até aqui mal entendidas ou simplesmente ignoradas. Mesmo o leitor, eventualmente desinteressado da personalidade de Bruno, teria muito a lucrar com a brilhante dissertação sobre o hermetismo, suas origens e suas estruturas de pensamento.

Mas, afinal de contas, que vem a ser mesmo hermetismo? Nosso respeitado Aurélio nos ajudará, aqui, com uma visão abrangente e, ao mesmo tempo, resumida do hermetismo, definindo-o como

> Doutrina ligada ao gnosticismo, surgida no Egito no séc. I, atribuída ao deus Thot, chamado pelos gregos *Hermes Trimegisto*, e formada principalmente pela associação de elementos doutrinários orientais e neoplatônicos. Cristalizou-se num ensinamento secreto em que se misturam filosofia e alquimia.

Pelo que se depreende do estudo de Yates, a origem egípcia do hermetismo está longe de constituir certeza histórica, permanecendo a discussão ainda em aberto. Alguns eruditos chegam mesmo a dizer que o hermetismo conteria "pouquíssimos elementos genuinamente egípcios"

(p. 15). Não tenho credenciais para entrar nesse debate de campeões olímpicos da cultura internacional, mas tanto quanto posso ver, os conceitos nucleares dos ensinamentos atribuídos a Hermes, são basicamente os mesmos presentes nas especulações em torno da realidade espiritual em todos os tempos, no Egito inclusive. É o que identificamos no gnosticismo, na cabala, nas doutrinas orientais, na filosofia platônica, na alquimia e até no cristianismo primitivo, ao nascedouro, tanto quanto nas correntes espiritualistas contemporâneas. Entre estas coloca-se com merecido destaque, pela elegância de sua síntese e lucidez de seus conceitos, a doutrina dos espíritos, elaborada por Allan Kardec.

Os magos renascentistas estavam convencidos de trabalhar com ensinamentos de remota antiguidade, mas, as informações de que dispunham haviam sido escritas, segundo Yates (p. 14), entre os séculos II e III da era cristã. Não se reportavam, portanto, a uma fonte egípcia, como pensavam, e sim

> [...] ao ambiente pagão do cristianismo primitivo, àquela religião do mundo, fortemente impregnada de influências mágicas e orientais. Que, por sua vez, haviam produzido a versão gnóstica da filosofia grega, um refúgio para aqueles pagãos cansados da procura de uma resposta aos problemas da vida, diferente da que ofereciam os primeiros cristãos e seus contemporâneos.

No meu entender, idêntico raciocínio aplica-se ao contexto em que vivia Bruno, dado que tanto ele quanto os magos renascentistas continuavam buscando respostas diferentes daquelas que se haviam cristalizado na teologia católica. De certa forma, a busca continua em nosso tempo e pelas mesmas motivações básicas – a insatisfação com modelos religiosos esclerosados e obsoletos, que, no entanto, resistem a qualquer tentativa de reformulação.

Percebe-se, neste ponto, uma aspecto que deve ser destacado. A resistência à visão gnóstica da realidade espiritual está hoje mais fortemente entrincheirada na ciência do que na religião. Mesmo porque as religiões institucionalizadas, como o catolicismo e o protestantismo, não dispõem mais, literalmente, do poder de fogo com o qual contaram no passado. Não falta, porém, quem vislumbre na hostilidade de certas áreas científicas a suspeita de atitudes semelhantes às inquisitoriais de antanho.

Seja como for, não se conhece ao certo a época em que os ensinamentos atribuídos a Hermes começaram a ser utilizados em filosofia, sabe-se, contudo, segundo Yates (p. 14), que *Asclepius* e o *Corpus hermeticum*, que contêm os mais importantes postulados do hermetismo chegados até nós, remontam provavelmente ao período que vai do ano 100 ao ano 300 de nossa era. A autora está convencida, no entanto, de que tais ensinamentos não foram compostos por um sacerdote egípcio de grande sabedoria, como se acreditava durante o Renascimento. Trata-se, a seu ver, de uma coletânea elaborada por:

> [...] vários autores desconhecidos, provavelmente gregos, e continham elementos da filosofia popular grega, uma misturada de platonismo e estoicismo, combinada com alguma influência hebraica e, provavelmente, persa (p. 15).

Vejo as coisas de maneira um tanto diversa, como tenho reiterado. Pelo que se sabe, conceitos fundamentais àquilo a que costumo chamar realidade espiritual figuram, isoladamente ou em grupo, na formulação de numerosas estruturas de pensamento, especialmente, de natureza religiosa, mas também meramente filosóficas, como o neoplatonismo, por exemplo. Entre esses conceitos, os de existência, preexistência e sobrevivência da alma, reencarnação, imortalidade, comunicabilidade entre vivos e mortos, pluralidade dos mundos habitados, responsabilidade cármica e outros. Nem sempre tais conceitos foram utilizados na elaboração de uma ética específica ou de uma simples filosofia de vida, mas alguns ou todos eles sempre marcam presença nas mais nobres especulações através dos tempos.

A época de Giordano Bruno não constitui exceção e nem a sua obra, na qual figuram, entre outras, a doutrina das vidas sucessivas (reencarnação) e a da pluralidade dos mundos habitados, além de, obviamente, a da existência e sobrevivência da alma. As mesmas ideias, como imagens de um sonho arquetípico recorrente, figuram no pensamento religioso oriental e no egípcio, no platonismo, no gnosticismo, na magia, na alquimia, na cabala. Do que se concluiu, sem razão, a meu ver, que o hermetismo constitui uma colcha de retalhos, quando, em realidade, todos aqueles ramos do conhecimento estão falando basicamente das mesmas coisas. A grande decepção está em que tais conceitos, essenciais à formulação de um inteligente modelo filosófico-religioso, estão por toda parte, em todos os tempos, menos nas cristalizações dogmáticas elaboradas pela teologia católica com o propósito de explicitar e regulamentar o cristianismo. Numerosos e graves confrontos teriam sido evitados, no correr dos séculos, se o cristianismo houvesse preservado em si aquelas respostas de que fala Frances Yates. Elas estavam presentes, em toda a sua pureza, nas fontes que jorravam incontaminadas do pensamento de Jesus e não precisavam de nenhum arcabouço teológico, nem de estruturas de poder para se preservarem na mente e no coração dos seres humanos. Acontece, porém, que constituíam aspectos que não interessavam à montagem de núcleos de poder civil.

Destaca-se, neste livro, o confronto de Bruno com o sistema religioso de sua época, mas conflitos semelhantes ocorreram entre cristãos e gnósticos, aí pelo terceiro século, e com os cátaros nos séculos XI e XII, para citar apenas dois. Isto sem contar perseguições aos judeus e as sangrentas disputas entre protestantes e católicos que, para vergonha de toda a civilização, perduram até hoje, enquanto escrevo estas linhas.

Sob esse ponto de vista, creio até irrelevante a discussão sobre se Hermes Trimegisto tenha ou não existido realmente – o que importa é saber que as ideias que lhe são atribuídas constituem uma constante nas correntes de pensamento que buscam, ao longo dos séculos, explicações aceitáveis para os enigmas da vida. Como assinala Yates, aí pelo século II a filosofia grega já se exaurira, estacionada em ponto morto, sem dar o importante passo de verificar experimentalmente as hipóteses que formulara. Isto somente começaria a ser feito cerca de milênio e meio depois, no século XVII, precisamente aquele no qual Bruno viveria apenas quarenta e oito dias incompletos.

Sobre uma referência aparentemente irrelevante, tenho uma hipótese a formular a esta altura. Já vimos que Hermes Trimegisto – o três vezes sábio – foi a personalidade mítica à qual os gregos atribuíram a sabedoria que os egípcios conferiam a Toth. Os romanos designariam para essa finalidade um deus de seu próprio panteão – Mercúrio. Ora, Toth era considerado no Egito "o escriba dos deuses", ou seja, alguém que escrevia aquilo que lhe ditavam os deuses, sendo, portanto, um instrumento de comunicação entre as entidades espirituais e os seres encarnados. Para dizer a mesma coisa de outra maneira: Toth seria o que hoje conhecemos por médium psicógrafo. Hipótese alternativa é a de que Toth seria o nome da entidade que passou os ensinamentos posteriormente reunidos no *Corpus hermeticum* a um ou mais médiuns anônimos. Sintomaticamente, Asclepius foi o nome do suposto discípulo de Toth/Hermes que recebia as instruções provenientes da dimensão espiritual. Daí o nome do livro.

Situação semelhante ocorreria no século XIX, quando o professor Rivail (Allan Kardec), obteve, através de vários médiuns de sua confiança, a doutrina que instrutores espirituais lhe passaram e que foram reunidas em *O livro dos espíritos*.

Como outrora – no século II –, as informações que constituem esse livro, lançado em abril de 1857, atendiam a indagações que nem a ciência da época nem as religiões dominantes estavam preparadas a oferecer. Estabeleço tal paralelo estimulado por observação semelhante de Yates acerca do ambiente cultural do século II, quando

> [...] se buscava intensamente [diz a autora (p. 16)] um conhecimento da realidade, uma resposta a problemas que a educação normal não tinha condições de suprir.

O modelo de gnose daqueles tempos recorria, portanto, à intuição, ao misticismo e à magia, no esforço de decifrar os enigmas propostos pela vida.

Não é difícil imaginar-se, pois, o impacto causado em Giordano Bruno pela obra de Marsilio Ficino, lançada em 1576, quando o filósofo contava apenas 28 anos de idade. O competente estudo de Ficino mudaria dramaticamente o rumo do pensamento de Bruno, tanto quanto a obra de Helena Blavatski mudaria o de Annie Besant, no final do século XIX e, singularmente, pelas mesmas razões. Besant também percorrera um longo caminho cultural, desde o ateísmo até as questões sociais, educacionais e políticas de seu tempo, até chegar, afinal, a um corpo de conhecimento de características 'herméticas', que lhe propunha uma total reformulação de seu pensamento.

O impacto da obra de Ficino, contudo, não se limitou ao universo pessoal de Bruno, mas a todo o contexto cultural da época.

> [...] é provável [opina Yates (p. 31)] que Hermes Trimegisto seja a mais importante figura no processo de resgate da magia durante o Renascimento.

A severa repressão exercida pela Igreja medieval levara a prática da magia para uma perigosa clandestinidade. Para lembrar que a magia não poderia ser considerada uma atividade típica de pessoas ignorantes, Yates lembra que por esses aspectos do chamado ocultismo interessaram-se Jâmblico, Porfírio e até Plotino.

Abro parênteses aqui para confidenciar ao leitor que fiz uma pausa nos estudos que vinha realizando para escrever este livro, e fui ler Plotino. Não perdi a viagem, nem o tempo. O velho grego (205270) escreveu pouco e bem.

Ressaltando a importância do pensamento hermético no Renascimento, Yates lembra (p. 32) que o estudo das obras atribuídas a Hermes Trimegisto, suscitaram

> [...] uma reabilitação do Egito e de sua sabedoria, bem como da magia com a qual tal sabedoria estava associada.

Proponho, assim, ao leitor e à leitora uma breve visita às ideias que integram o hermetismo, pois elas estão por aí, em toda parte, nem sempre entendidas ou expostas corretamente, em toda uma vasta literatura que se diz esotérica.

OS ANDAIMES HERMÉTICOS DO PENSAMENTO BRUNIANO

Dos quatorze tratados que integram o *Corpus hermeticum* traduzidos por Marsilio Ficino, Frances Yates destacou quatro para comentar no segundo capítulo de seu livro. Temos aqui, o leitor e eu, de nos contentar com um resumo do resumo de Yates. Não fosse pelo risco de tornar este livro mais amplo do que me propus de início, gostaria até de me demorar um pouco mais, pois encontro nas ideias expostas aspectos que procurei desenvolver em meu livro *Alquimia da Mente*. Como este, por exemplo, posto logo na abertura do texto de Yates:

> Pimandro [explica (p. 36)] que é o *Nous*, ou mente divina, que aparece a Trimegisto, enquanto seus sentidos se encontram paralisados por um grande torpor, como em sono profundo. Trimegisto manifesta, então, o grande desejo de conhecer Deus e a natureza das coisas.

É como se Hermes conversasse consigo mesmo, ou melhor, com a sua parte nobre, uma dualidade íntima que os instrutores da codificação espírita caracterizaram como alma e espírito, conceito que estudos posteriores – Bozzano, Aksakof, Delanne – consideraram como personalidade e individualidade. Em *Alquimia da mente* proponho a hipótese de que alma/personalidade são programadas para lidar com o dia-a-dia da vida de ser encarnado, enquanto espírito/individualidade promovem, de uma discreta posição de bastidor, o monitoramento da personalidade. Alma/personalidade representam o *estar* e gerenciam a vida terrena, o transitório, ao passo que espírito/individualidade operam no contexto do *ser* e cuidam do permanente na interface da criatura com o cosmos e a eternidade.

Para o pensamento hermético, o ser humano "assume o corpo mortal, a fim de poder viver com a natureza", submetendo-se, em consequência, ao constrangimento da matéria densa.

Como se percebe, estamos aqui navegando em águas gnósticas. Ao leitor porventura interessado neste aspecto particular, tomo a liberdade de recomendar mais um de meus livros – *O evangelho gnóstico de Tomé*, no qual a matéria foi considerada com mais vagar e amplitude.

Os preceitos gnósticos continuam presentes, no resumo de Yates, em uma referência à dualidade homem/mulher, ou seja, masculino/feminino. O ser humano tem origem na luz divina, para onde retornará um dia, redimido pelo seu próprio esforço evolutivo, não por fidelidade a esta ou àquela religião, nem gratuitamente, pelo sacrifício de um redentor. Ao precipitar-se na matéria densa que constitui seu corpo físico, o ser espiritual desdobra-se, segundo o hermetismo, em "alma e intelecto", o que nos leva de volta à ideia de alma/espírito de que há pouco falávamos. Quando Hermes conversa consigo mesmo, portanto, demonstra a realidade de um diálogo entre a alma (encarnada) que deseja aprender e espírito (individualidade) que, ligado ao cosmos, sabe o que ensinar. Convém notar que o diálogo pode ocorrer também entre a alma acorrentada a um corpo físico e uma entidade desencarnada. Seja, contudo, a conversa com a própria individualidade ou com outra entidade, faz-se necessário um estado de transe, que, no texto hermético figura como "paralisação dos sentidos".

Ao acoplar-se ao corpo físico, a entidade "coloca sua parte mortal" – explica Yates (p. 41) – "sob o domínio dos astros e, talvez por uma punição, dá-se a separação em dois sexos". Reiteramos que – exceção feita ao conceito de punição – esse é, também, um conceito gnóstico e, de certa forma, espírita, de vez que, segundo os ensinamentos dos instrutores da codificação elaborada por Kardec, os espíritos não têm sexo tal como o conhecemos; limitam-se a projetar no corpo físico a instrumentação mais adequada ao bom desempenho da programação espiritual com a qual renascem.

> Mas [prossegue Yates (p. 41)] a parte imortal do ser humano conserva seu caráter divino e criativo. Ele é formado, não de uma alma e de um corpo, mas de uma essência divina, criativa, imortal, e de um corpo.

No "Discurso secreto da montanha" entre Hermes Trimegisto e seu filho Tat, o mestre explica que, para um contato com a realidade cósmica, basta desejar a experiência para que ela se realize. É necessário que se "suspenda a atividade dos sentidos corporais para que o divino se manifeste em você".

Como obra da eternidade, a vida é um contínuo devir. "Nada, portanto, do que exista no mundo poderá perecer ou ser destruído, pois a eternidade não perece" (p. 45).

É neste ponto, aliás, ao discorrer sobre o reflexo do universo na mente, que a gente percebe que o diálogo, em verdade, não é entre Hermes e seu discípulo, mas entre a personalidade e a individualidade do próprio Hermes. "Contempla o mundo" – diz o Mestre – "através de mim". Yates acrescenta um explicativo para dizer que esse mim seria *mens*, a mente.

Desenvolve, a seguir, a doutrina do mundo como coisa viva. "E todo este grande corpo do mundo é uma alma, plena de intelecto e de Deus, que o preenche interna e externamente, e vivifica o Todo." Nesse contexto, "a morte não é a destruição dos elementos existentes no corpo, mas a ruptura da união que os mantinha juntos" (p. 45). A matéria foi predisposta por Deus como receptáculo para todas as formas (p. 49).

Para o hermetismo, Deus não é algo externo ao mundo – o mundo está nele com tudo o que existe. Como diria Paulo, vivemos e nos movemos em Deus e nele temos o nosso ser. O mundo é um pensamento de Deus. Não é correto, pois, dizer-se que Deus é invisível. "O que existe de mais manifesto do que Deus?"– pergunta Hermes. "O intelecto" – lê-se mais adiante – "torna-se visível no ato de pensar; Deus, no ato de criar." "A gnose" – ou seja, a sabedoria proporcionada pelo conhecimento – "consiste em refletir o mundo na mente, pois que assim se poderá conhecer a Deus que o criou". A gnose é, portanto, um vir a ser, um constante processo de realização pessoal, de conscientização, como diria o dr. Geley, em *Do inconsciente ao consciente*. O ser humano liga-se a Deus pelo que existe de divino em si mesmo, seu intelecto (= espírito = individualidade).

É neste ponto, ao concluir o capítulo em que resumiu o pensamento hermético, que Yates atribui ao resgate do texto de *Asclepius*, através da descoberta do *Corpus hermeticum*, "um dos fatores essenciais ao ressurgimento da magia no Renascimento" (p. 56). Para evidenciar a importância da magia naquele contexto histórico, Yates lembra uma curiosidade histórica – a colocação de mosaicos, representando Hermes Trimegisto e as sibilas, no domo da catedral de Sena, nos anos 80 do século XV. Por algum tempo, pelo menos, parece não ter havido conflito maior entre magia e cristianismo, condição, aliás, que Bruno invoca e ressalta no seu depoimento perante o Santo Ofício. Para Yates, a decoração da igreja de Sena com motivos tão explicitamente herméticos não é fato isolado e demonstra a "preeminente posição espiritual" do pensamento hermetista e uma expectativa de que sua influência seria ainda mais acentuada nos séculos XVI e XVII, o que, infelizmente não aconteceu.

Digo infelizmente porque vejo no episódio mais uma oportunidade perdida de introduzir no contexto cultural da humanidade os conceitos de uma realidade espiritual tão necessária ao processo evolutivo do ser humano e, ao mesmo tempo, tão obstinadamente ignorada e rejeitada. Assim, a despeito de convincentes indícios de uma tradição hermética cristã, barreiras criadas principalmente pela Igreja, conseguiam sempre deter o avanço de tais ideias renovadoras. Elas batiam de frente com os alicerces teológicos e dogmáticos sobre os quais a poderosa instituição erigira suas estruturas de poder, um poder que ninguém, no Vaticano e alhures, estava disposto a renunciar. Obrigada a recuar novamente para a meia-luz do famigerado 'ocultismo', a realidade espiritual continuou à espera de melhores oportunidades no futuro, enquanto o pensamento religioso permanecia marcado irreversivelmente pela obsolescência. A Igreja alegava ter sua própria e única versão possível da realidade espiritual e, por via de consequência, o monopólio da verdade e as chaves do Reino. "Fora da Igreja não há salvação" – era e continua sendo palavra de ordem e advertência.

Will Durant assinala os cem anos entre a metade do século XVI e a metade do século XVII como início da Idade da Razão. De minha parte, não experimento o mesmo grau de entusiasmo pelo modelo de racionalismo que começou a desenvolver-se nessa época. Em vez de escancarar as janelas para entendimento racional da realidade espiritual, os pensadores desse período encaminharam suas concepções para outra modalidade de culto – o da ciência, que acabaria tão dogmático quanto aquele que pretendeu substituir. Ainda hoje, a ciência continua a tratar com desconfianças, suspeitas e até desdém, as tentativas de introdução de conceitos espirituais na cultura universal. Ainda que numerosos cientistas, isoladamente, se declarem convictos de tal realidade, a ciência como um todo não se mostra nada disposta sequer a examinar as evidências oferecidas. Continuamos, pois, prisioneiros da obsolescência ideológica que acabou por contaminar, com a rejeição ao espírito, estruturas de pensamento político, social, econômico e não apenas as religiosas e filosóficas. Uma sociedade com a visão mais nítida da realidade espiritual estaria preparada para desenvolver modelos mais inteligentes de gerenciamento político-social, além dos que cuidam da atividade meramente religiosa. As religiões dominantes continuam, por essa razão, exclusivistas, salvacionistas, estruturadas hierarquicamente como corporações de poder e, dessa forma, intolerantes e equivocadas em suas verdadeiras finalidades.

Penso que contribui para esse clima de rejeição à realidade espiritual a desigual qualidade da enorme quantidade de material que se apresenta sob os títulos genéricos de magia e de ocultismo. Para muitos, no passado, magia, ocultismo, astrologia, alquimia e ramos semelhantes do conhecimento constituíam meros instrumentos de manipulação de gente e de eventos com o claro objetivo de obter e expandir poder pessoal. Acho que nas teorias e nas práticas alquímicas percebe-se com maior nitidez esse fenômeno. Sempre houve uma elite de alquimistas devotados à busca do conhecimento em si, de técnicas de evolução espiritual, de disciplinação da mente. Permaneciam, contudo, diluídos na massa maior de pseudoalquimistas interessados apenas em produzir ouro em proveito pessoal imediato, sem a mínima cogitação de ordem superior. Recomendo, a propósito, *Psychologie et alchimie*, de Carl G. Jung. Não sei de edição em português – a minha é uma versão francesa da Buchet/Chastel, Paris, 1970, que consultei com enorme proveito na elaboração de meu livro *Alquimia da mente*.

Sob o amplíssimo rótulo de ocultismo ou esoterismo, abrigava-se – e ainda se abriga – muita coisa espúria, fantasiosa ou irrelevante. Por outro lado, eram poucos os que dispunham de capacidade e conhecimento suficientes para penetrar a linguagem hermética dos textos, pejados de enigmas e simbolismos de difícil acesso. Do que se aproveitavam os aventureiros para introduzir, nas numerosas obras publicadas, ideias tão absurdas e fantasiosas que raiavam pelo ridículo. Certamente que isso contribuiu para suscitar uma avaliação por baixo, não apenas por parte do emergente pensamento racionalista e científico, mas também por parte da Igreja, que vigiava severamente suas fronteiras ideológicas. Desse modo, ia fora o trigo junto com o joio, numa universal rejeição pelo espiritual. O estudioso do hermetismo era visto sob permanente suspeição e, se sacerdote de alguma ordem religiosa, pressionado para abandonar suas práticas e implacavelmente punido se não o fizesse.

É certo, por todas essas razões, que a abordagem ao pensamento hermético tornara-se difícil, mesmo àquele que o procurava com a honesta intenção de se instruir. Era necessário dispor de competente espírito crítico, a fim de identificar em toda aquela massa de informação a essência das verdades ali contidas, descontaminando-as das numerosas falsidades e fantasias que as infestavam.

Giordano Bruno não conseguiu, a meu ver, livrar-se de alguns dos riscos envolvidos na empreitada. Havia, por exemplo, na magia simpática, o conceito de que os astros se influenciavam mutuamente por meio de 'eflúvios', ou seja, emanações energéticas que irradiavam pelos espaços afora, o que é basicamente correto, pois aí estão sendo estudadas hoje as radiações cósmicas. A questão é que alguns ocultistas entendiam que tais energias podiam ser dominadas e canalizadas por pessoas dotadas do tipo adequado de conhecimento e de técnicas adequadas. Bruno acreditou nessa possibilidade e se julgou capaz de reformular as obsoletas estruturas culturais de seu tempo manipulando as energias siderais. Se é verdade, como parece, o que disse dele Mocenigo, ele sonhava com uma utopia operante, da qual ele seria uma espécie de sumo sacerdote. Com o que se percebe, na sua intenção, um propósito de conquista de poder pessoal, ainda que com as melhores intenções do mundo. Se isso era possível ou não, a Igreja não se perguntava, mas não poderia tolerar que alguém tramasse algo secreto com o objetivo de contestar seu poder, com o propósito de substituí-lo por outro.

Bruno, aliás, não foi o primeiro nem o único a sonhar com uma reformulação da sociedade. A época era mesmo propícia à eclosão de tais utopias. A própria Reforma Protestante pode ser incluída nesse contexto. Tommaso Campanella foi outro que imaginou uma sociedade perfeita na sua *Cidade do sol*. Thomas Morus, na Inglaterra, também propunha sua fórmula de reordenação da sociedade.

Sobre os talismãs e a influência dos astros nas coisas terrenas, Frances Yates menciona a obra *Picatrix*, que ela teve oportunidade de consultar no manuscrito latino de 1305, que louva "por ser escrito em caligrafia clara e legível" (p. 65). Embora não atribuído a Hermes Trimegisto, o *Picatrix*, originariamente escrito em árabe, provavelmente aí pelo século XII, exerceu profunda influência durante o Renascimento. Quem o resgatou do esquecimento empoeirado dos alfarrábios foi Marsilio Ficino, cuja obra, por sua vez, iria despertar o interesse de Bruno. Como tantos outros textos herméticos, tratava-se, como assinala Frances (p. 64), de obra de conteúdo gnóstico. Pode-se perceber aí, mais uma tentativa de introduzir conceitos gnósticos – leia-se realidade espiritual – na cultura mundial. Como também o movimento cátaro, nos séculos XI e XII, esmagado, aliás, a ferro e fogo, numa cruzada de cristãos contra cristãos, que ensanguentou o Languedoc.

Segundo o *Picatrix*, o mago teria "sempre como ponto de partida uma gnose, uma compreensão da natureza do Todo" (p. 66). Ainda que necessitada de correções, tratava-se de uma concepção inteligente e digna de maiores desdobramentos, dado que considerava a existência de uma "ordem natural". Deus, como *prima materia*, transcendia as limitações da forma. Desse Uno incorpóreo e amorfo, surgiram o intelecto ou mente, o espírito e a matéria. Em torno disso, construiu-se uma complexa teoria das imagens, cujos detalhes não são de nosso interesse específico aqui, bastando dizer que para cada planeta e mais o sol e a lua criou-se uma imagem simbólica. Marte, por exemplo, era representado pela figura de um homem coroado, com uma espada à mão; o Sol, por um rei coroado e sentado ao trono, com o símbolo (mágico) do sol aos pés.

Tais figuras não eram meras criações artísticas para serem admiradas, mas dispositivos a serem usados nos exercícios de concentração mental como as mandalas. As figuras dos planetas dominantes deveriam ser pintadas no teto do quarto de dormir, cada qual na sua cor própria, a fim de se fixarem na mente da pessoa que ali dormisse. O procedimento suposto era reconduzi-la, como partícula do Todo, à unidade, "graças às imagens de uma realidade superior, que trazia dentro de si mesma" (Yates, p. 92).

A erudita autora inglesa comenta que sobre essa "estranha visão ou extraordinária ilusão" é que Bruno iria construir sua teoria da memória, com o objetivo de "unificar e organizar as inumeráveis individualidades do mundo e todo o conteúdo da memória" (p. 66). Acreditava-se que, com o ritual próprio, se poderia invocar o nome e os poderes atribuídos aos corpos celestes com o propósito de atrair e redirecionar os influxos ou vibrações correspondentes a cada um.

Por mais que se lamente, não há como examinar a interessante dissertação de Frances Yates sobre Pico della Mirandola e a magia cabalística, no capítulo V de seu livro. Contentemo-nos com algumas referências colhidas aleatoriamente como a de que "a magia floresceu no contexto do hermetismo e do gnosticismo pagão do primeiro século da era cristã" (p. 126), e que tanto a magia quanto a cabala no Renascimento podem ser consideradas retomadas derivadas, "em última análise, do gnosticismo pagão e hebraico". Yates vê mesmo forte influência gnóstica na primitiva cabala hebraica e no neoplatonismo.

O sonho de uma espiritualização da comunidade humana é antigo, insistente, incansável e invencível. Yates comenta, por exemplo (p. 127), que "curiosamente, Pico della Mirandola havia percebido uma conexão entre o hermetismo e a cabala". Eu não diria que o pensador italiano havia *curiosamente* entrevisto esse vínculo – ele simplesmente percebeu o óbvio, identificando na tapeçaria do pensamento hermético, os mesmos fios que, em outras correntes de pensamento, haviam composto desenhos diferentes, mas basicamente da mesma natureza. O que têm em comum o hermetismo, o ocultismo, a magia, a cabala, o gnosticismo, a alquimia, tanto quanto as doutrinas espiritualistas em geral são os vários conceitos que compõem a realidade espiritual subjacente. Foi com os mesmos fios e as mesmas cores que cada uma dessas correntes de pensamento criou desenhos diferentes e até contraditórios para os seus tapetes.

Coube à equipe de entidades que se colocou à disposição do professor Rivail – Allan Kardec – reordenar os princípios fundamentais que governam a realidade espiritual, deduzindo-os da fenomenologia observada, em vez de criar hipóteses teórico-especulativas nas quais os fenômenos devessem ser enquadrados. A doutrina dos espíritos constitui, por isso, um projeto de racionalização simplificadora e clarificadora do emaranhado que se formara em torno dos componentes básicos, que, afinal de contas, são de transparente e luminosa simplicidade. É de notar-se que a doutrina do Cristo oferece, nas suas origens, essa mesma transparência, mas acabou envolvida num sufocante contexto teológico, dogmático e institucional, que a deformou irremediavelmente. Quero dizer com isto que, se os ensinamentos do Cristo houvessem sido preservados em toda a sua pureza primitiva, não teria sido necessário retomar o assunto de quando em quando, em novas tentativas de difundir o conhecimento da realidade espiritual. Jesus propôs uma singela filosofia de vida, uma doutrina comportamental, baseada em conceitos que vinham emergindo repetidamente em muitas das grande correntes de pensamento religioso, tais como a existência, preexistência e sobrevivência do princípio espiritual no ser humano, a comunicabilidade entre 'vivos' e 'mortos', a responsabilidade cármica, o processo evolutivo da alma, através de numerosas existências na Terra e em outros dos incontáveis astros e planetas espalhados pela imensidão do cosmos. E, sobre tudo isso, a realidade invisível, mas indispensável, de um ser criador e mantenedor da ordem universal.

Estava certo, pois, Pico della Mirandola, ao perceber no hermetismo e na cabala certos componentes ideológicos comuns. Eles existem, de fato, nesses dois ramos do conhecimento oculto, bem como em todos os que se empenham em desvendar certos enigmas da vida. O gnosticismo é um deles e, tanto quanto podemos perceber hoje, sempre existiu alguma modalidade de gnose, literalmente, uma busca de conhecimento de realidades subjacentes que transcendem o mecanismo de percepção sensorial. Quando o dr. J. B. Rhine cunhou a expressão "*extra sensory perception*" – percepção extrassensorial – estava repetindo a história do pensamento, buscando realidades imperceptíveis pelos processos habituais. A ciência, no entanto, continua a recusar tudo quanto não possa ser reduzido ao campo dos sentidos. Mecanismos de apreensão de realidades mais sutis, como a intuição, permanecem sob severa suspeita, por serem considerados irracionais.

Sugiro, a propósito da interface razão/intuição, que o leitor consulte meu livro *Alquimia da mente* e, sobre os conceitos fundamentais da realidade espiritual embutidos no contexto do cristianismo do Cristo – relevem-me a aparente redundância –, lesse outro livro meu intitulado *Cristianismo a mensagem esquecidda*, bem como *O evangelho gnóstico de Tomé*.

> Na teoria gnóstica pagã [ensina Yates (p. 126)] a ascensão da alma através das diferentes esferas, no correr da qual ela se libera da influência da matéria, a regeneração final, verifica-se na oitava esfera, onde invadem a alma purificada a virtude e a potestade divinas.

Este é um bom exemplo para ilustrar o fato de que, mesmo expresso em diferente terminologia, o plano evolutivo da alma imortal figura no conteúdo de várias correntes de pensamento, evidenciando em cada uma delas aspectos que acabam sendo comuns a muitas. O espiritismo, por exemplo, dispensa essa rigorosa numeração de esferas, preferindo mencionar planos ou estágios evolutivos em diferentes dimensões da realidade que escapam aos nossos sentidos físicos e à parafernália tecnológica criada para ampliar-lhes o alcance.

Quando o hermetismo menciona as "punições como forças diabólicas da matéria" (Yates, p. 127), está abordando de modo algo diverso a mesma diretriz espiritualista da conveniência e necessidade de libertar-se a entidade em processo evolutivo da subjugação à matéria. O espiritismo tem uma visão ligeiramente diferente, mas não irreconciliável, dado que considera o acoplamento da entidade espiritual à matéria não propriamente um castigo, mas uma necessidade imposta pelo mecanismo evolucionista. Seja como for, não lhe é totalmente estranho o conceito de que a matéria bruta constitua uma espécie de aprisionamento temporário do espírito, ainda que necessário ao aprendizado e à correção de seus equívocos.

É neste ponto de sua obra, onde estuda o interesse de Pico della Mirandola pela magia cabalística (capítulo V), que Yates destaca o aspecto que vimos aqui discutindo – o de que os conceitos fundamentais de uma realidade espiritual comum convergem para uma consistência que identifica entre si várias correntes de pensamento gnóstico. Estou preferindo aqui o termo gnóstico porque ele se põe acima e à margem de qualquer estrutura declaradamente religiosa, de vez que a gnose é apenas uma busca descompromissada da verdade através do conhecimento, seja ela qual for, esteja onde e quando estiver. Não há, portanto, uma gnose cristã, cabalística, hermética ou mágica – o que existe é a gnose, ponto, como atitude de sadia curiosidade em quem deseja saber para sintonizar-se com a harmonia regida pelas leis cósmicas.

Foi, aliás, essa característica da gnose – a livre busca do conhecimento – que a levou à colisão com o cristianismo do segundo e terceiro séculos, como procurei estudar no livro *O evangelho gnóstico de Tomé*. Os gnósticos não estavam interessados no cristianismo em si, que, por aquele tempo, já se afastava sensivelmente da transparente simplicidade de suas origens. Eles simplesmente identificaram nos ensinamentos do Cristo aspectos que coincidiam com suas próprias concepções da realidade espiritual. Não houve, a rigor, uma gnose cristã, mas – no dizer de Émile Gillabert, in *Jésus et la gnose* – o fato de que a corrente gnóstica universal encontrou em aspectos específicos do cristianismo consonância com seus próprios princípios filosóficos.

Isso teria sido interpretado – até hoje, penso eu – como uma inserção da gnose pagã, ou melhor, neutra, universal, na corrente cristã então predominante. Tratava-se apenas de uma identidade de determinados conceitos, tanto quanto de uma divergência acentuada em outros.

Reitero, pois, minha tese de que a gnose deva ser entendida como um sistema integrado e interativo de princípios da mesma e universal realidade espiritual que vem tentando, ao longo dos séculos, libertar o pensamento das limitações impostas por uma visão paroquial da vida, que considera, caolhamente, as faculdades mais nobres da mente e das emoções apenas como propriedades ainda mal definidas da matéria. Espírito? Nem pensar...

O Renascimento assistiu a mais uma tentativa de reformulação estrutural no pensamento, o que confirma Yates ao dizer (p. 128) que:

> A razão mais profunda do retorno à magia como *força espiritual aliada às religiões*, reside no interesse do Renascimento pelo gnosticismo e pelos herméticos, aos quais, como temos visto, Pico (della Mirandola) associou o próprio interesse pela cabala.

O destaque é meu e tem por finalidade chamar a atenção para o fato de que as religiões dominantes – especialmente o cristianismo – foram, na época, as instituições que mais acirradamente combateram a contribuição do gnosticismo no sentido de promover uma releitura no pensamento religioso.

Mas a gnose em si, não ocupa apenas esse espaço limitado. Yates vê com indiscutível lucidez o cenário renascentista a esse respeito, ao dizer (p. 129) que:

> [...] tanto o neoplatonismo de Ficino, como a tentativa pichiana (de Pico della Mirandola) de uma síntese de todas as filosofias sobre uma base mística, tinham como aspiração mais uma nova gnose do que uma nova filosofia.

Concordo plenamente com a postura da autora inglesa, dado que, a meu ver, como tenho reiteradamente insistido, a gnose por si mesma não tem compromisso com nenhuma corrente específica de pensamento e sim com a busca do conhecimento libertador. A libertação espiritual do domínio da matéria e, portanto, do ciclo das reencarnações corretivas e educativas não depende, para seus pensadores, de práticas desta ou daquela religião, nem de crenças, dogmas, teologias, sacramentos e cultos, mas de um trabalho pessoal de autoconhecimento que, em última análise, resulta na construção do Reino de Deus em si mesmo, como preconizava o Cristo. Raciocinando nesse mesmo contexto, Yates pensa que tanto Ficino como Pico "mergulharam numa atmosfera gnóstica", situando o mago "em altíssimo pináculo especulativo" (p. 129). As ideias de Pico estão assentadas, portanto, na correta avaliação de Yates, em "texto gnóstico e não em texto patrístico". Ou seja, não em documentos tradicionais da cultura religiosa católica, mas em conceitos da gnose universal.

Nesse mesmo contexto, refere-se ela ao teor neoplatonista do pensamento de Marsilio Ficino, que tão ampla e profunda influência exerceria sobre Giordano Bruno. Vamos tomar essa palavra-chave – neoplatonismo – para fazer uma pausa nesta dissertação, a fim de examinar um aspecto que muito interessa ao plano deste livro.

BRUNO, O METAFÍSICO DO RENASCIMENTO

Giordano Bruno foi dotado de rica e complexa personalidade; era temperamental e sujeito a crises coléricas e destemperos de linguagem. Acreditava-se um missionário incumbido de promover reformas espetaculares nas estruturas político-sociais e religiosas da Itália, e, por extensão, do mundo.

> Irritável [escreve Firpo, apud Yates (p. 377)], litigioso (...) sujeito a acessos patológicos de raiva, durante os quais dizia coisas terríveis que assustavam as pessoas – não tinha Bruno aquele fascínio mágico da personalidade a que aspirava ser, o que muito contribuiu para o esvaziamento de sua mensagem por causa das suas explosões de cólera.

Na reavaliação do arriscado incidente provocado por ele no debate de Cambrai, na França, Yates entende que se deveu a ruidosa cena:

> [...] em parte, a uma inata incapacidade de manter-se calado e à margem. O caráter de Bruno – prossegue (p. 329) – é assaz difícil de definir-se, vemo-lo, de um lado, em contínua busca de publicidade, ancorado em uma atitude presunçosa, e do outro, com um senso de missionarismo, certamente genuíno.

Não hesitou, assim, em terra estranha e ambiente hostil às suas ideias básicas, em praticar um "gesto de grande audácia", livrando-se da ira suscitada no auditório por uma oportuna retirada estratégica, abandonando o campo de batalha, no qual eram nulas suas chances de sair vitorioso ou, no mínimo, respeitado, ainda que derrotado no debate.

> Homens como Bruno [escreve Yates (p. 368)] são imunizados pelo senso missionário de que são possuídos contra qualquer percepção do peri-

go e de sua própria megalomania, para não dizer estado de euforia que vai aos limites da loucura em que vivem permanentemente.

Não há dúvida para a autora de que Bruno se tinha na conta de um missionário, ilusão, aliás, bastante comum durante o Renascimento, mesmo porque, a seu ver, o hermetismo podia suscitar uma "experiência divinizante", indutora de manias religiosas desse tipo. Eis porque se gabava, às vezes, de saber mais do que os apóstolos e de possuir poderes para conduzir todo o mundo a uma só religião. A magia, segundo ele, poderia ser um perigoso instrumento nas mãos de um bandido, mas estaria bem em poder de "um homem temente a Deus". Nesse sentido, certamente, ele via Moisés e ao próprio Cristo como magos, ou seja, manipuladores qualificados das forças e energias cósmicas. Assenhoreando-se de tais segredos, ele, Bruno, poderia fazer tanto quanto eles. Era só redirecionar tais energias, utilizando as vibrações positivas de alguns astros e anulando as negativas de outros e estaria em condições de implantar em toda a terra sua utopia filosófico-religiosa.

Tommaso Campanella, seu contemporâneo, sonhava, em paralelo, com uma utopia semelhante, como deixou delineado em suas obras, especialmente na *Cidade do sol*. Para Campanella, a *Suma teológica* de Tomás de Aquino precisava de uma reformulação substancial, à luz do pensamento platônico e do hermetismo. Tanto Bruno como Campanella concebiam o mundo como coisa viva, panpsíquica, capaz até de experimentar sensações, conceitos que a moderna hipótese gaia tem trazido de volta à discussão, às vésperas do terceiro milênio. Apoiado em textos atribuídos a Hermes Trimegisto, Campanella entendia que a morte não existe – não passando de uma simples mudança de estado. Diferiam, Bruno e Campanella, na doutrina da metempsicose (=reencarnação), que Bruno aceitava e Campanella não. Reencarnação à parte, a utopia de Bruno era muito mais radical e até mais violenta do que a de Campanella. A despeito de passar 28 anos encarcerado em razão de suas ideias heréticas, Campanella morreu aos 71 anos, em Paris, de causas naturais. Contara, para a sua libertação, com o apoio dos espanhóis e da boa vontade do papa, cujo poder civil jamais contestou.

Giordano Bruno não teve a mesma sorte, talvez por ser mais radical, impetuoso, um tanto arrogante e obstinado. Pode-se dizer, contudo, que era uma obstinação mais ditada pela convicção do que pela rebeldia. Não há dúvida de que ele percebia com grande lucidez a obsolescência do modelo religioso no qual se cristalizara, aprisionado e com visíveis deformações, o ensinamento original do Cristo. Paradoxalmente, contudo, ele não propunha um *aggiornarnento*, modernizante das estruturas teológicas e eclesiásticas, mas um retorno ao hermetismo de inspiração egípcia, com pinceladas neoplatônicas e gnósticas. Em outras palavras, ele pretendeu resgatar a realidade espiritual para construir com ela um novo modelo filosófico-religioso, arejado, consistente, racional. Errou, por certo, na mistura dos componentes de sua utopia, utilizando-se de certos conceitos e instrumentos menos confiáveis, como a astrologia de seu tempo. Equivocou-se também na avaliação de seu próprio conhecimento, poder e competência para realizar uma reforma de tais proporções. Isso, contudo, não lhe diminui os méritos, pelo contrário, os destaca e exalta como um *piccolo uomo* sozinho, a medir forças com instituições solidamente implantadas em vetustos alicerces de poder civil e religioso.

Com idêntica lucidez, ele percebeu logo a importância da astronomia de Copérnico e suas decisivas consequências na reformulação do pensamento científico e teológico. Talvez o tenha percebido cedo demais para segurança de sua própria vida. Mas essa é a tarefa dos pioneiros, ou seja, a de interpretar os hieróglifos que escondem, no presente, um futuro que ainda está por construir-se. Para que o obsoletismo seja removido, a fim de abrir espaço para o futuro, é necessário que uns tantos utopistas, poetas e sonhadores enfrentem o comodismo daqueles que, instalados no poder, não querem mudar senão os outros, para que continuem sendo o que são e pensando como sempre pensaram.

Conflito semelhante suscitou em confrontos com outro tipo de poder – o da cultura acadêmica, igualmente estratificada e nada disposta a mudar. Isto ocorreu, por exemplo, nas suas conferências na Universidade de Oxford, ao discorrer de modo veemente contra Aristóteles e os peripatéticos, numa das verdadeiras catedrais dedicadas ao culto do estagirita. Parece que gostava de provocar polêmicas, ou, pelo menos, não as temia – o que seria um dos traços predominantes do caráter de Annie Besant. Como fora, aliás, o de Hipácia, ao desafiar a temido poder do patriarca de Alexandria, no século V.

Em Wittenberg, na Alemanha, durante sua estada entre os protestantes, assumiu atitude ainda "mais radicalmente anticatólica e antipapista do que a que sustentara na Inglaterra", lembra Yates (p. 343).

Tanto quanto Annie Besant depois dele e, ao que sabemos, de Hipácia, antes, "não era uma pessoa comum e falava sempre baseado em firmes convicções"(Yates, p. 345).

O *Gran dictionnaire universel Larousse* (Paris, 1866-1876) considera Bruno discípulo (continuador) dos alexandrinos. Ficariam muito surpresos os redatores do *Larousse* se, por algum mecanismo de projeção no futuro, nos vissem aqui a debater a hipótese de que em Bruno reencarnou-se a brilhante e igualmente rebelde Hipácia, neoplatonista alexandrina convicta. Além disso, essa respeitável obra de referência coloca-o como precursor de Spinoza e dos panteístas modernos. Spinoza teria ido buscar em Bruno a ideia de um Deus imanente. Schelling e Hegel, ainda segundo o autor do verbete do *Larousse*, adotaram importantes aspectos da filosofia bruniana. E conclui ter sido Bruno:

> [...] sem dúvida o maior metafísico da Renascença. Esquecido no século XVII devido ao grande movimento cartesiano, maltratado por Bayle, desdenhado pelos ateus do século XVIII, só em nossa época (segunda metade do século XIX) e, na Alemanha, teve ambiente filosófico favorável ao esplendor de sua glória.

Lê-se em *Os filósofos da Renascença* (não disponho de referências bibliográficas) uma avaliação de seu pensamento assim redigida:

> Embora no pensamento de Bruno se encontrem sucessivamente influências várias e pontos de vista diferentes, e embora muitas vezes em choque entre si, com não leves dissonâncias, várias doutrinas (do monismo dos eleatas ao devir de Heráclito, do atomismo de Demócrito ao panteísmo dos estoicos, do emanatismo dos neoplatônicos ao naturalismo de Telésio), a *inspiração fundamental permanece sempre o panteísmo*, diversamente colorido e expresso. É o panteísmo que lhe inspira um sentido místico do todo e torna supérflua, senão contraditória, a admissão do Um sobrenatural: dois ótimos, dois máximos, dois infinitos seriam, além de impensáveis, dificilmente conciliáveis.

E conclui:

> A filosofia de Giordano Bruno, precisamente pela sua inspiração notavelmente panteísta, exerceu profunda influência no pensamento imanentista moderno, especialmente sobre o de Spinoza e o de Schelling.

De certa maneira, portanto, essa avaliação confere com a de Will Durant, que vimos alhures, neste livro, especialmente ao mencionar certas contradições intrínsecas a se chocarem no contexto do pensamento bruniano. A observação não me impressiona muito. Dificilmente a obra de qualquer autor, pensada e escrita no correr dos anos, mantém o mesmo nível de coerência e de consistência. Ou então, o autor não evoluiu, não mudou, ficou onde estava, repetindo as mesmas coisas de maneira diversa. O Bruno que escreveu seus primeiros estudos no início da década de 70 do século XVI não poderia ser o mesmo Bruno das últimas obras, mais de vinte anos depois. Ao contrário de Durant, o autor de *Os filósofos da Renascença* identifica nos escritos de Bruno uma linha de consistência a ligar suas ideias, ou seja, a de que sua "inspiração fundamental permanece sempre o panteísmo". Há nele, por conseguinte, uma concentrada busca de Deus na sua interação com o universo e com os fenômenos da vida. O panteísmo, contudo, guarda para muita gente uma conotação suspeita, como se fosse uma heresia cultural ou filosófica, mais que teológica. Tanto quanto consigo perceber, parece haver certa indefinição entre Deus estar em toda parte e tudo ser Deus. Sendo onipresente, Deus tem de estar em toda parte, mesmo porque o universo, das partículas atômicas aos conglomerados galácticos, resulta de criação sua, sendo, portanto, um pensamento dele, logicamente presente em toda a criação. Nada pode existir senão em Deus. Não vejo nisso nenhuma conotação panteísta. Talvez seja uma questão semântica, de terminologia. Panteísmo seria a doutrina segundo a qual tudo o que nos cerca *é* Deus e não *está* em Deus. Mas não tenho competência nem o gosto para navegar por esses mares bravios das polêmicas filosóficas, usualmente estéreis.

Bruno, ao contrário, não temia polêmicas e até as suscitava, pessoalmente e por escrito. Suas controvertidas ideias para a época batiam de frente com aspectos fundamentais da teologia tradicional que a Igreja não queria e da qual não podia abrir mão, não admitindo sequer discuti-los. Bruno tinha em mente, por exemplo, "um culto interior" – no dizer de Yates (p. 338) – "não um culto exterior baseado em ritos e em templos". É o que se pode ler em *De gli eroici furori*, "essa obra extraordinária, na qual se pode perceber" – acrescenta a autora inglesa –, "talvez mais claramente do que em outra qualquer, o culto bruniano da religião egípcia", com seu toque mágico e a visão hermética, a indicar a mente humana como criada à imagem de Deus.

Em vez de uma religião refundida em moldes tradicionais, com ritos, dogmas e cultos, ele pretendia uma espécie de seita filosófica com características religiosas, uma religião do amor e do culto à natureza. Há quem diga – Mocenigo e outros – que a nova proposta filosófico-religiosa seria conhecida como giordanismo. Talvez por isso, Bruno insistisse tanto, perante os seus inquisidores, em que seu pensamento trabalhava com categorias filosóficas, e não com aspectos teológicos.

Ao colocar Giordano Bruno em contexto hermetista, Frances Yates declara, no final de seu excelente livro (p. 490), sua esperança de que tenha conseguido "desobstruir uma avenida ao longo da qual possam outros seguir na direção de soluções novas para velhos problemas".

Talvez por deformação puramente ideológica minha, leio na observação final de Yates muito mais do que ela tenha pretendido dizer. Para mim, sua esperança transcende o contexto meramente bruniano, para antecipar uma época em que a realidade espiritual, contida fragmentariamente aqui e ali, no hermetismo, na magia, no neoplatonismo, no gnosticismo, encontre, afinal, seu nicho próprio, como o que lhe oferece a doutrina dos espíritos, e se coloque à disposição de todos aqueles que estejam dispostos a construir o Reino de Deus a partir de uma doutrina de comportamento adequado, e não de seitas, cultos, dogmas, mandamentos e teorias.

Restam-nos, para encerrar o módulo Bruno deste livro, algumas reflexões finais.

Vimos nos depoimentos dos livreiros Ciotti e Britano à Inquisição veneziana, que o filósofo era um homem de baixa estatura, magro e usava uma pequena barba. O *Gran dictionnaire universel Larousse* (Paris, 1866-1876) menciona o sucesso de Bruno em Paris e o caracteriza como "jovem e belo, traços delicados, olhar negro e excelente orador". Devemos estar conscientes de que semelhanças físicas e até intelectuais não atestam, por si sós, a validade da hipótese de que determinada pessoa seja a reencarnação de outra. Não deixa de ser sugestivo, no entanto, notar-se que tanto Hipácia, como Bruno e Annie Besant foram consideradas pessoas fisicamente bonitas, extremamente inteligentes, excelentes oradoras e de grande coragem física e moral. Que eu saiba não chegou até nós informação sobre a estatura de Hipácia, mas sabemos que Bruno e Annie Besant eram baixos e magros.

Restaria para o leitor e a leitora não familiarizados com os conceitos espíritas a estranheza de que a mesma entidade possa nascer indiferentemente como homem ou mulher, mas a literatura especializada está aí para esclarecer tais aspectos. O espírito em si não tem sexo, como o entendemos, lê-se na codificação. Podem, por conseguinte, reencarnar-se numa ou noutra condição, dado que o sexo é uma questão de polaridade e se define, no corpo físico, por imposição dos mecanismos biológicos da reprodução. Que, por sua vez, são instrumentos necessários a uma ampla oferta de oportunidades de reencarnação, essencial ao processo evolutivo do ser.

Annie Besant

Jiddu Krishnamurti e Annie Besant, 1926

O Núcleo Familiar

Arthur H. Nethercot lecionava na Nothernwestern University, nos Estados Unidos, quando, em suas próprias palavras, tornou-se "vítima de uma grande curiosidade sobre a dra. Besant, como preferia ela ser chamada em seus últimos anos de vida".

A história começou com o interesse do professor pelo dramaturgo George Bernard Shaw, sobre o qual ele escreveu um livro intitulado *Men and supermen: the shavian portrait gallery*. Foi durante as pesquisas empreendidas para escrever esse livro que Nethercot teve sua curiosidade solicitada para a impressionante figura de Annie Besant, amiga de Shaw. Concluída a obra sobre este, Nethercot entendeu que não poderia haver melhor tema para uma biografia "do que a incrível Annie, da qual qualquer das suas nove vidas seria suficiente para uma pessoa mais normal".

Mal sabia ele, àquela altura, do vulto do projeto que tinha nas mãos. Somente oito anos após, ao recapitular a aventura, ele poderia dizer que as pesquisas acerca da sua biografada o levaram a uma volta pelo mundo, sem contar as viagens nos próprios Estados Unidos. Foram seis meses na Inglaterra e na Alemanha, em 1954, e quase um ano no Oriente, especialmente na Índia e no Cashimir, entre 1956-1957. Não foram suficientes para uma pesquisa na Austrália os recursos e facilidades postos à sua disposição pela sua universidade – que lhe concedeu seis meses de licença – e pela Fundação Fulbright, que patrocinou sua estada no Oriente.

O prof. Nethercot conversou demoradamente com gente que conhecera Annie Besant, recolheu um enorme acervo de livros, documentos, fotos, depoimentos e informações. De posse desse valioso material, escreveu aquilo que podemos considerar a biografia definitiva de "uma das mais extraordinárias mulheres que jamais tenha vivido", exalta ele, ainda no prefácio. Não sei se, ao explicitar seu entusiasmo por Annie, ele estaria se lembrando de Hipácia. Provavelmente, sim.

O primeiro volume de sua obra tem o *copyright* da Universidade de Chicago (1960), foi lançado na Inglaterra, em 1961, pela Rupert Hart-Davis, de Londres, e cuida das cinco primeiras vidas de Annie Besant, como diz o título. São elas: 1. a esposa cristã; 2. a mãe ateia; 3. a mártir da ciência; 4. a agitadora social trabalhista e 5. a discípula dos *mahatmas*. As quatro vidas subsequentes (as últimas) ficaram para o segundo volume, publicado em 1963.

Antes de mergulharmos na volumosa e competente obra do professor Nethercot, julgo conveniente esclarecer que a pronúncia do sobrenome de Annie é praticamente opcional, dado que, segundo o biógrafo, a própria família adotava uma das três entonações à escolha: *Bésan*, com a tônica na primeira sílaba, *Besán*, como diziam alguns, ou *Bísan*, como outros preferiam. Trata-se, contudo, de antiga família britânica, rastreada, pelo menos, até o século XII. O sobrenome de solteira de Annie era Wood. Ao casar-se, em dezembro de 1867, aos vinte anos, ela adotou o sobrenome do marido, reverendo Frank Besant, que nunca lhe concederia o divórcio.

Em 1885, antes de completar quarenta anos de idade – informa Nethercot (p. 13) – Annie Besant:

> [...] tornara-se conhecida em todos os países de língua inglesa e por muita gente no continente (europeu), como uma das mulheres mais notáveis de seu tempo.

Aliara-se a Charles Bradlaugh, vigoroso pensador, veemente orador e dinâmico homem de ação, com o qual tinha muito em comum, nos ideais de reformulação político-social, educacional e religiosa. Era livre-pensadora, materialista, ateia, agitadora social, feminista, socialista, professora de ciências, escritora, editora e jornalista. Dotada de grande coragem física e intelectual, desafiou a super-conservadora sociedade de seu tempo patrocinando campanhas 'escandalosas', como a do controle da natalidade, e 'perigosas', como a fomentação de greves operárias como instrumento de pressão por mais humanas condições de trabalho, especialmente contra o regime de semiescravidão a que eram submetidas meninas e adolescentes nas indústrias da época.

Sabia usar como poucos sua carismática presença nas tribunas, onde quer que falasse em público. Seu poder verbal – escreve Nethercot – "era tão convincente e seu charme tão poderoso, que Shaw foi apenas um entre milhares a exaltá-la como a maior oradora do século".

"Em 1º de outubro de 1847" – escreveu ela na sua autobiografia – "dei entrada neste 'vale de lágrimas'". Na versão revista desse mesmo texto, a notícia de seu nascimento e primeiros anos de vida, constam de um capítulo cujo título foi inspirado numa linha do poema *Baby*, de George Macdonald, que assim diz: *"Out of everywhere into the here"*, algo assim como "De toda parte ao aqui". Intuitivamente, portanto, sabia que vinha de algum lugar na dimensão espiritual para as canseiras, as lutas e as limitações de mais uma difícil existência – nove, na opinião de seu biógrafo – no 'vale de lágrimas'.

"... três quartos do meu sangue" – dizia, ainda – "e todo o meu coração são irlandeses". Queria dizer com isso, que dos seus quatro avós, os paternos e os maternos, três eram da Irlanda. O sobrenome Morris, de sua mãe, segundo ela, era uma variante de Maurice, recuava a cinco séculos atrás e ligava sua árvore genealógica a "sete reis franceses". Descobriria, mais tarde, que muitas vezes se reencarnara no passado, em famílias reais.

Sua mãe, Emily Roche Morris – seria o Roche também de origem francesa? –, uma jovem irlandesa de cabelos negros e olhos cinzentos, casou-se com William Burton Persee Wood, do ramo menos afortunado da respeitável família Wood. Formou-se em medicina, ainda em Dublin, e chegou a trabalhar como interno nos hospitais, mas antes de se estabelecer na profissão, foi para Londres, a convite de um tio seu, Matthew Wood, muito bem-sucedido, primeiro no comércio e, posteriormente, na política. Tio Matthew construiu esta carreira paralela, galgando sucessivos degraus, em cargos que iam do que no Brasil se conhece como vereador, até xerife e duas vezes prefeito da cidade, em 1815 e 1816. De 1817 até a morte, em 1843, seria representante da cidade no parlamento.

Era, portanto, cidadão dinâmico e de grande prestígio. Pagou de seu próprio bolso as dívidas do duque de Kent para que ele pudesse regressar à Inglaterra com a duquesa, a fim de que o herdeiro do trono nascesse dignamente, em território britânico. Foi uma herdeira, nascida a 24 de maio de 1819. Deram-lhe o nome de Victoria. Subiu ao trono aos dezoito anos e governou a Inglaterra com sabedoria e competência, até morrer, em janeiro de 1901, aos 82 anos de idade.

Pelo seu gesto de liberalidade e patriotismo, Matthew Wood, futuro tio-avô de Annie, foi recompensado com um modesto título de barão. De seus três filhos, um tornou-se clérigo, outro, advogado de grande sucesso, que chegou ao elevado posto de *lord chancellor* e o terceiro, um bem-sucedido empresário e membro do parlamento.

William Wood, pai de Annie, manteve, em Londres, seu interesse pela medicina e pela cirurgia, mas, no dizer de Nethercot, era um sujeito "versátil e volátil demais para se fixar em algo muito estável" (p. 15). Annie falaria mais tarde, de seus muitos talentos, descrevendo-o como matemático e erudito conhecedor dos clássicos, tanto quanto dotado de verdadeiro gênio linguístico. Dominava perfeitamente francês, alemão, italiano, espanhol e até português, além de umas tinturas de hebraico e gaélico. Como convicto cético, frequentemente escandalizava a mulher e a irmã, católicas praticantes, com suas irreverências. Embora discordando dele e preocupada com suas brincadeiras em torno da religião de sua escolha, a sra. Wood acabou se deixando influenciar por algumas de suas ideias, pondo em dúvida a doutrina da punição eterna, a salvação pelo sangue do Cristo, a infalibilidade da Bíblia e a Trindade Divina. Gostava, contudo, das reverências ritualísticas, da música solene, da beleza arquitetônica das igrejas. Era um prazer para ela assistir às cerimônias religiosas na majestosa abadia de Westminster.

A despeito das aparentes divergências, o casal vivia em clima afetuoso. Tiveram três filhos, dois meninos e Annie no meio. A casa do avô Morris ficava do outro lado da cidade e era um segundo lar para toda a família, especialmente para Annie e o irmão Henry, que, curiosamente, era chamado de Harry. Vovô Morris desenvolvia numa pequena oficina doméstica suas constantes invenções, que, aliás, nunca lhe proporcionaram qualquer rendimento – pelo contrário, só prejuízos –, embora aproveitadas por outrem. Era um velho alegre, cantava as tradicionais canções de seu repertório e contava histórias da sua mocidade em Dublin.

As famílias, de ambos os lados, eram grandes. Dos sete tios e tias de Annie, três solteironas viviam com os pais. Os dois homens eram casados e viviam na Índia, uma das moças, em Constantinopla e outra, a mais jovem, dizia-se, misteriosamente, estar "muito afastada do lar", sem maiores explicações.

A preferida de Annie era a tia Bessie, a mais velha. Era uma mulher de rígidos princípios em luta permanente contra a escassez de dinheiro. Tornou-se noiva de um jovem clérigo, mas acabou descobrindo que um dos sermões pregados por ele fora plagiado do texto de outro sacerdote. Foi o bastante para que tia Bessie desfizesse o noivado, permanecendo solteira o resto da vida. As outras duas, mais novas, eram alegres e adoravam brincar com Annie. Minnie tocava piano e ganhava, com grande sacrifício, uma ridícula remuneração. Marion era a terceira, a irmã predileta da mãe de Annie. Fazia o tipo doce, bonitinha, quieta, amável. Foi fiel à Annie o tempo todo, mesmo nas tribulações e na decepção que lhe devem ter causado o ateísmo e as extravagantes ideias da sobrinha.

De repente, a tragédia desabou sobre a tranquila família. Ao participar da autópsia de uma pessoa que morrera de tuberculose, o dr. Wood feriu um dedo da mão no osso externo do cadáver. Como o ferimento não cicatrizava, um dos colegas médicos sugeriu a amputação, mas outro, mais otimista, achou que era melhor aguardar um pouco. Em agosto, o dr. Wood apanhou um resfriado, ao voltar para casa na parte superior do ônibus, em dia de chuva. Chamaram um médico, considerado bom profissional, mas de uma rudeza incrível. Ele examinou Wood e foi logo dizendo que o colega tinha uma tuberculose galopante e que estaria morto dentro de seis semanas. A sra. Wood desmaiou, mas em meia hora recuperou-se para dedicar-se inteiramente ao marido doente. Daí em diante, não o deixaria sozinho por mais de dez minutos, dia e noite, até o princípio de outubro, quando ele morreu, como previra o desastrado colega.

Nos últimos momentos, bem-intencionados parentes introduziram um sacerdote católico no quarto do doente, na esperança de salvar-lhe a alma, ainda a tempo. O moribundo reagiu energicamente, no que teve o decidido apoio da esposa, e o padre teve de retirar-se na hora. Annie estava com os avós Morris e foi trazida para despedir-se de 'papa'. Ficou muito assustada com a sua aparência; os olhos pareciam maiores e a voz estava diferente. O doente lhe pedia para ser boazinha para mamãe porque papai estava indo embora. Annie ainda insistiu com ele para que beijasse a boneca que lhe havia dado três dias antes, no seu quinto aniversário. Tiraram-na do quarto à força, enquanto ela chorava desesperadamente. Era o seu primeiro encontro com a morte.

Emily Wood, deixou de ser a esposa feliz para ser a inconsolável mãe-viúva. Teve uma forte crise de depressão, trancou-se no quarto durante toda a noite. Ao abrir a porta, na manhã seguinte, causou verdadeiro espanto. "Meu Deus, Emily" – disse-lhe a mãe –, "seus cabelos estão brancos!"

A família achou que ela não deveria ir ao enterro do marido. Annie e as tias sentaram-se com a mãe num aposento do segundo piso. Annie não se esqueceria jamais da pálida face de sua mãe, os cabelos brancos e os olhos vagos. Recostada num sofá, Emily parecia acompanhar mentalmente o féretro, rumo ao cemitério. No momento que lhe pareceu adequado, abriu o livro de preces e seguiu toda a cerimônia, como se lá estivesse presente. De repente declarou: "Está tudo terminado!" e desmaiou.

Aí aconteceu o imprevisto. Dias depois, desejou visitar a sepultura do marido. Um parente que comparecera ao enterro ofereceu-se para acompanhá-la, dado que ela nunca fora ao cemitério de Kensal Green. Mas acabaram se perdendo no emaranhado de túmulos. Emily Wood pediu que a levassem à capela, onde foi realizada a cerimônia religiosa, que, de lá, ela saberia localizar o túmulo do marido.

Para não contrariá-la inutilmente, foi o que fizeram. Dali ela seguiu por um caminho que só ela parecia ver. Em poucos minutos, estava diante da sepultura, identificada apenas por um tosco marco de madeira, no qual se havia inscrito um número de controle. Era ali que o corpo de seu marido havia sido enterrado.

Sua explicação era simples. Ela estivera presente, em espírito, à cerimônia religiosa e caminhara atrás do caixão, até o local marcado para o sepultamento.

Mais tarde, quando lhe contaram o episódio, Annie disse que se tratava de "um curioso problema psicológico que sempre a havia intrigado" e o atribuiu a "um estado de anormal excitação nervosa" de sua mãe, suscitado por "fortes componentes de superstição céltica", que prevaleciam nela. Somente oito anos depois dessa avaliação, digamos "científica e racional", a verdadeira explicação ocorreria à mais bem informada Annie, que escreveu:

> Com o conhecimento que tenho hoje..., sei que a consciência pode deixar o corpo, participar de eventos que ocorrem à distância e, ao retornar, registrar no cérebro físico o que experimentou.

Eu apenas substituiria 'consciência' por 'espírito'.

Os "componentes da superstição céltica", no entanto, continuaram a funcionar na sra. Wood. Meses após a morte do marido, Alfred, três anos mais novo que Annie, uma criança frágil, olhos azuis, cabelos louro-pálidos e apaixonadamente devotado ao pai, começou a choramingar por ele. Durante o inverno desvitalizara-se a olhos vistos. Annie até suspeitaria de que ele houvesse adquirido a fatal tuberculose do pai, mas não era esse o problema. Uma daquelas noites frias, Emily passou-a inteirinha com a criança ao colo. Pela manhã, informou calmamente à irmã que Alf ia morrer. A irmã, desejosa de dispersar o pessimismo, tentou convencê-la de que a primavera, que se avizinhava, restituiria a saúde ao menino.

> Não – retrucou Emily com firmeza. Ele estava dormindo em meus braços esta noite, quando William veio e me disse que queria Alf com ele, mas que eu podia ficar com os outros dois.

A família tentou dissuadi-la, dizendo que ela apenas sonhara, mas ela manteve sua história. Em março do ano seguinte, Alf morreu.

Educação e Instrução

A não ser uma pequena importância em dinheiro para as despesas do dia-a-dia, William Wood nada deixou para a família. Emily, mulher corajosa e decidida, com dois filhos para criar e educar, mudou-se para um bairro ainda mais pobre, onde pudessem ficar nas proximidades da residência de seus pais e suas irmãs.
Western Wood e *sir* William Page Wood, primos ricos, ofereceram-se para tomar conta de Henry, educá-lo para introduzi-lo posteriormente nos negócios da família. Emily recusou gentilmente, mas com firmeza. Ela preferia que Henry fosse encaminhando para a vida religiosa, mas o pai sempre desejou que ele se tornasse advogado, desejo que reiterou ao morrer. O plano de Emily era colocar o menino em Harrow, que oferecia condições especiais de preço para os 'meninos da cidade'. Para isso, portanto, seria necessário mudar-se para lá, com vistas a um futuro encaminhamento de Henry para Oxford ou Cambridge.
Emily alugou uns cômodos em cima de uma mercearia e logo encontrou uma família disposta a pagar-lhe pensão para que tomasse conta de um menino. Com esse dinheiro ela pôde pagar um professor que preparasse Henry para admissão ao colégio. Ela pretendia, logo que possível, alugar uma casa mais ampla, onde pudesse receber número maior de pensionistas, a fim de sustentar sua própria família.
O dr. Vaughan, diretor da escola, não só concordou com o plano, como ele e a esposa colaboraram para que tudo fosse arranjado. A única condição consistia em que um dos monitores do colégio também residisse na pensão, a fim de controlar as horas de estudo e a disciplina.

Conseguiram, no alto de uma elevação, uma velha casa que havia sido um presbitério. Em breve, Annie estaria perfeitamente adaptada ao seu novo lar, cercado por um amplo terreno coberto de flores e árvores frutíferas, onde cantavam pássaros. Mudaram-se para lá no dia em que Annie fez oito anos. Ela consideraria o velho presbitério como seu lar pelos próximos onze anos, mesmo depois que Henry – excelente aluno – foi para Cambridge, graças a uma bolsa de estudos. Tornar-se-ia um jurista respeitável e bem-sucedido.

Na realidade, ela viveria ali esporadicamente, em vista do inesperado rumo que tomaria sua vida. É que, pouco depois de se haverem instalado em Harrow Hill, Annie foi visitar uma de suas vizinhas. Lá chegando, foi apresentada a Ellen Marryat, jovem senhora portadora de uma deficiência física, e dotada de uma expressão determinada – "*a strong face*", como diria Annie mais tarde. A moça era irmã mais nova – e a preferida – do famoso capitão Frederick Marryat, da Marinha Real, autor muito popular de histórias de aventuras, lidas avidamente pela garotada, especialmente meninos. Os últimos meses de vida do irmão – bem mais velho – ela passou ao lado dele, ajudando Augusta e a criada a tratarem dele.

• • •

Florence Marryat (1837-1899), filha de Frederick, e, portanto, sobrinha de Ellen, é considerada uma das maiores escritoras do século XIX. Dirigiu o jornal *London Society*, escreveu peças de teatro, produziu e representou pessoalmente, como atriz, algumas delas, viajou pela Inglaterra e pelos Estados Unidos, fazendo conferências. Escreveu centenas de contos, quase oitenta romances, muitos dos quais de grande sucesso. Apesar de católica, três de seus livros de não-ficção cuidam de espiritismo, ou melhor, do espiritualismo britânico, especialmente voltados para os aspectos experimentais da mediunidade. Convencida da realidade espiritual, mas, paradoxalmente, disposta a continuar sendo católica, acabou conseguindo autorização especial da Igreja para frequentar sessões mediúnicas. Tenho dela o livro *There is no death* (A morte não existe), no qual relata numerosas experiências suas com os grandes médiuns de seu tempo.

• • •

Ellen, dotada de verdadeiro 'gênio para ensinar', não tinha a quem dedicar 'seu insatisfeito instinto maternal', pois não se casara. Por algum tempo cuidou das sobrinhas, na residência de sua mãe. Após a morte da mãe, ofereceu-se para tomar conta de Amy, uma das muitas sobrinhas, filhas de outro irmão seu. Para fazer companhia a Amy, assumiu a educação do pequeno Walter Powys, filho de um clérigo, que também possuía numerosa família.

Quando ficou conhecendo Annie Wood, em 1855, com oito anos, ela achou que a menina seria uma excelente companhia para a sua Amy. Propôs imediatamente à sra. Wood tomar conta de Annie, assumindo a responsabilidade pela sua educação, com permissão para passar as férias em casa. A princípio, Emily não queria nem ouvir a proposta, mas, reconsiderando melhor as coisas e as perspectivas que se abriam para Annie, resolveu concordar.

Assim, Annie Wood foi morar em Fern Hill, perto de Charmouth, Dorsetshire, na bela mansão da 'titia', como Ellen preferia ser chamada. Viveriam ali durante cinco anos, enquanto o grupo crescia de tempos em tempos, com a chegada de novos protegidos.

Ellen Marryat era uma pessoa generosa e culta. Visitava os pobres da região, mandava os melhores petiscos de sua mesa para os doentes e arranjava emprego para os que dele precisassem. Na sua curiosa escola particular, lecionava todas as matérias, exceto música, para a qual contratou uma professora especializada. Seus métodos eram bastante avançados para a época. Os alunos deveriam aprender línguas fazendo exercícios e não decorando regras gramaticais. Eram solicitados a escrever pequenas composições e cartas de uns para outros, contando suas próprias experiências ou impressões sobre algum livro lido. A 'tia' lia e comentava os textos em aula, explicando os erros porventura cometidos e sugerindo melhorias na redação. Em francês e alemão, a meta era ler, falar e entender. Havia competições destinadas a desenvolver o vocabulário. Nas aulas de história, um dos alunos lia os textos, enquanto os outros se empenhavam em trabalhos manuais. Em geografia, ela mandava traçar o perfil de mapas das grandes regiões, nas quais os alunos deveriam enquadrar recortes de territórios dos respectivos países.

Por mais progressista que fosse nas suas técnicas de ensino, no entanto, Ellen Maryatt revelou-se extremamente conservadora no ensino religioso. Nethercot diz que ela era "a evangélica dos evangélicos" (p. 24). Depois de dar aulas de religião por algum tempo, aos domingos, passou o encargo aos próprios alunos, que deveriam discorrer para os outros sobre textos escolhidos da Bíblia. Annie Wood destacava-se nessa matéria. Confessaria, mais tarde, que não fora por zelo religioso, como todos pensavam dela, mas porque queria, por vaidade, brilhar entre os demais, decorando longos textos do Antigo e do Novo Testamento, como a Epístola de Tiago. Admitiria, porém, que o rigor daquela didática algo calvinista, contribuiria para suscitar nela um interesse um tanto mórbido pelo martírio dos primitivos cristãos. Via-se, ela própria, nos seus sonhos acordados, sendo julgada por juízes romanos ou questionada por inquisidores dominicanos, atirada aos leões, torturada, ou queimada viva, por causa de sua fé.

Tanto quanto se pode especular, tais visões introspectivas mais se assemelham a regressões espontâneas ao seu passado espiritual e não a produtos de uma imaginação excitada. De juízes romanos, não ficamos sabendo, mas que ela fora interrogada por inquisidores dominicanos e queimada viva, isso realmente lhe aconteceu na existência como Giordano Bruno. Fora também esquartejada e incinerada como Hipácia, não tanto pela sua fé, como pensava, mas pela ausência de fé ou por uma 'errada' modalidade de fé.

Em 1861, o grupo sob a guarda de Ellen Marryat passara por importantes alterações. Saíra Walter Powys, e Amy Marryat, a sobrinha, voltara para casa, após a morte de sua mãe e fora substituída por uma menina chamada Emma Mann. Ocorreu, nessa época, necessidade de levar um menino – Frederick, que havia sido adotado legalmente – para ser operado em Dusseldorf, na Alemanha. Ellen obteve da sra. Wood permissão para levar também Annie com o grupo.

A perspectiva de uma permanência mais longa na Alemanha e uma passagem por Paris levaram as meninas a praticar mais intensamente o francês e o alemão. O que não as livrou de se sentirem algo confusas, quando se viram, subitamente, pressionadas pela necessidade de entender e se fazerem entendidas nessas línguas. Nethercot informa que Annie não conservaria mais tarde senão a capacidade de ler e escrever alemão, sem, no entanto, falar com desembaraço. Quanto ao francês, ela o dominou perfeitamente durante toda a sua vida.

Houve, em Bonn, onde ficaram por mais tempo, um esboço de namoro entre as duas meninas da 'tia' e o marquês de Douglas e *lord*

Charles, filhos do duque de Hamilton, que lá estudavam sob a atenta supervisão de um professor particular. Ellen Marryat, sempre desconfiada dos representantes da 'seita masculina', vigiava severamente suas pupilas. Ante a insistência dos dois nobres ingleses, mudou-se com as meninas para o pensionato de um colégio, o que de pouco serviu. As duas inglesinhas passaram a ser assediadas por estudantes alemães da vizinha universidade, onde quer que fossem vistas, com o que se divertiam a valer. Quem não gostava nada daquilo era a 'tia' solteirona, para a qual os rapazes eram sempre lobos famintos e as meninas, pobres e inocentes cordeirinhas em perigo.

Ao cabo de três meses daquele jogo de gato e rato, *miss* Marryat devolveu as duas jovens à Inglaterra, onde permaneceriam por dois meses, para 'esfriar a cabeça'. Decorrido esse tempo, chamou-as de volta, desta vez a Paris. Provavelmene não temia tanto pelos 'lobos' franceses como pelos alemães. Na França, as duas viveram cerca de sete meses, em felicidade total, embora sujeitas ao mesmo regime de trabalho e estudo. Percorriam o Louvre, as igrejas, passeavam pelos Champs Elisées e o Bois de Boulogne, os jardins das Tulherias e assistiam ao pomposo desfilar da família real.

Foi em Paris que Annie recebeu, profundamente emocionada, o sacramento da confirmação, ministrado pelo bispo de Ohio, que visitava a cidade. Emily Wood chegou até a deixar seus meninos por alguns dias para vir a Paris, assistir à primeira comunhão de Annie, encantada com todo aquele cerimonial, os ritos, a música e o místico *décor* das belas igrejas parisienses. Iniciava-se, para ela, um período de intenso misticismo.

AS ANGUSTIANTES
"REALIDADES DO CASAMENTO"

Foi justa a fama de boa educadora atribuída a Ellen Marryat. Annie tinha tudo para ser uma mulher extraordinária, mas muito do que ela seria deveu-se à primorosa formação recebida da 'tia', mesmo porque a educação universitária para mulheres era uma das coisas impensáveis para a época.

No inverno de 1862-1863, *miss* Marryat mudou-se para Londres. Annie continuou com ela, aperfeiçoando seu conhecimento de francês com *monsieur* Roche. Já há algum tempo, a mestra vinha treinando as meninas para se tornarem menos dependentes dela, preparando-se para a transição da escola para o mundo, 'lá fora'. Quando Annie queixou-se de que ela não a estava mais ensinando como antes, ela respondeu com firmeza e bom senso que não poderia contar com a "tia, como muleta pela vida toda". Foi assim que, na primavera de 1863, quase que imperceptivelmente, começou a separação. Annie voltou para a casa da mãe, em Harrow, mas ainda vinha a Londres, uma vez por semana, para as aulas de francês. Concluída essa fase, *miss* Marryat disse-lhe que, dali em diante, ela deveria "experimentar suas próprias asas", como diz Nethercot (p. 29). A inestimável tarefa missionária da 'tia' chegara a termo. Curiosamente, Annie jamais se referiria a *miss* Marryat, que, no entanto, viveria até os 91 anos de idade. Deve ter acompanhado à distância "a impetuosa carreira de sua pupila, com um misto de orgulho e apreensão", segundo Nethercot.

O relacionamento de Annie com a mãe era excelente. Entendiam-se bem, gostavam ambas de música erudita – Bach e Beethoven eram os prediletos de Emily – e Annie tornou-se exímia pianista, disputada para os saraus pela redondeza.

Um retrato dessa época mostra-a, aos dezesseis anos, bonita, esbelta, rosto sério e inteligente. Gostava de esporte, tanto quanto permitido às mocinhas da época. Deixara de subir em árvores e de jogar *cricket*, como na infância. Preferia, agora, o arco e flexa – com os quais ganhou seu primeiro anel, numa competição – e, principalmente, cavalgar, o que faria com grande competência durante o resto de sua vida. Começou também a frequentar os bailes. Acima de tudo, porém, era atraída pelos livros. Entre suas primeiras leituras, figurou nada menos que o *Paraíso perdido*, de Milton, no qual sua personagem predileta foi Satanás. Após os sete anos, com *miss* Marryat, seu gosto refinou-se e ampliou-se, abrangendo não apenas literatura, como filosofia e teologia. Adorou Platão, embora queixando-se dos intermináveis interrogatórios de Sócrates. Deleitou-se com a *Ilíada* e com o *Inferno*, de Dante, ambos em traduções inglesas.

Não demonstrava grande entusiasmo pela ficção, mesmo porque os romances não se recomendavam a uma jovem de sua condição. Sua mãe entendia que "recato era sinônimo virtual de ignorância", o que se revelaria, em breve, desastroso para Annie.

Em teologia, suas leituras foram surpreendentes para uma menina de sua idade, a buscar informações nas fontes primitivas do cristianismo – o pastor Hermas, as epístolas de Policarpo, Barnabé, Inácio e Clemente, bem como os comentários de Crisóstomos e as *Confissões*, de Agostinho. Lembrar-se-ia, bem mais tarde na vida, do que lera em Orígenes, considerado por ela "o grande gnóstico da Igreja Primitiva", e que havia chamado sua atenção para os ensinamentos secretos que Jesus transmitira, em separado, a alguns de seus discípulos.

Viveu, por essa época, um período de misticismo. Jejuava, mergulhava em extáticas meditações e até experimentava, ocasionalmente, alguma flagelação. Desejava estar preparada para suportar sofrimento físico, caso fosse escolhida para o martírio, uma das constantes de seu pensamento.

> Era como se estivesse revivendo alguma vida passada – escreve Nethercot (p. 31) –, na qual tenha tido experiências dessa ordem. A mola mestra de toda a sua existência – continua seu biógrafo – sempre foi o desejo de sacrificar-se por uma causa.

Muitas causas esperavam por Annie em sua longa existência. O martírio não seria físico, e sim produzido por intensas tribulações, nem por isso menos dolorosas. A primeira delas estava para eclodir. A família Morris costumava reunir-se na casa dos avós, por ocasião da Páscoa e do Natal. Annie completara há pouco dezoito anos, quando foi com a mãe passar o Natal de 1865 com os Morris, na Albert *Square* (praça Albert). Uma pequena e modesta capela começara a instalar-se na zona pobre, no distrito de Clapham. Tia Minnie interessou-se em colaborar com o simpático reverendo Hoare e Annie aderiu. Foram recebidas com grande alegria pelo pároco, e se puseram a trabalhar na decoração da modesta igrejinha. Fazia parte do grupo um jovem diácono por nome Frank Besant, recentemente graduado por Cambridge.

A princípio Annie não teve oportunidade de conhecê-lo; viu-o apenas no altar como coadjuvante do serviço religioso oficiado pelo rev. Hoare. Na Páscoa seguinte, ela e mãe vieram novamente de Harrow para as costumeiras comemorações da família Morris. Trouxeram enormes braçadas de flores, com as quais Minnie e ela enfeitaram a pequena igreja. Só então Annie foi apresentada a Frank Besant que, em breve, seria seu marido, após um curto e nada convincente namoro. Não era difícil prever-se que o casamento seria desastroso para ambos, mas especialmente traumático para Annie.

Frank Besant pertencia a uma família cujas raízes iam, pelo menos, até o século XII, segundo pesquisa que faria mais tarde. Tinha nove irmãos e irmãs e era sete anos mais velho que Annie Wood. Sempre fora um bom estudante, fizera jus a uma bolsa de estudos em matemática. Acabou lecionando essa matéria na própria escola em que estudara, em Stockwell. Disputou a cadeira com vinte e seis candidatos. Como se tratava de uma instituição dirigida por religiosos, Frank achou que seria melhor para a sua carreira que ele também se tornasse um deles. "Cheio de ambição, à sua fria maneira" – diz Nethercot (p. 33) –, "atirou-se com toda disposição aos seus novos encargos". Não se esqueceria, porém, mais tarde, de que, apesar de sacerdote, sua formação era a de matemático.

Era um indivíduo burocrático, pouco dado a demonstrações emocionais, calado e metódico. "Nunca foi um sujeito popular" – informa Nethercot (p. 34) –; "era, não apenas austero, mas penosamente tímido". Anotava, meticulosamente, tudo o que fazia, o dinheiro que recebia, o que gastava e os sermões que pregava. O primeiro deles, na igreja de São Barnabé, em Kennignton, Londres, em 11 de fevereiro de 1866, o último, de número 3180, em Sibsey, a 18 de março de 1917, pouco antes de morrer, aos 77 anos de idade.

• • •

Conto com a complacência do leitor para uma historinha pessoal. Estando em Londres, em 1977, desejei conhecer a igreja dedicada a são Barnabé. O motorista do táxi não sabia onde ela ficava, mas eu consultara previamente o mapa. Dei-lhe o endereço com justo orgulho de estrangeiro bem informado. A igreja fica numa rua tranquila e estava fechada. Toquei a campainha e me atendeu um jovem clérigo, lamentando não poder me receber naquele horário. Fiz-lhe um apelo, dizendo que era brasileiro e que estava em Londres por apenas uns poucos dias – na verdade, foram dez – e não queria, se possível, perder a oportunidade de visitar sua igreja. Gentilmente, ele cedeu. Fez-me entrar por uma porta lateral e me deixou sozinho lá dentro por todo o tempo que ali desejei permanecer. O templo estava totalmente vazio, silencioso, mergulhado numa doce penumbra. Examinei atentamente suas belezas e orei. (Como havia orado, para grande perplexidade do guia árabe, numa mesquita muçulmana no Cairo. Mas você não é cristão? – perguntou-me. Sou, mas Deus não é um só? – respondi com outra pergunta.) À saída da simpática igreja de S. Barnabé, em Londres, deixei uma nota de cinco libras na caixa coletora, agradecendo ao jovem sacerdote que apareceu para fechar a porta.

Fim da historinha.

• • •

Namoro e noivado de Annie não foram suficientemente emocionantes para interromper seus estudos teológicos, ainda mais que estava ante a perspectiva de casar-se com um religioso. Com inequívoca dose de romantismo, antecipava suas atividades sociais de esposa de um clérigo. Suas leituras, no entanto, seguiam rumo algo inquietante para esses projetos. Sua mente perquiridora mergulhava fundo em buscas, das quais saía, às vezes, chocada e confusa. Foi o que aconteceu, por exemplo, quando, "inocente e destemida", como acentua Nethercot (p. 34), resolveu confrontar os textos dos evangelhos, encontrando surpreendentes discordâncias. Familiarizada com certos aspectos do pensamento medieval, entendeu que as aparentes discrepâncias haviam sido colocadas deliberadamente nos textos, a fim de se experimentar a fé de cada leitor. Sentiu-se, por enquanto, satisfeita, mas a dúvida, no dizer do seu biógrafo, "não estava morta, apenas em estado de suspensa animação" (p. 35).

Durante umas férias de verão, em St. Leonard, no Sussex, Frank Besant apareceu para ver os Morris, ou melhor, sua Morris preferida. Eram os únicos jovens do grupo e, naturalmente, passearam, cavalgaram e conversaram bastante. Quando faltava cerca de uma hora para tomar a condução de volta a Londres, Frank pediu-a em casamento, à sua maneira fria e desajeitada, como se estivesse apenas dizendo 'até logo'. Annie ficou tão perplexa que não soube o que dizer, embora seu primeiro impulso tenha sido o de dizer não.

Durante duas semanas Annie sentiu-se péssima. Não era, decididamente, aquele o homem com o qual ela gostaria de casar-se, como confessaria mais tarde. Deixou-se arrastar ao desastroso casamento, inibida por "pura fraqueza e receio de magoar".

Foi nesse cenário que começou o ano de 1867. Annie completaria vinte anos e o casamento foi marcado para dezembro. Já um tanto idosa e cansada, Emily Wood decidiu que era hora de encerrar a luta pela vida em Harrow. Fechou o pensionato e mudou-se para Londres. O filho Henry concluíra os estudos no colégio local e se transferira para Cambridge. Não havia mais razão para continuar ali.

Foi, na dimensão menor de suas justas ambições, uma mulher vitoriosa. Conseguira acumular recursos suficientes para garantir os estudos do filho na faculdade e ainda sobrou para comprar uma casa em Londres. Mesmo aí, contudo, funcionava seu reconhecido bom senso. Passaram a viver na casa durante a maior parte do ano, mas deixavam-na alugada pelas temporadas favoráveis, com o que conseguia alguma renda adicional.

Ainda no verão daquele ano, antes, portanto, do casamento, Annie se viu emocionalmente envolvida no lamentável conflito irlandeses *versus* ingleses. William Prowting Roberts, amigo da família e advogado de forte personalidade, fizera-se defensor dos direitos dos trabalhadores irlandeses. Era detestado pelas classes dominantes inglesas e um semideus para os oprimidos. Roberts era um bom argumentador e Annie estava, por assim dizer, predisposta a aderir à sua causa. Diria mais tarde, que Roberts fora seu "primeiro tutor em radicalismo". Ela, por sua vez, seria boa discípula.

Aconteceu, então, uma tragédia. Dois emissários irlandeses, um coronel e um capitão, vieram secretamente à Inglaterra para conseguir apoio e fundos para a causa irlandesa. Foram presos e levados a julgamento. Em 18 de setembro, quando a polícia os levava de volta à prisão, um grupo de simpatizantes pelo drama vivido pelos irlandeses resolveu libertar os prisioneiros. Gritaram para que o guarda abrisse a porta do carro em que eles estavam sendo transportados. Ante a recusa do guarda, um manifestante mais exaltado deu um tiro na fechadura da condução e atingiu mortalmente o guarda, que estava olhando pelo buraco da chave. Os prisioneiros foram retirados em segurança e cinco pessoas ficaram detidas, inclusive um jovem de apenas 17 anos de idade.

A despeito da corajosa e veemente defesa de Roberts, foram condenados à morte. Dois deles seriam posteriormente liberados, mas o rapaz e outros dois foram enforcados num clima de exaltação e ódio que os prejulgara, sem a menor chance. Durante o julgamento, presidido pelo severíssimo juiz Blackburn, o 'juiz da forca', a jovem namorada do rapaz ajoelhou-se no meio da multidão e gritou, desesperada: "Salvem meu William!"

O impacto daquelas cenas nunca mais se apagariam da memória de Annie. Parece que ali mesmo, desde aquele momento, ela comprou a briga pelo que hoje se chamaria direitos humanos. Diria que, se aqueles infelizes idealistas tivessem lutando por uma causa semelhante, na Itália, por exemplo, a Inglaterra os teria tratado de modo honroso e, provavelmente, até ajudado, mas como eram irlandeses rebeldes, mandou matá-los.

Como assinala Nethercot (p. 40), o lamentável episódio não constituiu preparação adequada ao casamento de Annie, que ainda há pouco, em outubro, completara vinte anos de idade.

As duras "realidades do casamento" – como diria ela mais tarde – causariam outro inesperado e traumatizante impacto. Como a maioria das jovens inglesas da época, Annie casou-se tão inocente das tais 'realidades', como se tivesse apenas quatro anos. A iniciação sexual ficava a inteiro critério (ou falta de) do marido, que, no caso, como assinala Nethercot, era também inexperiente.

> Muitos casamentos infelizes – escreveria Annie mais tarde – reportam-se àqueles primeiros momentos, marcados por terríveis choques ao pudor e ao orgulho de uma jovem sensível, ao seu desamparo, atordoamento e temor.

Sem procurar justificar o desastrado marido, Nethercot lembra sua falta de experiência, mas comenta que ele "não compreendeu o caráter e as emoções da jovem que prometera amar e tratar com carinho até que a morte os separasse" (p. 40).

A separação não esperaria pela morte.

Separação

O casamento de Annie com o reverendo Besant dificilmente poderia ter dado certo. As diferenças entre ambos eram muitas e acentuadas, praticamente nada tinham em comum. Annie não fazia o tipo da devotada esposa de um clérigo, dedicada às atividades domésticas, colaborando com o marido nas tarefas paroquiais, frequentando assiduamente os cultos. O modelo sócio-religioso tradicional desenhara para ela um comportamento padrão sem vacilações e sem espaços para desvios. A desconfortável situação poderia ter sido tolerada se existisse entre eles, de parte a parte, um sólido vínculo de amor, o que não acontecia.

Frank Besant não se mostrava nada disposto a andar parte do caminho, a fim de tentarem um encontro em algum ponto intermediário, onde um consenso fosse negociado para garantir um mínimo de convivência suportável. Vivia-se numa sociedade paternalista. A jovem passava da autoridade indiscutível do pai para a não menos severa do marido. Frank estava bem consciente do que entendia como sua autoridade e seus direitos de "proprietário", como diria Annie, para exigir dela a submissão devida. Era detalhista, metódico, zangava-se com facilidade e mostrava-se difícil de ser apaziguado. Ela, por seu turno, era impulsiva, orgulhosa, temperamental, nada doméstica e reservada, segundo avaliação de Nethercot. Além disso, excessivamente recatada. A brutalidade da noite de núpcias nunca lhe sairia da lembrança.

Sempre que possível, procurava refúgio nos livros, seus velhos amigos. Começou a escrever. Planejou uma obra sobre os "santos de letra preta", aqueles aos quais a Igreja não concedia o privilégio do destaque em letra vermelha no calendário. Ou seja, santos de segunda ou terceira ordem. Escreveu-a, mas não foi aceita para publicação. Passou a escrever para jornais e revistas. Pelo primeiro conto aceito, mandaram-lhe um cheque de trinta xelins, cerca de uma libra e meia. A exultação de Annie durou pouco. Antes que pudesse explicar o que pretendia fazer com o dinheiro, o todo-poderoso marido pegou o cheque, declarando que, segundo a lei inglesa, qualquer importância ganha pela esposa pertencia ao marido.

Ela continuou escrevendo. Outra história sua foi recusada sob a alegação de que o texto era "político demais". A essa altura, Annie começava a revelar nos seus escritos a influência que o amigo Roberts deixara na sua formação cultural.

Em 16 de janeiro de 1869, com pouco mais de um ano de casada, Annie teve o primeiro filho, registrado como Arthur Digby Besant, certamente por escolha do pai. Meticuloso como sempre, o reverendo documentou o evento, à sua maneira seca e telegráfica: "2 da manhã, fui chamar o dr. W. 9:10 a criança nasceu. 10:00 dr. W. foi embora". O registro do batizado, em 28 de fevereiro, não foi mais prolixo. Dizia assim: "St. Philip & St. James, Chelt (nome da igreja e local). Durante as cerimônias da tarde, batismo de Arthur Digby Besant e duas outras crianças." E um comentário sucinto: "*No fee.*" Fico sem saber se ele quis dizer que nada ganhou com os batismos daquele dia ou se apenas pretendeu deixar registrado que nada ganhou pelo batismo de seu filho.

Em 28 de agosto do ano seguinte (1870), nasceu (prematura) Mabel, criança frágil, que somente conseguiu sobreviver às crises das vias respiratórias – coqueluche e bronquite – graças à tenaz dedicação da mãe, que a manteve ao colo, numa tenda umidificada, durante várias semanas. O médico desenganou o bebê, despedindo-se numa das visitas, convencido de que não o veria mais com vida. Salvou-se, contudo. Teria, mais tarde, crises epilépticas.

O parto prematuro foi devido a um 'choque' não especificado por Annie. Nethercot imagina que tenha resultado da veemente e agressiva reação do marido à proposta de Annie no sentido de limitarem a prole. O rev. Besant deu-lhe um golpe no ombro, sugerindo-lhe que a esposa devia deixá-lo e voltar para a casa da mãe.

Não seria essa a única agressão física, além dos constantes confrontos verbais. Numa das muitas disputas, Annie, "ultrajada e desesperada", como diria depois, lembrou-se de um frasco de clorofórmio que usara para atenuar a tosse de Mabel e foi buscá-lo onde o havia escondido. Preparava-se para tomar todo o seu conteúdo, quando aconteceu o inesperado. Uma voz clara e macia lhe disse: "Ó covarde, covarde! que costumava sonhar com o martírio e não é capaz de suportar uns poucos anos de dor."

Envergonhada, Annie atirou o frasco bem longe, pela janela aberta. Pensaria outra vez em suicídio, mais tarde, como saída para uma situação difícil, mas desistiu por considerar, ainda a tempo, que seria gesto indigno de uma "alma forte".

Em paralelo com as constantes crises matrimoniais, sucediam-se as de natureza ideológica, ou, mais precisamente, religiosa, pela considerável relevância que tinham para ela, esposa de um clérigo. Por essa época, concentravam-se em quatro pontos básicos as suas dúvidas – 1. a punição eterna; 2. o sentido real do bem e do mal perante um Deus que teria criado um mundo de pecados e de misérias; 3. a natureza do resgate do ser humano através do sofrimento do Cristo e, finalmente, 4. o sentido da 'inspiração' atribuída à Bíblia.

Por algum tempo, a situação no lar foi uma espécie de 'trégua armada', mas as crises poderiam explodir a qualquer momento. Uma dessas oportunidades não tardou. Annie recorreu ao seu mais importante parente, do ramo Wood – primo de seu pai, que atingira o elevadíssimo cargo de *lord chancellor* –, com o objetivo de conseguir uma posição melhor para o marido. Pouco antes de se aposentar, *lord* Hatherley ofereceu aos Besant duas opções, uma em Northumberland, perto do castelo de Alnwick e outra na pequena cidade de Sibsey, ao sul de Lincolnshire. Sibsey foi a escolhida. Rendia 410 libras por ano e dispunha de benfeitorias agrícolas.

Frank Besant jamais se conformaria com a realidade de que devia a posição ao prestígio da mulher junto ao parente paterno. Em fevereiro de 1872, ele jurou, de punhos cerrados diante do rosto dela, que, se ela falasse mais uma vez sobre o assunto, ele a mataria.

Quando o clima entre eles se tornava insuportável, Annie pegava as crianças e viajava para ficar com a mãe, em Londres. Mas a senhora Wood também não estava bem. Seu dinheiro, economias de uma existência trabalhosa, fora consumido por um procurador desonesto. Além de perder tudo, a sra. Wood ainda ficou endividada por causa das contas que o homem deixou de pagar para ficar com o dinheiro dela.

A brava Emily Wood dependia, agora, da caridade do filho Henry, recém-formado, mas ainda com baixa renda. Passava frio na casa gelada para economizar combustível, acendendo a lareira pouco antes da chegada do filho. Ficava também sem comer, saindo, à hora das refeições, com a desculpa de dar uma volta.

Em junho de 1872, Annie escapou de novo para a casa do irmão, depois de um desses confrontos com o marido. Ele a sacudira, enquanto lhe aplicava violentos golpes com o joelho. Ela sabia da existência de uma arma carregada no seu gabinete de trabalho para qualquer emergência maior.

Deu-se, afinal, o inevitável rompimento. Foi em setembro de 1873. A jovem esposa tinha apenas vinte e seis anos e o tumultuado casamento, cerca de seis. Annie estava com as crianças em Londres, com a mãe, quando Frank Besant – instigado pelo irmão Walter – entrou pela casa adentro e fez uma cena horrorosa. Trazia um ultimato: ou Annie se submetia ao sacramento da comunhão na sua igreja, ou não poderia mais voltar para Sibsey. Annie optou pela segunda alternativa. Certo de que a irmã não cederia, Henry sugeriu ao cunhado que procurasse um advogado para cuidar da separação, já que o divórcio era inadmissível, pois nem Igreja nem estado o concederiam.

Forçado pelas circunstâncias e, provavelmente, sentindo-se em posição um tanto desfavorável, Frank Besant concordou com uma pensão de 110 libras por ano, pagável mensalmente, para a esposa e a filha. Digby ficaria com ele, em Sibsey, exceto por um mês a cada ano, que passaria com a mãe. O mesmo arranjo valia para Mabel, que passaria um mês por ano com o pai, em Sibsey. Annie somente poderia levar seus objetos de uso pessoal e os presentes que ganhara; todo o restante dos bens domésticos ficavam com o marido.

Não seria aquele o final, ainda que melancólico, de um infeliz casamento. A disputa se estenderia através dos anos. Frank acomodou-se à sua rotina de sacerdote e de antiquário e jamais concordou em liberar Annie, que teve de sair para a luta pela sobrevivência, usando o sobrenome do detestado marido. O irmão Henry tinha também algumas exigências a fazer – somente aceitaria Annie e a menina em sua casa se ela concordasse em desfazer-se de seus amigos heréticos.

Por essa altura, o aposentado *lord chancellor* estaria arrependido de ter ajudado a turbulenta sobrinha, que começava a tornar-se conhecida na Inglaterra como jovem voluntariosa, rebelde e herética. Nethercot chega a especular sobre se ele não teria até desejado que ela nunca tivesse nascido.

Annie estava livre da opressiva presença do marido, mas a sombra dele parecia segui-la de longe pelos difíceis caminhos que ela decidira percorrer. Um desses caminhos levou-a ao ateísmo convicto e declarado. O velho problema do mal assumira para ela o vulto de uma barreira que ela não via como transpor ou contornar, para chegar a uma aceitação da ideia de Deus.

Pouco antes, ainda atormentada pelas inquietações teológicas e pelos conflitos domésticos, em confessado estado de "caos mental", ficara conhecendo o reverendo Charles Voysey, mais para teísta do que para cristão anglicano. Ficou, ao mesmo tempo, surpresa e encantada por encontrar alguém que tinha dúvidas semelhantes às suas e as expressava corajosamente, em sermões que atraíam enorme quantidade de gente.

Annie lia, por essa época, sobre as religiões orientais que falavam dos avatares, reencarnados de tempos em tempos para trazerem suas mensagens renovadoras, mas ainda relutava em romper drasticamente com o modelo de cristianismo predominante. A divindade do Cristo constituía para ela, problema chave. Se ela decidisse não aceitar esse aspecto, então teria de abandonar o cristianismo ou resignar-se à hipocrisia. Não se sentia, ainda, preparada para esse tipo de ruptura.

No auge da crise, ainda casada com Frank Besant, procurou um prelado famoso e respeitado, o dr. Edward Pusey, mas o encontro a deixou ainda mais confusa. Para Pusey, ela estava blasfemando somente em pensar o que estava pensando.

> Não cabe a você estabelecer a verdade – disse-lhe. O seu dever é o de aceitar e acreditar na verdade estabelecida pela Igreja. Você se expõe ao perigo ao rejeitá-la.

A conversa foi longa e difícil. Os prelados, concluiria ela depois,

> [...] mostravam-se ternos e piedosos com o pecador arrependido, humilde e submisso; mas eram de uma rigidez férrea com os que duvidam, como o herético (p. 58).

> Você não tem direito de impor condições a Deus – disse-lhe Pusey com toda severidade.

> Ali estava [comenta Nethercot] a reencarnação dos inquisidores medievais, perfeitamente cônscios, segundo suas próprias luzes, perfeitamene rígidos e perfeitamente impiedosos.

Annie saiu dali mais confusa do que nunca. Diria, mais tarde, que a "Igreja estabelecida por lei (a anglicana) transformou-me de uma descrente numa antagonista."

Foi depois desse encontro com o dr. Pusey que, de volta a Sibsey, passou ostensivamente a recusar a eucaristia, retirando-se da igreja no momento próprio. Era um escândalo, verdadeira afronta. A comunidade não poderia aceitar uma esposa herética para o pároco e nem este estava disposto a contemporizar com uma esposa que desafiava, de modo tão insólito, tudo quanto era da essência mesma do seu trabalho religioso e de suas crenças.

Provavelmente foi por causa de queixas desse tipo que seu irmão Walter, conhecido escritor, aconselhou Frank à tomada de uma posição mais nítida, para não ficar exposto ao constrangimento de continuar casado com uma herética assumida.

Mesmo em relativa liberdade para pensar e agir, após a separação, Annie ainda tinha muito o que resolver dentro de si. Não era apenas sobre o que fazer de sua vida de mulher separada com uma filha para criar e educar, mas também sobre que opções escolher para as numerosas alternativas que se ofereciam dentro daquilo a que chamou de "caos mental".

Depois do encontro com o rev. Voysey – herético assumido –, com o rev. Moncure Conway e outros contestadores, chegaria ela, afinal, a Charles Bradlaugh, que teria "relevante papel a desempenhar na vida de Annie Besant durante duas décadas", no dizer de Nethercot (p. 70). "Bradlaugh" – prossegue o biógrafo – "era o mais destacado livre-pensador da Inglaterra, a *bête noire* das igrejas, o terror dos políticos conservadores".

Ele ajudaria Annie a definir os contornos de sua nova filosofia e, principalmente, de sua teologia. Ele também era um guerrilheiro da intolerância. Uma de suas duas filhas chamava-se Hipácia e Annie identificaria nele, anos depois, a figura reencarnada do amigo Orestes, antigo prefeito de Alexandria, no século quinto depois do Cristo. Já sabe o leitor que, na base do mero palpite, discordo de tal identidade. Para mim, ele teria sido o próprio Theon, pai da bela filósofa e matemática de Alexandria.

Desencontro com o Reverendo e (re)encontro com Bradlaugh

As pessoas vão se juntando, em nossas vidas, como peças de um quebra-cabeça, cujo sentido a gente só irá entender mais tarde. O reverendo Moncure Conway e sua simpática esposa foram duas dessas peças vivas. Conway pregava desde 1864, na South Place Chapel, e era considerado – ou melhor, desconsiderado – um tanto ou quanto rebelde e até 'perigoso' por causa de suas ideias liberais. Fora metodista, passara-se para o ramo unitário da Igreja e se fixara como racionalista, conservando, contudo, a crença em Deus. Nascera na Virgínia, nos Estados Unidos, e fora educado em Harvard. Ainda em seu país adotara a causa dos abolicionistas e viera para a Inglaterra em busca de apoio para as suas ideias. Não encontrou a aprovação que esperava, mas acabou ficando em Londres.

Quando Annie separou-se de Frank Besant, já se conheciam. A sra. Conway convidou-a para ficar em casa deles, com Mabel, até que conseguisse acomodar-se à nova situação. O casal apreciava a inteligência e a beleza da jovem senhora e o encanto da menina.

Foi na primavera de 1874 que a sra. Conway perguntou a Annie se ela tivera oportunidade de ouvir as conferências que eram pronunciadas no *Hall of Sciences*. Annie respondeu que não, mas sabia que a grande figura ali era Charles Bradlaugh, a quem se referiu assim:

Mr. Bradlaugh é um orador algo turbulento, não é?

Ele é o melhor orador do inglês saxônico que eu tenho ouvido, exceto, talvez, John Bright – foi a resposta da sra. Conway. Seu poder sobre os ouvintes – prosseguiu – é algo maravilhoso. Quer concorde ou não com ele, você deveria ouvi-lo.

Livre do patrulhamento ideológico do marido, Annie ainda não definira sua programação cultural. Interessada, naquele momento, no positivismo, foi a um livreiro em busca de obras de Auguste Comte e lá encontrou uma publicação cujo título chamou sua atenção. Era o *National Reformer*. Comprou-o por dois *pence* e escandalizou um sisudo cavalheiro, no ônibus, de volta para casa. O homem parecia não entender como e por que razões uma jovem senhora "aparentemente respeitável, vestida em crepe, lia um notório jornal ateísta". Disparou contra ela um olhar de explícita desaprovação que muito a divertiu, mas ela se conteve.

O jornal era datado de 19 de julho de 1874 e ganhou logo a simpatia de Annie. Era aquele o foro de debates ao qual ela desejava pertencer. Prontamente filiou-se ao grupo de pensadores, escritores e demais militantes que se reunira em torno de Charles Bradlaugh, que dirigia a National Secular Society, responsável pela publicação do *National Reformer*.

Annie foi receber pessoalmente seu certificado de adesão no auditório do *Hall of Sciences*, num domingo à noite, durante uma das disputadas palestras de Bradlaugh. O salão estava "sufocantemente lotado". No exato momento anunciado – a tradicional pontualidade britânica! – entrou o orador. Ao contrário do que Annie pensava, ele não tinha a aparência de um barulhento agitador, nem de um ignorante demagogo. Tinha a face "grave, serena, severa, forte, a cabeça maciça, os olhos penetrantes, e uma testa ampla e alta". Era, em suma, uma figura imponente, alto, ombros largos, nariz reto, elegante. "Poderia facilmente ter sido um primeiro ministro ou um bispo" – escreve Nethercot (p. 73).

O tema da palestra, "por uma profética coincidência" (Nethercot, p. 73), foi o das religiões indianas. Bradlaugh analisou as semelhanças entre os mitos que cercaram as figuras de Krishna e do Cristo. Discorreu com a sua habitual eloquência acerca do que considerava "superstições cristãs" e encerrou a fala com grande impacto emocional. Foi aplaudido com "um furacão de aplausos", no entusiasmado dizer de Annie.

A amizade entre o brilhante orador de 40 anos e a jovem de 26 foi instantânea e duradoura. Bradlaugh como que abrira o caminho para que a Annie se tornasse o que Nethercot identifica como sua segunda vida – a de mãe ateísta, que prontamente tornou-se coeditora do jornal. Em 30 de agosto daquele mesmo ano, saiu sua primeira coluna. A ascensão de Annie na hierarquia da sociedade foi fulminante e suscitou rivalidades e ciumeiras de antigos membros e fundadores.

Não faltavam causas para serem tomadas por bandeira e tema para acirrados debates, especialmente na área sócio-econômica, bem como as de natureza religiosa. Bradlaugh nutria particular antipatia pelo espiritualismo, que começava a suscitar a atenção de muita gente, não apenas na Grã-Bretanha, como no continente e nos Estados Unidos. Annie aderiu, sempre à sua maneira positiva e corajosa: "Os espiritualistas" – advertiu seus leitores – "estão trabalhando intensamente". Era preciso combatê-los, ideologicamente, claro. Mas ela não hesitaria, pouco depois, em ir para as ruas para fazer comícios e liderar, nas fábricas, movimentos de natureza social em luta por mais humanas condições de trabalho, especialmente para mulheres e crianças, exploradas vergonhosamente pelo empresariado mais insensível. Entrou também em campanha nacional em favor dos trabalhadores do campo. Quando Joseph Arch, presidente de um sindicato agrícola, falhou na sua tarefa de melhorar a vida dos seus liderados, lá estava Annie, atenta, para escrever: "As leis da terra precisam do retoque de mão mais poderosa do que a de Joseph Arch." Para explicitar melhor suas ideias, escreveu um folheto intitulado "Proprietários, arrendatários e trabalhadores." (No Brasil da década de 80, Annie seria, certamente, uma petista convicta e militante.)

Mas não eram apenas as questões trabalhistas que ela visitava com sua lúcida inteligência e expunha com extraordinária competência. Incumbiu-se da espinhosa tarefa da crítica literária. Examinava e comentava livros de natureza política, econômica, social, religiosa ou meramente literários, como a poesia de Milton.

Em 25 de agosto (1874) fez sua primeira conferência pública. Envolvida, como estava, em atividades feministas, em luta pelos direitos da mulher, seu tema de estreia foi escolhido com precisão cirúrgica – "O *status* político da mulher." Ao se dirigir à plataforma, de onde falaria, sentiu-se como "criança que está indo para o dentista", na curiosa expressão de Nethercot (p. 80), mas, assim que começou a falar, o temor cedeu lugar a "uma intensa sensação de poder e prazer". Seria assim pelo resto de sua longa carreira pública.

Exercicia, realmente, poderoso fascínio sobre seus ouvintes.

<blockquote>Percebeu imediatamente – escreve Nethercot (p. 81) – como o auditório respondia à sua beleza morena tipo *mignon*; o vestido era de seda preta, muito justo, debruado em branco; a voz cheia, rica, bem articulada; a postura de uma mulher de classe; e mais a personalidade estranhamente dominadora – para não dizer nada das iconoclastas ideias sobre as quais discorria.</blockquote>

Em breve, toda a Inglaterra saberia quem era Annie Besant, da qual poucos tinham ouvido falar há apenas uns tantos meses. Era a companheira ideal para as lutas em que se empenhava Charles Bradlaugh, que se expunha como alvo predileto do sisudo e vigilante conservadorismo britânico. O casamento de Bradlaugh já estava arruinado, em 1874, quando Annie o conheceu. A família se desintegrara desde 1870, quando não foi mais possível manter a modesta casa que ocupavam. Venderam o que foi possível dos móveis e utensílios para pagar dívidas e a sra. Bradlaugh mudou-se, com as duas filhas, para a casa do pai, numa pequena vila do interior, no Sussex. O menino, de onze anos, juntara-se aos granadeiros e morreu ainda jovem. Bradlaugh ficou sozinho em Londres, até que as meninas, Alice e Hypathia, já adolescentes, vieram morar com ele. Foram boas amigas de Annie Besant. Ainda sem saber de suas passadas reencarnações, Annie, a antiga Hipácia alexandrina, encontrara uma nova Hypathia na filha de seu melhor amigo, na Londres do século XIX. Coisas do destino, dizem... Com a vitalidade arrasada por irreversível alcoolismo, a sra. Bradlaugh morreu em maio de 1877.

É inegável que Annie e Bradlaugh se amavam, mas, tanto quanto se sabe, o comportamento deles foi de irrepreensível correção. Era compreensível que se sentissem atraídos um pelo outro. Ela, brilhante, culta, bonita; ele, não menos brilhante e culto, elegante; ambos dinâmicos, corajosos, empenhados na luta pelas mesmas causas, partilhando os mesmos sonhos de reformulação da sociedade. A despeito de sempre juntos e de acordo, nas campanhas mais ousadas, em contestação aberta ao *establishment*, respeitaram sem vacilar às convenções que os mantinham separados, mesmo depois da morte da sra. Bradlaugh. Legalmente, Annie ainda estava presa a Frank Besant, que tenazmente recusava-lhe a liberdade, embora a detestasse cordialmente, a tudo quanto ela representava e a todos os seus incômodos e 'escandalosos' ideais. Para desespero do reverendo Besant, Annie se tornara uma figura nacional e, em breve, seu nome, suas ideias e seus feitos estariam sendo divulgados no exterior. Livres-pensadores, sim, mas imorais, não. Exceção feita à força de certos preconceitos – muitos dos quais ambos combatiam destemidamente –, nada os impedia de se unirem.

Se a minha suposição (fantasiosa, admito) está certa, não se uniram porque Annie ainda via nele o antigo pai Theon.

Bradlaugh nasceu em Hoxton, Londres, em 26 de setembro de 1833. Seu pai era modesto auxiliar de um *solicitor*, palavra que caracteriza, na Inglaterra, o advogado de pequenas causas, que somente pode atuar em tribunais de primeira instância.

Ainda adolescente, trabalhava onde podia, para ganhar alguns *xelins*. Em 1850, com 17 anos, apresentou-se ao exército, onde ficou até 1853, tempo mais que suficiente para concluir que aquela não era a profissão de seus sonhos. Com dinheiro da mãe, pagou a multa correspondente e se retirou da carreira militar. Empregou-se, como o pai, num escritório de advocacia e começou a frequentar grupos de livres-pensadores e a fazer suas primeiras palestras, sob o significativo apelido de "O Iconoclasta", literalmente, destruidor de imagens e, por extensão, aquele que se rebela contra certas tradições retrógradas.

A partir de 1860 passou a dirigir o *National Reformer*, o ruidoso jornal que atrairia Annie Besant para o seu círculo de intelectuais inconformados. Teria oportunidade de revelar seu talento como hábil advogado – sem escolaridade formal – na defesa de seu jornal, entre 1868 e 1869, acusado de blasfêmia e perturbação da ordem pública. Como ateu assumido e notório, não tinha, segundo a jurisprudência da época, direito a apresentar-se perante os tribunais, como depoente. Bradlaugh contestou a justiça e ganhou sua causa.

Batalha mais dura do que essa aconteceria anos mais tarde, quando a Câmara dos Comuns recusou-se a empossá-lo como deputado eleito, porque, sendo ateu notório, era considerado sem condições de prestar juramento. Tentara, sem êxito, a eleição de 1868, mas ganhou a de 1880. A disputa pelo juramento radicalizou-se e Bradlaugh foi expulso em julho desse mesmo ano, após frustrada tentativa de se empossar. Em agosto de 1881, o incômodo deputado foi reeleito. Tentou assumir o cargo à força, e à força foi posto para fora. Brutalmente ferido, como um marginal que fora ali para assaltar a augusta assembleia.

A guerra continuava. Na sessão de abertura, em 1882, apresentou-se novamente, de Bíblia na mão, e a si próprio ministrou o juramento de praxe. Após várias reeleições e rejeições e muita disputa acalorada, Bradlaugh ganhou a questão, em janeiro de 1886. Um novo presidente da Casa entendeu que ele poderia prestar juramento e assim foi feito.

O público acompanhara com interesse a batalha do deputado rebelde, que se tornou conhecido e respeitado pela "sua transparente honestidade" – diz a *Britannica*, verbete "Bradlaugh, Charles", vol. 3, pp. 1004-1005 –, "e corajoso desdém pela mera popularidade".

Morreu em 30 de janeiro de 1891, aos 58 anos incompletos. Por esse tempo, contudo, Annie Besant trilhava outros caminhos, vivendo já a última de suas nove vidas, na Sociedade Teosófica. Enquanto esteve junto de Bradlaugh, contudo, lutou ao seu lado, ombro a ombro, no mesmo nível de corajosa convicção e com a mesma disposição contestadora e, às vezes, até mais radical do que ele. Numa das constantes oportunidades em que mediram forças com o *establishment*, foi em 1876, cerca de dois anos após Annie tornar-se praticamente o braço direito dele, na National Secular Society e no jornal *National Reformer*, para o qual escrevia e onde influía nas decisões.

Sucediam-se as campanhas, quase sempre ruidosas, polêmicas, contestadoras, verdadeiras cruzadas, com especial ênfase na defesa de direitos humanos e da causa dos trabalhadores. Em julho de 1875, por exemplo, Bradlaugh convocou o povo para uma demonstração de solidariedade aos quatorze deputados que haviam votado "contra a sobrecarga imposta aos trabalhadores, a fim de sustentar as diversões de um príncipe perdulário", ou seja, os exagerados gastos pessoais da casa real. Annie compareceu, em companhia das duas filhas de Bradlaugh – já "era, a esse tempo, praticamente uma pessoa da família" – escreve Nethercot (p. 91). Era a primeira manifestação desse tipo, das muitas às quais Annie estaria presente. No relato posterior do evento, os partidários de Bradlaugh estimaram um público de cem mil pessoas, estimativa que os matutinos do dia seguinte reduziram para cinco ou dez mil, o jornal de Liverpool, dez a vinte mil, e um dos deputados presentes calculou em trinta mil. Seja como for, uma pequena multidão.

À medida que se envolvia em tais acontecimentos e escrevia seus veementes textos para o jornal da associação, Annie se tornava mais exposta nas suas ligações com causas incômodas ao severo conservadorismo vitoriano, para grande desespero de Frank Besant, oficialmente ainda seu marido. A gota d'água no copo do reverendo foram a delicada questão do amor livre e a do controle da natalidade, discutidas num livro provocativamente intitulado *Physical, sexual and natural religion*, cujo autor, um médico assinou-se apenas com as iniciais G.R.

Frank Besant entendeu que Annie estava indo longe demais no seu desafio à sociedade e à religião. "Praticamente", – diz Nethercot (p. 93) – "tentou raptar a pequena Mabel."

A situação pós-matrimonial fermentava no seguinte cenário: Arthur Digby ficara com o pai, em Sibsey, após a separação, em 1873; Mabel foi com a mãe para Londres. O meticuloso termo de separação determinava que a menina passaria sempre o mês de julho com o pai. Durante a primeira visita, em 1874, o reverendo se tranquilizou ao verificar que a filha estava bem, uma vez que ainda sabia rezar o Pai-Nosso e "outra prece simples", anteriormente ensinada pelos pais. Já em 1875, pouco antes do quinto aniversário da criança, a situação era outra – ela não sabia mais rezar. À noite, quando se despediram e o pai lhe disse "Deus te abençoe", Mabel perguntou-lhe, inocentemente, porque ele havia dito aquilo. E acrescentou que a mãe dissera a uma empregada que não lhe falassem daquela maneira. E mais, que ela, Mabel, não rezasse mais, pois não havia nenhum Deus para ouvi-la.

Annie Besant negou tais acusações e insistiu em que não proibia a filha de orar e até a levava a igrejas, eventualmente. Nethercot supõe que, mesmo aos quatro anos, a menina era bastante inteligente para perceber "em que direção sopravam os ventos" e tratou de "ajustar-se confortavelmente" à situação.

O reverendo Besant é que não estava disposto a tolerar coisas dessa ordem. Instalara-se mais uma das muitas crises. Besant recusou-se a devolver a filha à guarda da mãe, ou, nas suas palavras, mandá-la "de volta à perdição". Em carta remetida por intermédio do irmão, acionou seu advogado, em Londres, exigindo uma educação religiosa para a filha, que não deveria ter qualquer tipo de contacto com Charles Bradlaugh. O advogado não foi encontrado e a carta foi devolvida, fechada.

Temendo um confronto direto com a ex-esposa, Frank Besant esperava acomodar as coisas à distância, por escrito.

Em 10 de agosto, Annie e o detestado Bradlaugh apresentaram-se inesperadamente no vicariato, e exigiram a entrega de Mabel. O comportamento de Bradlaugh foi considerado muito impróprio e abusivo pelo reverendo que, pelo menos desta vez, teria justas razões para esse julgamento. Bradlaugh, um sujeito grandalhão, invadiu a casa do outro, fez ameaças e assumiu uma atitude violenta, recusando-se a retirar-se, quando solicitado. Para surpresa de Nethercot, Annie não interferiu no conflito, dirigindo-se apenas a Bradlaugh, quando este ameaçou explicitamente seu ex-marido. O reverendo apelou para as autoridades locais e o invasor foi posto para fora. Annie permaneceu e reiterou sua exigência pela posse da filha, mas o marido não cedeu, sugerindo que ela se dirigisse ao seu procurador e irmão Albert. A menina foi, finalmente, devolvida à mãe, quando os advogados de Annie ameaçaram o reverendo com uma ação judicial.

Bradlaugh não se deu por satisfeito. Como estavam de partida para uma série de encontros e conferências nos Estados Unidos, ele publicou no seu jornal uma nota de caráter pessoal, narrando o acontecido. Concluiu com uma ameaça de procedimento judicial caso o pai de Mabel resolvesse tentar retomar a guarda da menina. Citou, a propósito, o caso do poeta Percy Bysse Shelley, que perdera ação semelhante sob a alegação de que pai ateu não podia ter a guarda de seus próprios filhos.

Mais do que simples briga de família, portanto, o episódio assumira as proporções de uma causa mais ampla – estava em jogo a restrição ao direito e à liberdade dos ateus em geral e era isso que Bradlaugh estava decidido a contestar.

> Decorreria um longo tempo até que eles pudessem sossegar – escreve Nethercot (p. 95) –, mas, eles escreveriam, afinal, um novo capítulo na história legal e social da Inglaterra.

ANNIE ESCREVE SOBRE GIORDANO BRUNO

Enquanto prosseguia a disputa – digamos – paroquial entre o reverendo Frank Besant e sua ex-esposa, desdobrava-se uma campanha muito mais ampla pelo que hoje chamaríamos de direitos humanos. Charles Bradlaugh e Annie Besant eram os paladinos dessa cruzada. Eram muitos os que os consideravam algo quixotescos; os mais conservadores os tinham por decididamente subversivos. Onde quer que houvesse um grupo oprimido, uma classe ou uma simples pessoa com seu direito à liberdade contestado, lá estariam os dois, empunhando a única arma que conheciam e que manipulavam com extraordinária competência – a palavra, falada e escrita. Quando necessário, iam à justiça para testar direitos ainda mal definidos e, portanto, mal praticados ou abertamente desrespeitados. Eram causas trabalhistas, políticas, religiosas, sociais, econômicas e até individuais. Mais do que o aspecto filosófico do ateísmo em si, eles desejavam uma definição clara para o direito de qualquer pessoa tornar-se ateia, se assim o entendesse. Queriam respeito à liberdade de ação, de palavra e de pensamento. Que cada um agisse responsavelmente perante a sociedade em que vivia, sem que fosse obrigado a assumir esta ou aquela posição simplesmente porque era essa a postura exigida pela comunidade.

Essa guerra verbal pela liberdade parecia difundir-se pelo mundo civilizado afora e não apenas na Inglaterra. Movimento semelhante surgira na Itália, disputando novos conceitos de liberdade política e religiosa. As expressivas vitórias de Mazzini, Garibaldi e Cavour levaram ao resgate da memória de Giordano Bruno, que passou a ser uma espécie de ícone para toda classe de guerrilheiros da intolerância espalhados pelo mundo. Como se, de repente, todos houvessem decidido dar um basta a práticas inquisitoriais de qualquer espécie, políticas, religiosas, explícitas ou apenas disfarçadas sob forma de pressões manipuladas pelo *establishment*. Estava aberta, em suma, a discussão de um novo modelo para o conceito de liberdade.

Annie Besant não era uma novata de última hora; pelo contrário, já estava na linha de frente, quando o movimento assumiu proporções mundiais. Significativamente, escolheu Giordano Bruno como tema para um de seus contundentes artigos. O estudo foi publicado em 23 de julho de 1876 e amplamente divulgado em numerosas transcrições.

> Atiraram suas cinzas ao vento – escreveu – e se vangloriaram de que nada restara de Bruno senão a lembrança de sua execução. Proibiram a leitura de seus livros e, credulamente, imaginaram haver assassinado sua memória. Mas agora, em Roma, a memória de Bruno vive, enquanto a de seus assassinos somente persiste porque seus nomes estão vinculados à sua imortalidade e, na base da estátua que estamos erguendo em sua homenagem, poderiam ser adequadamente gravadas suas próprias e sublimes palavras: "Saber como morrer num século é viver em todos os séculos vindouros."

Ao escrever isto, Annie Besant tinha 29 anos de idade e ainda não sabia que ela própria escrevera aquelas palavras há cerca de três séculos, na existência vivida como Giordano Bruno. Conscientemente nem sabia que todos nós somos espíritos imortais e reencarnantes e, como dizia Bruno, vivemos em todos os séculos, aqui na carne ou na liberdade da dimensão espiritual.

Por estranha coincidência, no domingo anterior, Charles Bradlaugh fizera uma das suas notáveis conferências abordando o tema "Hipácia: o cristianismo e a mulher", na qual discorria sobre a bela professora e pensadora de Alexandria, vitimada no ano 415, pelo mesmo tipo de intolerância religiosa que mandaria queimar Giordano Bruno, em 1600. De certa forma, Annie Besant vivia, na Inglaterra do século XIX, sob pressões semelhantes e só não seria trucidada porque os tempos eram outros: embora não muito mais tolerantes, eram menos ferozes. Mas os interrogatórios, as ameaças de prisão, os tribunais, as contestações, a discriminação estavam lá de novo. A sociedade continuava entendendo que a gente não pode pensar diferente da minoria que, em nome da maioria, ocupa e exerce eventualmente o poder civil e religioso.

Somente trinta anos depois, Annie descobriria que Hipácia, Bruno e ela eram a mesma entidade espiritual, vivendo consistentemente existências devotadas à difícil e sofrida tarefa de combater a intolerância, para que, no futuro, houvesse liberdade de pensamento.

E não era apenas uma guerrilha de palavras escritas e faladas, mas uma campanha nem sempre muito elegante e, muitas vezes, decididamente sórdida contra os livre-pensadores. Annie Besant e Charles Bradlaugh tornaram-se alvos preferidos, mesmo porque eram os que ofereciam maior visibilidade na mídia. Em Brighton, um vereador local qualificou Annie de "aquela mulher nojenta". Outro declarou suas esperanças de que "um animal como a sra. Besant não tivesse permissão para falar no salão da Prefeitura". O *Essex Standard* baixou ainda mais o nível da campanha, ao escrever sobre "aquele homem e aquela mulher bestiais que ganhavam a vida corrompendo a juventura da Inglaterra". Um editor aproveitou a onda que se avolumava para faturar. Lançou um folheto intitulado *Wife or mistress?* (Esposa ou amante?) Referia-se, naturalmente, à ligação Bradlaugh-Besant, que, na dissimulada moral da Inglaterra vitoriana, assumia as proporções de um escândalo.

Bradlaugh – diria Nethercot (p. 82) – "era vulnerável por ser um *gentleman* – pelos seus atos, não pelo nascimento –, seus oponentes, não o eram".

Na verdade, é de se reconhecer que o caso prestava-se a esse tipo de exploração. Annie era, ainda e oficialmente, a esposa legal do reverendo Besant; Bradlaugh, embora separado da sua problemática mulher há vários anos, continuava legalmente casado com ela. Annie e Bradlaugh conviviam a maior parte das horas úteis do dia e era comum entrarem pela noite adentro a trabalhar. Além disso, viajavam juntos, ainda que em companhia de uma das filhas dele.

Seja como for, nunca se comprovou o menor deslize da parte dos dois que, no dizer de Nethercot (p. 113) "obviamente, se amavam".

> Atraíam-se mutuamente – escreve, mais adiante (p. 114) – e uma amizade tão sólida surgiu entre eles, que, se ambos fossem livres, teria, sem dúvida, terminado em casamento.

Mas não era só Bradlaugh. Annie era uma mulher muito bonita, jovem, culta, brilhante e atraente. Muitos homens disputaram seu coração no dizer de Nethercot, alguns até famosos, como George Bernard Shaw, também jovem, não menos brilhante e conhecido. É fato notório que Annie se relacionava mais à vontade com os homens do que com as mulheres. "É pouco provável, contudo" – comenta Nethercot (p. 115) – "que ela jamais tenha tido um amante."

ANNIE E BRADKLAUGH
FAZEM HISTÓRIA

Nas suas andanças pela antiga União Soviética para escrever o livro-reportagem, *The New Soviet psychic discoveries* (Warner Books, NY., 1979), Henry Gris e William Dick caracterizaram a cientista Bárbara Ivanova como "A Procelária". Trata-se de um palmípede que, voando em bandos sobre as ondas do mar, anuncia que vem tempestade. Numa sociedade severamente materialista, Ivanova insistia em desafiar destemidamente o *establishment* para falar sobre incômodas realidades espirituais, como a reencarnação. Onde quer que estivesse a discorrer, poderia desabar, a qualquer momento, uma tempestade desencadeada pelos sisudos camaradas da polícia secreta. Dizia ser ela própria a reencarnação de um seringueiro brasileiro, transplantado para as geladas estepes russas. Fui assistir a uma de suas conferências, quando esteve no Brasil, e, realmente, falava excelente português, aprendido, segundo ela, em umas tantas semanas.

Annie Besant foi também uma procelária. Não hesitava em criar ou fomentar conflitos de opinião, pela simples razão de que não se recusava a discutir qualquer tema, por mais sensível que fosse, desde que percebesse qualquer tipo de restrição à liberdade de pensamento. O ateísmo foi um desses temas proibidos, mas havia outros, como os direitos – ou melhor, a falta de direitos – da mulher, as questões trabalhistas, a exploração do trabalho infantil, a liberdade de imprensa, as injustiças de qualquer natureza ou colorido. Não faltavam causas para ela esgrimir com o poder verbal de que era dotada, tanto falando como escrevendo. Dir-se-ia que sua vida apresentava pequenas ilhas de tranquilidade entre uma tempestade e outra.

Uma dessas causas, talvez a mais rumorosa delas, foi a do controle da natalidade. Vimos que, na origem de suas desavenças com o marido, já figurava, entre outras, essa questão.

O caso foi assim: um editor de Bristol foi acusado de haver publicado um folheto inocentemente intitulado *Fruits of philosophy* (*Frutos da filosofia*), que cuidava do espinhoso problema da limitação da natalidade com detalhes fisiológicos que os moralistas de plantão acharam explícitos demais. A pequena obra fora originariamente publicada nos Estados Unidos, em 1832. Era de autoria de um médico por nome Charles Knowlton (1800-1850), de Massachusetts, que, prudentemente, não quis assiná-la, na primeira edição, embora a segunda já tenha saído com o nome do autor. O subtítulo, contudo, não era tão discreto, ao identificar o livro como *The private companion of young married people*. Dirigia-se, portanto, aos jovens casais. Ainda mais explícito, o autor resumiu seus propósitos logo no primeiro capítulo, dizendo que a obra se propunha a

> [...] mostrar quão desejável era, tanto do ponto de vista político como social, que a humanidade fosse capaz de limitar, à sua vontade, o número de filhos, sem sacrifício do prazer presente na satisfação do instinto reprodutivo.

A despeito de sua intenção meramente científica, o livro do dr. Knowlton provocou previsíveis reações, ainda nos Estados Unidos e, mais tarde, na Inglaterra. O médico foi processado na justiça local, em Taunton, Mass., e condenado a uma multa de cinquenta dólares. Novamente julgado em Cambridge, Mass., amargou três meses de prisão. Paradoxalmente, contudo, a obra continuou circulando e teve nove edições nos sete anos seguintes, ainda que considerada obscena pelos "cidadãos respeitáveis", no dizer de Nethercot (p. 118).

O livro fora trazido para a Inglaterra por um livre-pensador de nome James Watson, que o publicou e vendeu livremente até aposentar-se, em 1853. Os direitos de publicação foram então adquiridos à viuva de Watson, por Charles Watts, que continuou a imprimi-lo e distribuí-lo tranquilamente até 1876. A obra somente tornou-se um caso de polícia quando Henry Cook, o livreiro de Bristol, resolveu mandar acrescentar aos exemplares mandados imprimir por Watts algumas ilustrações consideradas 'indecentes'. Impossibilitada de processar o autor, a justiça virou-se para Cook, que, levado ao tribunal, admitiu a culpa e teve uma sentença considerada leve (!) – multa de cinquenta libras e dois anos de trabalhos forçados.

Acusado juntamente com Cook, Charles Watts, irmão de John, coeditor de Bradlaugh no jornal *National Reformer*, foi preso.

Começava ali, o que Nethercot (p. 119) qualifica como "um dos casos mais sensacionais, importantes e amplos da história judicial da Inglaterra". Mais do que a sorte do obscuro livreiro de Bristol, o que estava em jogo era o "altamente elástico e notório *Campbell Act*" (Nethercot, 119). Por essa lei, qualquer livro, até mesmo de estrito caráter científico, poderia ser condenado como obsceno.

A questão estaria limitada ao caso Watts-Cook, se Bradlaugh e Annie Besant não houvessem decidido 'comprar a briga', em nome da liberdade de pensamento. Foi, aliás, o que aconteceu inicialmente. Watts foi a julgamento em 8 de fevereiro e reconheceu sua culpa nos termos da lei, com as atenuantes consideradas oportunas. O juiz aceitou as razões da defesa e estabeleceu uma caução de quinhentas libras, ficando o réu à disposição da justiça para julgamento final, quando assim o entendesse o juiz. Em abril, o processo foi arquivado e o réu condenado a pagar apenas as 25 libras das custas judiciais e a destruir as matrizes do texto e mais os livros porventura ainda em estoque, o que ele fez de bom grado.

Para Annie Besant e Bradlaugh, contudo, o caso não se encerrara com o arquivamento da ação contra Charles Watts. Estavam os dois resolvidos a testar nos tribunais a validade do *Campbell Act*. Aliás, a decisão foi, originariamente, de Annie, que conseguiu convencer o relutante Bradlaugh a concordar com o seu audacioso projeto. O único meio viável de saber, sim ou não, se o público inglês tinha direito a informações de natureza sexual consistia em lançar, por sua conta e risco, uma nova edição do polêmico livrinho do dr. Knowlton, republicado "agressivamente", segundo a *Encyclopaedia Britannica*.

Agressivamente é um bem indicado advérbio para caracterizar a arriscada atitude dos dois destemidos livres-pensadores. De volta de uma viagem de pregação à Escócia, em 22 de março, Bradlaugh marcou para o dia seguinte o espalhafatoso relançamento dos *Frutos da filosofia*. Começou despachando um exemplar do temido livrinho para o presidente do tribunal, junto com uma nota em que anunciava a venda do livro a partir do dia seguinte, sábado, das quatro às cinco da tarde, na rua Stonecutter. Em outra nota não menos arrogante, Bradlaudh sugeria à chefia de polícia que o mandasse prender a qualquer momento "conveniente a ambos". A terceira nota foi encaminhada ao procurador geral da cidade, pessoa indicada para iniciar o procedimento legal contra os desaforados desafiantes da lei.

No dia seguinte, no local e hora aprazados, lá estavam Bradlaugh, suas duas filhas, Annie Besant e o casal Parris. Havia uma pequena multidão diante do endereço indicado, onde funcionava a redação e a administração do jornal. Britanicamente, a polícia limitou-se a patrulhar calmamente a área, a fim de que tudo corresse em boa ordem. O evento foi um sucesso. Quinhentos exemplares foram vendidos na hora. Não menos britanicamente, um detetive comprou dois exemplares do próprio Bradlaugh, retirou-se do recinto e voltou pouco depois para comprar mais dois das mãos da sra. Besant, tudo na mais perfeita e educada civilidade. Ao encerrar-se o lançamento, às seis horas da tarde, oitocentos exemplares haviam sido vendidos, além de muitos outros empacotados para remessa postal a diferentes pontos do país. "Para grande desapontamento dos participantes, contudo" – comenta Nethercot (p. 128) – "ninguém foi preso".

A despeito da seriedade de suas vultosas implicações, o episódio não se livrou de um tom de farsa, num claro exercício do tradicional, bom e seco humor britânico. Decorrida uma semana sem prisões, os dois 'criminosos' notificaram cordialmente à polícia que estariam à disposição dos detetives, na quinta-feira, no local de trabalho, a fim de que fossem presos. Mas a lei parecia estar sem pressa alguma de recolher os dois. Impacientes e curiosos, Bradlaugh e Annie tomaram um táxi para ir até a polícia saber o que estava acontecendo por lá. Foram educadamente informados de que os papéis só estariam prontos lá pela semana seguinte. A doce e lenta burocracia de sempre e de toda parte...

Nesse ínterim, o livrinho do dr. Knowlton saía mais do que batata assada. Transformara-se num autêntico *best-seller*, com a espantosa venda de cinco mil exemplares.

Finalmente, depois de novamente notificada por Bradlaugh de que ele e Annie estariam à disposição, no escritório deles, entre dez e onze horas da manhã, a polícia compareceu e levou consigo os dois 'meliantes'. Cortesmente, como sempre, os policiais levaram-nos para o posto mais próximo, onde foram, no bem-humorado relato de Annie, "examinados, revistados, medidos e inscritos nos registros criminais". Dali, foram conduzidos à cadeia, onde ficaram por duas horas à espera de que ficassem prontas as 'acomodações' a que estavam destinados – cada um na sua cela. Com certa dificuldade, podiam se ver através de uma fresta. Conversavam, faziam gracejos, liam a *Secular Review* e corrigiam as provas do próximo número do *National Reformer*.

Após uma espera de duas horas e meia, foram levados a uma autoridade municipal – espécie de vereador – por nome Figgins, "um agradável e bom velhinho, solenemente paramentado", que os recebeu muito bem. Todos estavam sorridentes e se tratavam com a maior elegância e educação. Foram colhidos os depoimentos de dois detetives e expedidas algumas citações convocando testemunhas para depor. A audiência seguinte foi marcada para o dia 17 de abril, na qual prevaleceu o clima descontraído e educado de antes. Mr. Figgins estava, agora, assessorado por dois outros cavalheiros instruídos pelo promotor público.

Os acusados haviam decidido promover suas próprias defesas, sem auxílio profissional de advogados. Bradlaugh, como era de se esperar, foi brilhante. Tinha experiência de debates, era uma pessoa culta e bem informada sobre questões jurídicas. Annie foi a grande surpresa, a começar pelo ineditismo da presença de uma mulher perante a justiça. A segurança e a competência com as quais abordou o caso causaram considerável impacto nos presentes e repercutiram na imprensa. Dois grandes jornais, o *Evening Standard* e o *Daily Telegraph*, publicaram o texto de sua defesa, naquela mesma noite traduzido e telegrafado para a Alemanha.

Com a nova audiência marcada para 7 de maio, Bradlaugh teve oportunidade de aprofundar-se mais nas sutilezas jurídicas do tema. Entrou com uma petição solicitando a transferência do caso, que até então se cingira ao âmbito da prefeitura, para a jurisdição do Tribunal da Rainha, onde seriam ouvidos por um juiz regular perante um corpo de jurados. Cockburn, presidente do tribunal e o juiz Mellor entenderam que, de fato, a causa deveria, pela sua importância, ser tratada em instância superior e concederam o que pedia o acusado.

Era a primeira grande vitória de Bradlaugh, não só porque o caso assumia grandes proporções, mas também ele e Annie ficavam dispensados do juramento, o tropeço usual dos livres-pensadores – bastava-lhes afirmar o que diziam, sem recorrer ao nome de Deus e à autoridade da Bíblia. Estava, assim, o caso projetado nacional e até internacionalmente, dado que a autoridade judicial máxima do país decidira ouvir pessoalmente os acusados.

Enquanto isso, o correio e a polícia ainda incomodavam, perturbando a livre circulação do livrinho do dr. Knowlton. Bradlaugh, que se defendia em liberdade, apresentou queixa formal contra o diretor dos Correios de que sua correspondência estava sendo violada e que os pacotes de livros despachados estavam sendo apreendidos. O homem alegou que ignorava a prática, mas acabou confessando-a. Outra vitória para Bradlaugh. A polícia, por seu turno, invadiu o escritório de Truelove, amigo e colaborador de Bradlaugh, e lá apreendeu não somente os exemplares existentes de *Fruits of philosophy*, como outros livros semelhantes. Truelove foi detido e processado, mas liberado sob fiança, oferecida por Bradlaugh.

Por essa altura, o 'incidente Knowlton' assumira grande visibilidade e implicações políticas, mesmo porque de uma nova edição de mais de 250 mil exemplares, 133 mil haviam sido vendidos. O sucesso do livro suscitou considerável envolvimento da opinião pública no rumoroso caso. Não se tratava mais de uma obscura briga de bastidores no âmbito municipal, mas de uma questão apaixonante, na qual se testava não o problema em si da limitação dos filhos, mas da liberdade de opinião e de informação. Por isso, o caso atraiu o que Nethercot caracteriza como "uma superpoderosa bateria de talentosos juristas", reunidos para reforçar a promotoria. Mesmo assim, os intrépidos acusados insistiram em apresentar pessoalmente suas próprias defesas, sem assistência profissional. A notícia de que a sra. Besant também faria pessoalmente sua defesa "suscitou numerosos protestos de gente chocada com a sua ausência de feminilidade" (Nehtercot, p. 133).

Annie, que mergulhara, com a sua habitual competência e dedicação, nos livros jurídicos de Bradlaugh, falou fluentemente durante dois dias perante o tribunal do júri, presidido pelo respeitável *mr.* Cockburn, acerca dos aspectos sociais e econômicos da limitação dos filhos. Nethercot descreve os jurados especialmente convocados, *mr.* Cockburn e os eruditos juízes presentes como "pendurados em cada palavra" que Annie pronunciava com o seu habitual toque de eloquência. O apelo final, no qual ela propunha fosse "declarada inocente e devolvida ao seu lar sem mancha", foi apoteótico. A custo foram contidos os aplausos.

Em seguida, foi a vez de Bradlaugh, que também falou durante quase dois dias, com o seu costumeiro brilhantismo e poder verbal.

Terminadas as defesas, os jurados se retiraram para deliberar. Voltaram uma hora e trinta e cinco minutos depois. Solenemente, o primeiro jurado leu a conclusão a que haviam chegado e que estava assim redigida:

> Nossa opinião unânime é a de que o livro em questão se propõe a depravar a moral pública, mas, ao mesmo tempo, isentamos inteiramente os acusados de qualquer motivo corrupto ao publicá-lo.

Mesmo com toda a sua reconhecida experiência, *mr.* Cockburn mostrou-se "perplexo e confuso". Declarou, contudo, que lhe cabia interpretar o veredito como "culpado" e condenar os réus segundo a lei. Os acusados ficariam "temporariamente livres", permanecendo à disposição da justiça para decisão final, na semana seguinte.

Réus difíceis, aqueles, que confundiam e deixavam perplexo até o mais alto magistrado de Sua Majestade! Embora a situação dos dois continuasse em suspenso perante a justiça, eles contavam com o apoio e a simpatia de muita gente. Bradlaugh recebera, da Itália, a expressiva adesão de seu velho amigo Giuseppe Garibaldi ao comitê de defesa organizado na Inglaterra e que já levantara novecentas libras para os gastos do procedimento judicial.

A presença de Annie e Bradlaugh no *Hall of Science* – local onde promoviam suas palestras e manifestações públicas –, no domingo, atraiu para lá considerável multidão. No auditório superlotado, comprimiam-se seiscentas pessoas, um terço delas composto de mulheres, predominantemente jovens. Mais quatrocentas pessoas tiveram de ficar na rua, ante a impossibilidade de entrar. O livrinho do dr. Knowlton vendia mais do que nunca. Annie – na presidência do encontro – e Bradlaugh falaram do julgamento e da estratégia que adotariam a seguir. Alegaria ele que a condenação era ilegal. Se a sua proposição fosse rejeitada, Annie suscitaria outro aspecto sensível, alegando que o termo '*guilty*' (culpado) não havia sido pronunciado pelo júri, o que era verdadeiro, porque somente surgira na 'interpretação' do juiz. No seu artigo no *Reformer*, ela empregou o jargão jurídico acertadamente, ao caracterizar o pronunciamento do juiz como *non obstante veredicto*, ou seja, a despeito de um veredito que não os considerava culpados, o juiz decidira pela culpabilidade.

Eles queriam, em suma, uma absolvição pura e simples. Caso tudo isso falhasse, estavam dispostos a enfrentar as consequências, qualquer que fosse a sentença. Para isso, Bradlaugh retirou 250 libras do banco e instruiu sua filha Hipácia para levar o dinheiro de volta, caso fossem condenados à prisão.

Na semana seguinte, lá estavam os dois, novamente perante o tribunal. Cockburn recusou-se liminarmente a reconsiderar a argumentação apresentada pelos acusados, mas era evidente que estava interessado em ajudá-los com uma saída honrosa para o episódio. Como já haviam sido declarados inocentes de explícita violação à lei – propôs o magistrado –, estariam dispostos a submeter-se ao veredito do júri desde que concordassem em não vender mais o polêmico livrinho do dr. Knowlton? Mais uma vez, o eminente juiz subestimava a firmeza dos réus, particularmente Annie que, no dizer de Nethercot, "sempre desejou ser mártir, especialmente por uma causa justa."

De comum acordo, declararam ao juiz que tinham o direito de vender livremente o livro e era exatamente isso que continuariam a fazer. Ainda com as melhores intenções de salvar os réus de uma sentença mais dura, o juiz argumentou e até rogou a eles uma posição menos radical. Ante aqueles 'blocos de granito', contudo (Nethercot, p. 135), irritou-se e os condenou a seis meses de prisão mais a multa de 1.400 libras.

Bradlaugh empalideceu ante a elevada quantia, que havia estimado em, no máximo, 250 libras, no máximo, como se viu. Mas não perdeu a calma. Tranquilamente anunciou ao juiz que apelaria, alegando erro jurídico. O magistrado abrandou sua cólera e resolveu liberá-los, provisoriamente, mediante uma fiança de 100 libras, cada, e o compromisso de continuarem à disposição da justiça, enquanto o julgamento seguia seu rito.

Em suma, a confusão era total. Afinal de contas, eram ou não eram culpados os acusados? Se o fossem, com base em que preceito legal? Se não o fossem, por que não eram prontamente liberados? A polêmica alastrou-se pela mídia local e repercutiu no exterior.

Durante o verão e o outono, o caso arrastou-se lentamente através do emaranhado dos trâmites legais. Bradlaugh, advogado amador, parecia conhecer todos os truques e meandros do direito processual e entrava com seus recursos nos momentos oportunos, provocando adiamentos, audiências, novas convocações de testemunhas, petições e outras manhas.

Nesse ínterim, enquanto esperavam a decisão final do caso, Bradlaugh e Annie resolveram suspender a venda do livro do dr. Knowlton. Em compensação, Annie, mais popular do que nunca – enfrentava de cabeça erguida o aparato judicial da rainha! – escrevia sem parar. Seus escritos vendiam por toda a Inglaterra e no exterior, em tiragens que superavam até as do famigerado *best-seller Fruits of philosophy*.

Finalmente, a 12 de fevereiro do ano seguinte (1878), uma decisão colegiada – três juízes, especialmente nomeados para o caso – reverteu a decisão de Cockburn e Mellor, sob a alegação de que a promotoria não explicitara claramente os termos em que se baseava a acusação.

Como assinala Nethercot (p. 137) tratava-se de mero tecnicismo, mas suficiente para assegurar aos acusados uma importante vitória.

A impressão que se tinha era a de que a promotoria recorreria, mas era evidente que "perdera o gosto pela batalha" (Nethercot, p. 137) e o caso foi abandonado à sua própria sorte e expirou discretamente.

Algum tempo depois, Annie descobriria as manipulações de bastidor que levaram o ilustre juiz Cockburn a declarar – contra a sua própria vontade, informa Nethercot –, culpados Bradlaugh e Annie Besant.

Seja como for, a batalha judicial resultou em brilhante sucesso para a tese da liberdade de expressão do pensamento, marcando "uma reviravolta na história do controle da natalidade" (Nethercot, p. 138). E do direito, pode-se acrescentar.

O biógrafo exalta a coragem de Annie Besant no episódio. Foi ela a primeira mulher que ousou assumir publicamente a defesa de uma causa espinhosa e polêmica como aquela, que muitos homens da época temiam apoiar. Já no ano seguinte, a dra. Aletta Jacobs fundou, na Holanda, a primeira clínica de controle de natalidade.

Novo Temporal

A batalha seguinte foi com o ex-marido. Para uma visão balanceada da situação, temos de tentar ver as coisas com os olhos dele também, com todos os seus cacoetes culturais e sua ética pessoal. Primeiro de tudo, o apertado dilema, que lhe proporcionava angustiado espaço para movimentar-se. Annie continuava sendo oficialmente sua esposa e era com o sobrenome do marido que se projetara nacional e internacionalmente, pregando e exemplificando uma filosofia de vida que batia de frente com o monolítico conjunto de valores do reverendo.

O divórcio seria o único jeito de retirar dela o direito de dar continuidade ao lamentável processo de 'aviltamento' do respeitável nome de sua família. A solução, contudo, era inadmissível para ele. E nem sei, caso isso acontecesse, se a destacada família Wood – sobrenome de solteira de Annie – se sentiria menos infeliz do que o severo reverendo. Em suma, Annie era a ovelha negra posta no meio de um rebanho de impecável alvura.

Além do mais, não era nada fácil obter-se o divórcio naqueles tempos. A lei, reformulada há apenas vinte anos, admitia dois tipos de divórcio, cada um com a competente expressão latina: *a vinculo matrimonii* e *a mensa et thoro*. Ambos mais completos do que a mera separação por consentimento mútuo, regime que prevalecia entre Annie e o reverendo Besant. A primeira modalidade admitia novo casamento, mas era extremamente difícil de obter-se. No segundo caso, ficavam extintos os laços matrimoniais, mas, paradoxalmente, não se permitia novo casamento. Em ambos os casos era preciso provar judicialmente o adultério, o abandono do lar ou a crueldade. Annie não teria a menor chance quanto às duas primeiras condições. A terceira – a crueldade – era apenas uma remota possibilidade incluída na lei para remediar casos extremos, nos quais ficassem comprovados riscos concretos de vida, perda de membros ou da saúde durante dois anos consecutivos, pelo menos. Annie tentou o recurso, mas sofrer crueldades do marido entre quatro paredes é coisa bem diferente de prová-las, à satisfação da justiça.

Para o reverendo Besant, o rumoroso caso Knowlton foi a gota d'água no seu pequeno cálice à beira do transbordamento. Resolveu entrar com uma ação a fim de retirar de Annie a custódia de Mabel, a filha do casal. Não lhe faltavam argumentos para impressionar favoravelmente os tribunais vitorianos. Annie – alegava –, autora de um livro intitulado *O evangelho do ateísmo*, não tinha a menor condição para educar uma menina, à qual, aliás, proibia dizer "*God bless you!*" (Deus te abençoe), Além disso, associara-se – palavra de muitos sentidos – ao temido Charles Bradlaugh, com o qual acabara de ser levada à barra dos tribunais por causa da publicação do "indecente e obsceno panfleto *Os frutos da filosofia*".

A causa de Frank Besant acabou contando com a simpatia de alguns formadores de opinião entre destacados órgãos da imprensa, como o *Daily Telegraph* e o sisudíssimo *Times*. Este chegou ao extremo de estampar um editorial no qual sugeria claramente que a sra. Besant levava "uma vida imoral."

Para resumir uma longa batalha, na qual não faltaram lances pouco edificantes, Mabel foi retirada à força da guarda da mãe. Até Henry Wood, irmão de Annie, casado desde 1873, colocou-se contra ela, embora mais tarde tenham sido restabelecidas as boas relações entre eles. A despeito de todos os recursos, das tricas e das apelações, a justiça de Sua Majestade acabou concedendo a guarda da menina ao pai, que já tinha consigo o menino.

Na audiência de 29 de abril, o juiz Jessel definiu os termos do relacionamento de Annie com seus filhos dali em diante. As crianças, confiadas à guarda do casal Child, amigos de Frank Besant, seriam 'encorajadas' a escrever à mãe uma vez por semana. Annie poderia vê-los, sozinhos e separadamente, uma vez por mês e enviar-lhes pequenos presentes e livros – certamente não os que ela mesma escrevia. Uma vez por ano seria permitido às crianças passarem uma semana com a mãe, em Londres, e uma vez por ano, os três poderiam passar alguns dias juntos numa praia, desde que acompanhados por uma ou duas pessoas da confiança do reverendo, que teria direito de acesso livre às crianças diariamente, em horário previamente combinado.

Um bom acordo, aparentemente, considerada a estressante condição da qual nasceu, mas, como adverte Nethercot (p. 152), as condições eram "mais promissoras do que acabaram sendo". É que as visitas mensais tornaram-se um suplício tanto para Annie quanto para a pequena e sensível Mabel. Além do mais, a viagem de trem e de carruagem de Londres até Sibsey, onde viviam as crianças, era um incômodo a mais. Annie desistiu logo de exercer o exíguo direito que lhe fora concedido. Mais penoso ainda era o regime das férias na praia. Annie tinha de pagar as suas despesas, as das crianças e mais as do casal Child, guardiães de seus filhos. E os Childs não estavam nada dispostos a facilitar as coisas; pelo contrário, Annie era tratada, na presença das crianças, como "perigoso animal do qual elas tinham de ser protegidas" (Nethercot, p. 152). Não era permitido a Mabel, por exemplo, tomar banho de mar com a mãe.

Humilhada e desrespeitada perante os filhos, Annie recorreu mais uma vez à justiça, pleiteando, no mínimo, alguma consideração, enquanto exercia seu direito de estar com os filhos. A negativa foi simplesmente irônica. Diante disso, Annie decidiu deixar de escrever e de ver seus filhos "até que eles tivessem idade suficiente para compreender e julgar por si mesmos". Daí em diante, mantinha-se razoavelmente informada a respeito deles e confiava na capacidade deles para decidir, mais tarde, que rumo dar às suas vidas. Sabia, por outro lado, que Frank Besant era uma pessoa incapaz de fazer-se amar e que, eventualmente, seus filhos se voltariam para ela, o que acabaria, de fato, acontecendo, ainda que sem nenhuma hostilidade ostensiva em relação ao pai.

Nesse ínterim – e foi um largo espaço de tempo – a mãe proibida se faria mãe "de todas as crianças desamparadas".

– O martírio – lembra Nethercot (p. 153) – uma vez mais a encaminhava para as práticas humanitárias.

Ainda que derrotada judicialmente, Annie não se deu por vencida. Continuava dispondo de seu respeitado poder verbal. Além disso, a repercussão social da decisão judicial foi maior do que se poderia estimar. Como assinala Nethercot, em nenhum outro caso como aquele, a justiça voltaria a conceder ao pai "direitos absolutos sobre os filhos". Conforme escreveu a própria Annie,

> Se você for a esposa legal de seu marido, não terá nenhum direito sobre seus filhos; mas se, legalmente, você for a amante de seu marido, seus direitos de mãe estarão assegurados.

Acresce que a ampla discussão do caso na mídia chamou a atenção do público para a obsoleta severidade das leis contra heresias e blasfêmias, memória de uma poderosa influência da Igreja na formulação dos preceitos legais. Cerca de trezentos anos depois, Giordano Bruno, reencarnado em Annie Besant, encontrava, na Inglaterra do século dezenove, resíduos de uma opressiva legislação medieval nascida do conluio Igreja/Estado.

Annie colheu outros triunfos pessoais de mais aquela campanha. É que seu "espetacular desempenho" (Nethercot, p. 153) como advogada amadora perante a justiça britânica despertou a atenção da Sociedade Dialética, que a incluiu no seu quadro social e a colocou num comitê incumbido de propor um novo projeto de código penal. Paralelamente, uma associação destinada a promover culturalmente a mulher preparou um documento chamando a atenção para a ausência de mulheres na prática forense, dado que não eram admitidas ao estudo do direito. Era o início de um movimento que, dentro de alguns anos, resultaria na correção de tal anomalia.

Annie Besant parecia estar sempre no meio de tempestades ideológicas como essa. Uma estranha procelária que, afinal de contas, funcionava como catalisadora de novas estruturas de pensamento. Passado o temporal e escorrida a enxurrada, o sol voltava a brilhar e o céu parecia mais limpo.

Rejeição Universitária

A batalha judicial com o marido pela posse da filha, por mais traumática que fosse do ponto de vista pessoal, era apenas mais um dos conflitos que pareciam pipocar em torno de Annie Besant. Longe de evitá-los, ela os procurava, assumindo invariável postura contestadora sempre e onde quer que perigasse o exercício de algum direito à liberdade de pensamento e expressão. Tornara-se, mesmo, uma importante referência, uma combativa liderança para causas impopulares, o que fazia crescer o número de inimigos, como anota seu biógrafo.

Constavam de sua agenda, na segunda metade da década de 70, movimentos políticos, sociais, econômicos, educacionais e religiosos de variada natureza e coloração. Em dezembro, por exemplo, pela primeira vez na história, quatro mulheres foram eleitas para o conselho educacional da cidade de Londres. Ainda que não atribuível diretamente a Annie, tinha ela nítida participação naquela vitória do feminismo, uma das causas que ela defendia sem desfalecimentos em seus escritos.

A Sociedade Maltusiana, da qual ela era a secretária, prosperava a olhos vistos e já contava até com uma publicação própria, o *Malthusian*. Em fevereiro de 1878, ela ajudou a organizar um sindicato, a International Labour Union, e foi colocada no seu conselho diretor, juntamente com Bradlaugh e outros. Aliás, desde 1876, ela vinha escrevendo candentes artigos sobre a causa trabalhista, motivados por algumas prisões 'intimidadoras' de trabalhadores da indústria do calçado.

No terreno político, mirou sua poderosa bateria verbal contra o prestigiado gabinete Disraeli. Participou de agitados movimentos contestadores de rua, nos quais ocorriam pancadarias memoráveis suscitadas por provocadores contratados, dizem, pelo próprio Disraeli. De um desses conflitos, Bradlaugh saiu bastante ferido no braço esquerdo.

A intensa atividade político-social desenvolvida por ela, contudo, não era suficiente para fazê-la abandonar a busca incessante de conhecimento. Até aquele momento, abstraída a cultura obtida junto da brilhante *miss* Marryat, Annie fora uma autodidata, sem nenhuma escolaridade específica. Queria, agora, dedicar-se ao estudo sistematizado da ciência. Já há algum tempo, aliás, vinha escrevendo resenhas críticas sobre livros que cuidavam de assuntos considerados não muito apropriados para mulheres, como química, biologia e psicologia. Em uma de suas palestras no auditório do Hall of Sciences, em 1878, discorreu sobre os estudos de Darwin, os únicos, a seu ver, que explicavam as realidades do processo evolutivo.

Como convicta materialista e ateia, demonstrava escassa paciência com o misticismo, o sobrenatural, o espiritual, tudo, enfim, que escapasse ao âmbito da matéria densa. Há anos, um dos alvos prediletos dela e de seus amigos no *Reformer* era o florescente espiritualismo na sua versão britânica. (Não encontro menção alguma a Allan Kardec na volumosa obra de Nethercot). Annie não perdia oportunidade de manifestar seu desdém por sessões mediúnicas, mesas girantes, clarividência e fantasmas.

Em fevereiro de 1879, uma nota de Bradlaugh no órgão oficial dos livres-pensadores, anunciava que a sra. Besant estaria disponível apenas para as palestras de sábado e domingo, a fim de se preparar para os exames na Universidade de Londres, que acabava de abrir oportunidade de graduação também às mulheres. Hypathia Bradlaugh estudava junto com Annie com o mesmo objetivo.

Como que retomando o trabalho da outra Hypathia – que fora ela mesma, em Alexandria, entre os séculos quarto e quinto – Annie optou por estudar álgebra, geometria e física.

Foi nessa época que surgiu a insinuante, brilhante e controvertida figura do dr. Edward Aveling, que iria exercer importante papel na vida de Annie. Ela o tomou como professor de ciência, na sua maratona rumo à universidade. Consta que até houve entre eles um romance, mas Annie sempre foi extremamente discreta no gerenciamento de suas preferências sentimentais.

Com a disposição que lhe era peculiar, ela enfrentou durante cinco dias o rigoroso vestibular e passou. Bradlaugh anunciou – "com paternal orgulho", acrescenta Nethercot (p. 162) – o sucesso de sua amiga, cujo objetivo era uma graduação em ciência.

Gerald Massey, poeta místico, socialista cristão, escreveu um poema – não o seu melhor, na opinião de Nethercot – dedicado a Annie, falando de sua bravura nas batalhas da vida. Terminava com uma expressão dramática e, dir-se-ia, mediúnica: enquanto existisse gente como Annie Besant, Giordano Bruno estaria vivo! E estava mesmo! Curiosamente, num congresso promovido em Paris, pelos livres-pensadores, por aquela época, foi erguido um brinde a Garibaldi, a Bradlaugh, a Annie Besant e à memória de Giordano Bruno. Bruno renascido estava presente em Annie Besant.

Annie tinha, a essa altura, trinta e cinco anos de idade. Era bonita, graciosa e brilhante. Os estudos prosseguiam com o esperado sucesso, se bem que concentrados em disciplinas de "natureza muito pouco feminina", na avaliação de Nethercot (p. 186). Nos exames de 1880, ela obteve nota máxima – *First class* – em química inorgânica, matemática, mecânica teórica, magnetismo e eletricidade, botânica, biologia, fisiologia animal, acústica, luz e calor. Uff! No curso paralelo que frequentava no Hall of Sciences, também alcançou grau máximo em botânica, fisiologia superior, matemática e química superior. As duas Bradlaugh, Hypathia e Alice, também brilhavam com elevadas notas, mas não tão altas quanto as de Annie.

Quando ela própria e mais Hypathia e seu amigo dr. Aveling passaram a lecionar no Hall of Sciences, *sir* Henry Tyler, prestigioso M.P. (*Member of Parliament*) levantou-se para protestar. Na sua opinião:

> [...] a nenhum ateu, especialmente os que houvessem manifestado por escrito o ponto de vista de que a ciência solapava os alicerces da religião e da Bíblia, deveria ser permitido ensinar ciência a ninguém (Nethercot, p. 188).

Esse tipo de ataque, contudo, não era de impressionar Annie. Ela simplesmente seguia em frente, certa, porém, de que novos obstáculos encontraria pelo caminho e nem sempre ela conseguia ignorá-los, mesmo porque batia irremediavelmente de frente contra os preconceitos mais sólidos de seu tempo.

Há, por essa época, mais um exemplo disso. Fora a única estudante inglesa a passar com honras nos exames de botânica, de cuja banca fazia parte o grande e respeitável *sir* Thomas Huxley. Com o objetivo de dar continuidade aos seus estudos, solicitou permissão para frequentar, como pesquisadora, o Jardim Botânico, no Regent's

Park. Permissão negada, "com horror" – qualifica Nethercot (p. 189). Alegação? Simples: as filhas do diretor do Jardim frequentavam ocasionalmente o local e ele se recusava a "expô-las à presença da sra. Besant". Giordano Bruno renascido encontrava novas manifestações inquisitoriais, tão severas e burras como as que enfrentara no século XVI.

Indignado com o episódio, *sir* J. D. Hooker, eminente botânico, autorizou a visita de Annie a outra instituição, o Kew Gardens, ainda que restringindo sua presença a horas certas do dia, antes do horário regular das visitas do público.

Em março de 1883, o Somerville Club de mulheres recusou-se a aceitar Hypathia e Alice como membros. Nenhuma outra razão foi alegada – o simples sobrenome delas era suficiente para marcá-las como indesejáveis.

Em maio, Annie e Alice solicitaram admissão às aulas práticas de botânica no University College e novamente foram barradas. Negaram a oportunidade de prosseguir seus estudos à única pessoa na Inglaterra que havia sido distinguida com a honraria máxima em botânica!

Mas o que realmente liquidou as esperanças de um bacharelado para Annie Besant foi a química. Ela passou pelos primeiros exames, sem dificuldade, na Universidade de Londres. Em seguida, foi reprovada três vezes consecutivas em química prática. Como passara antes por exames muito mais severos do que aquele, em South Kensington, ela ficou perplexa. Percorrendo retrospectivamente os trâmites por que passara, ela se lembrou, afinal, de um examinador que lhe dissera com todas as letras que

> [...] por mais brilhante que ela fosse nos exames, ele não permitiria que ela passasse, pois nutria forte antipatia pelo seu ateísmo e por certas atividades junto às massas, que ele considerava imorais (Nethercot, p. 193).

Teria que esperar ainda muitos anos pelo títulos acadêmicos que desejava.

"Um Portentoso Silêncio"

Ao chegarmos a este ponto do livro em que examinamos a experiência intelectual de Annie Besant, sinto-me forçado a uma pausa para uma reavaliação que nos ajude a prosseguir. Explico-me. Apoiado num fantástico volume de material pesquisado acerca da sua biografada, o texto de Arthur H. Nethercot é de riqueza e impetuosidade amazônicas. Não há como reproduzir-se, aqui, senão uma arbitrária seleção de episódios mais relevantes ocorridos no que se poderá considerar a segunda metade da vida de Annie Besant.

Para viabilizar uma visão mais compactada desse agitado período – e que período de suas vidas não foi agitado? –, teremos de recorrer a um expressivo resumo que o próprio Nethercot escreveu no prefácio do segundo volume da biografia. Informações adicionais de nosso particular interesse colheremos na exígua mas expressiva autobiografia da sra. Besant que, lamentavelmente, cuida apenas da primeira metade de sua vida. Há, contudo, na edição brasileira da Pensamento, um elucidativo apêndice colhido no livro *Un abregé de sa vie*, escrito por Aimée Blech sobre Annie Besant. Temos, ainda, à nossa disposição o livro de Gertrude M. Williams, *The passionate pilgrim – a life of Annie Besant*, obra que, no entanto, utilizaremos parcimoniosamente, dado que, em sua severa avaliação, Nethercot declara que a autora "de certa forma, deu um tratamento sensacionalista e frequentemente ficcional à vida de Annie Besant" (Nethercot, *The first five lives of Annie Besant*, p. 23, nota de rodapé número 2).

Nethercot identifica em Annie Besant aquele mesmo tipo de inquietação intelectual – no fundo, uma agoniada busca espiritual – que foi uma das tônicas do psiquismo de Giordano Bruno. Tais pessoas revelam-se, habitualmente, vulneráveis a poderosas influências, onde quer que encontrem setas apontando caminhos desconhecidos que podem, em última análise, levá-las às obscuras metas que elas próprias estão procurando. Em Giordano Bruno, encontramos influências desse tipo da parte de Cornelius Agrippa e Copérnico, na literatura hermética, em Marasilio Ficino, no gnosticismo e em Platão, entre outras fontes de conhecimento. Platão e o neoplatonismo parecem ser os vínculos que ligam Hipácia, a pensadora de Alexandria, a Bruno. Já o vínculo Bruno-Besant parece ter sido a paixão antirreligiosa. Se quisermos, contudo, identificar o cimento que une os três, tê-lo-emos na ânsia pela liberdade de pensamento.

De fato, a agressiva irreligiosidade de Annie Besant, parece mais uma vingança pessoal contra todo aquele opressivo sistema de dogmas, do qual a Inquisição que levou Bruno à fogueira era apenas um implacável instrumento da intolerância.

Para Nethercot (*The last four lives of Annie Besant*, p. 11), a primeira causa significativa que sua biografada abraçou foi a do anticlericalismo. Ele não deixa de ter alguma razão em culpar o marido, "cuja falta de compreensão pela sua tão jovem esposa, levou-a à revolta contra a religião na qual ele se mantinha". As motivações, a meu ver, eram mais profundas e antigas. O desastrado marido-reverendo fora apenas o destravador do mecanismo da rebelião; as verdadeiras causas vinham de angustiantes embates com a religião dominante, tanto em Alexandria, no século V, quando na Itália do século XVI. A entidade Hipácia-Bruno-Besant continava a chocar-se com o *establishment* religioso, praticamente o mesmo, ou seja, aquele modelo intransigente de cristianismo dogmático. É bem verdade, que na Inglaterra, o envolvimento político-social era mais relevante do que o mero combate antirreligioso, mas percebe-se, nas entrelinhas de todas as rejeições por que passou Annie Besant, no século XIX, uma conotação nitidamente religiosa. Seu explícito e desassombrado ateísmo era o que mais contribuía para marcá-la como proscrita, indesejável, subversiva, perigosa, para que, tão isolada quanto possível em quarentena intelectual, não contaminasse o contexto social de seu tempo.

Acontece que a resistência à sua ânsia libertadora, mais a estimulava a lutar por uma sociedade em que a liberdade de pensamento fosse uma dos direitos básicos da cidadania. Seu conceito de cidadania, por sua vez, sem ser ferozmente feminista, era o de que a mulher também tinha direito ao seu espaço na sociedade, em termos de igualdade civil com os homens. A massa anônima dos que hoje chamam-se excluídos, também tinham, para ela, os mesmos direitos a uma vida digna.

Eram tantas as causas e havia tanto o que fazer para demolir os baluartes da intolerância política, social e religiosa que ela parecia saltar de uma para outra, ao sabor dos fatos e dos temas em debate a cada momento.

Por isso, Nethercot lembra que o reverendo Frank Besant a empurrou para a militância antirreligiosa, em seguida, outro reverendo, Charles Voysey, atraiu (temporariamente) ao teísmo; Thomas Scott convenceu-a a aderir ao ceticismo; com Moncure Conway passou ao racionalismo; Charles Bradlaugh, "com quem" – informa Nethercot – "teria se casado se ambos não estivessem ainda presos a outros parceiros", levou-a ao materialismo, à luta pela liberdade de pensamento, ao individualismo e ao radicalismo político.

Mas a lista continua, tanto quanto as sucessivas mudanças de ênfase e as buscas e campanhas paralelas, de sua própria iniciativa. A paixão pela ciência, (res)suscitada pelo charmoso e brilhante dr. Edward Aveling, contribuiu para fazê-la voltar a atenção para o combate a qualquer aspecto cultural que sugerisse conotações sobrenaturais. Aveling despertou nela, mais do que o mero interesse pela ciência, um sentimento que Nethercot caracteriza como *infatuation* (paixão amorosa), que muito tinha, contudo, de platônica. Quando Aveling transferiu sua mal-sucedida afeição para Eleanor Marx, filha de Karl, o homem do *Das kapital*, Annie sofreu, por algum tempo, a decepção do abandono, mas logo se recuperou, dedicando-se a mais uma das suas numerosas causas – a do Socialismo Fabiano, levada por outro charmoso e genial rebelde, um jovem irlandês por nome George Bernard Shaw.

• • •

Parênteses, por favor! Uma amiga dotada de bem disciplinadas faculdades, digamos, extrassensoriais, sugere (Atenção! Sugere, apenas) que Shaw bem pode ter sido uma reencarnação de Sófocles.

• • •

A despeito do encanto pessoal e intelectual de Shaw, Annie não ficou muito tempo na militância socialista. Aderiu a um modelo mais vigoroso e mais extremado – o do próprio Karl Marx e isso a despeito do desapontamento com Eleanor Marx, que lhe arrebatara o simpático dr. Aveling.

Foi nesse período que Annie mais trabalhou por sacrificiais causas humanitárias, como reformadora social e educacional, líder sindical e promotora de greves por melhores condições de trabalho e salário.

De repente, o que parecia impossível aconteceu. Ela se converteu ao teosofismo.

Melhor do que parafrasear Nethercot, vejamos como ele expõe o episódio, em suas própria palavras (p. 11).

> O elemento precipitador da surpreendente conversão foi a controvertida e masculina Helena P. Blavatsky, a quem ela eventualmente substituiria como a mais importante figura na mística e ocultista Sociedade Teosófica.

Por mais que Annie sempre surpreendesse amigos e adversários com as suas inesperadas mudanças de rumo ideológico, era possível identificar-se nela, até à dramática conversão à teosofia, certa coerência – Annie portava-se consistentemente como uma guerrilheira da liberdade de pensamento, uma rebelde disposta a sacrificar-se por causas sociais, por mais impopulares que fossem perante o *establishment*.

Em 1883, por exemplo, seus "impulsos rebeldes" – lembra Nethercot (Volume I, p. 195) – "concentraram-se largamente na temática da Revolução Francesa". As conferências que pronunciou – sempre com muito sucesso – foram reproduzidas em série no *Reformer* e, posteriormente, em livro, ao qual deu o título *A history of the great French Revolution* (Uma história da grande Revolução Francesa). Tratava-se, na opinião da autora, de uma visão diferente das demais porque fora escrita "do ponto de vista do povo". Não apenas isso, porém. Para ela, Robespierre fora "uma das mais patéticas figuras da história, dado que ele tinha um ideal para realizar, mas não a força para realizá-lo". Era nessa condição de mártir de uma grande causa que – na opinião de Nethercot – o Incorruptível exercia poderosa atração sobre a sra. Besant. Ficamos com direito a uma pergunta meramente especulativa, mas não menos fascinante: que teria feito Annie Besant no dramático papel que o destino – vago nome esse! – escreveu para Maximilien Robespierre? E esta outra: que teria sido da Revolução Francesa sob a liderança de Annie Besant? Infelizmente (ou felizmente, sabe-se lá!) a história não tem respostas para perguntas dessas.

Por essa época, continuava o duelo verbal, judicial e às vezes policial, de Bradlaugh com a Câmara, cujo assento, como lembra Nethercot (p. 195), ele, "ao mesmo tempo, ocupava e não ocupava". Isso porque a mesa recusava-se tanto a declarar vago o assento do deputado eleito, como a permitir que ele tomasse posse dele, sem o juramento regulamentar. A disputa parecia uma feia brincadeira de cabo-de-guerra, cada um a puxar para o seu lado. A presidência da Casa ordenou à segurança interna que conservasse o rebelde deputado não empossado fora do recinto, a não ser que ele se portasse convenientemente. Bradlaugh recorreu à justiça, pleiteando uma ordem que impedisse a segurança da Câmara de barrar a sua entrada. Enquanto a questão se arrastava pelos meandros jurídicos, Annie movimentava listas de adesão, falava e escrevia sem cessar.

Tão empolgada estava pelo jornalismo que fundou seu próprio veículo, uma revista literária mensal, com espaço reservado para atender a ampla faixa de leitores. Tinha seus 'cantinhos' para todos – o cantinho da ciência, o dos jovens, o da arte e até um curioso *Inquisitorial Corner* – o cantinho inquisitorial, destinado a publicar respostas a questões propostas pelo público leitor.

Em paralelo, certo *mr.* Foote, um jovem rebelde entre os rebeldes, deixou a associação dirigida por Bradlaugh e Besant e fundou o *Freethinker* (O livre-pensador), no qual montou sua artilharia antirreligiosa em artigos ridicularizantes, como "Sobre as desvantagens de ir para o inferno." Acabou citado por blasfêmia. Por vias indiretas, Bradlaugh e Annie Besant foram igualmente envolvidos pelos seus adversários, pela simples razão de que a revista de Foote era impressa no mesmo endereço que rodava as publicações daqueles dois. A verdade é que, desde novembro de 1881, Bradlaugh e ela nada queriam saber do *Freethinker*, de Foote, precisamente por causa do tratamento que consideravam inadequado das 'ilustrações bíblicas'. Eram livres-pensadores e ateus, mas certamente desejavam as coisas em melhor nível.

Seja como for, Annie solidarizou-se com Foote, a despeito de suas divergências ideológicas com ele, a partir do momento em que ele foi judicialmente citado como blasfemo. Para encurtar a história, Foote e seu amigo Ramsey foram, não propriamente inocentados, mas a justiça considerou desnecessário dar prosseguimento à ação e os dois foram libertados, pois já haviam sido recolhidos à prisão. A vitória foi devidamente comemorada.

Eram muitas, contudo, as frentes de combate de Annie Besant. Certa vez, bateram mais perto de seu coração e, por isso, doeu mais.

O reverendo Mitchinson, de Londres, em visita à comunidade de Boston, resolvido a dar um 'tempero' especial ao seu sermão, disparou veemente ataque contra a sra. Besant. Sabia, provavelmente, que Mabel Besant, àquela altura com treze anos, estava presente. Ao ouvir a mãe referida pelo mui cristão reverendo, juntamente com Bradlaugh, como "lixo desprezível" e pessoas que "viviam sem esperança de ir para o céu e sem medo do inferno", a menina ficou tão perturbada que teve de ser retirada pela dedicada *miss* Adams, sob o olhar atento da congregação.

A grosseria excedeu seus próprios limites e o jornal local, o *Boston Guardian*, publicou a carta-protesto, na qual a sra. Besant mencionava aquele exemplo de "humanitarismo cristão" e discorria sobre a pureza e a respeitabilidade em que vivia, dedicada ao seu trabalho. Não fosse assim – prosseguia –, o reverendo Besant, seu marido, teria tido condições de requerer, afinal, o divórcio, pelo qual agora ansiava. Detetives particulares vigiavam-lhe a casa, seguiam-na aos hotéis quando viajava, e interrogavam os proprietários dos imóveis alugados por ela. A despeito da severa vigilância em torno da odiada ex-esposa, nunca foi possível caracterizar qualquer desvio de comportamento dela.

Outro jornal local, contudo, o *Boston Herald*, apoiou o virulento sermão. Alguns órgãos da imprensa, bem como pessoas, individualmente, ainda que preservando suas restrições ideológicas à sra. Besant, entenderam corretamente, que o reverendo Mitchinson excedera-se no seu ataque, descortês, para dizer o mínimo.

Alguma coisa, porém, começava a mudar em Annie Besant, não no seu comportamento, nem na sua destemida combatividade pelas causas difíceis, mas na sua ideologia. Era sutil a mudança e parece que muita gente somente notaria mais tarde, quando ela passou a demonstrar interesse mais atento pela literatura orientalista. Nethercot assinala esse período inicial aí pelo fim de 1882, quando, em seus habituais artigos de crítica, começaram a figurar obras acerca dos *Upanhishads, Vedanta* e outras. Em 1883, ainda na observação de Nethercot, "mostrava-se definitivamente cristalizado seu interesse pelo Oriente" (p. 204).

A partir daí, mais e mais textos sobre lendas, mitos e histórias orientais começaram a surgir da pena brilhante e fecunda de Annie Besant. Dessa abordagem – caracterizada pelo seu biógrafo, como ainda "imparcial" – à mitologia, a sra. Besant passou a discorrer sobre figuras mais concretas de mártires religiosos da história, como Hipácia e Giordano Bruno. Nethercot não esclarece, mas é pouco provável que, a essa altura, Annie já dispusesse da informação de que ela própria houvera sido Hipácia e Bruno. Seus escritos teriam resultado, portanto, de impulso intuitivo ou de mera simpatia pelos mártires, que despertavam nela tão profundos sentimentos de afinidade.

Muitas ideologias e "experimentações com a verdade" – na bonita expressão criada pelo Mahatma Gandhi – ocuparam a mente e o entusiasmo das vanguardas intelectuais, especialmente na segunda metade do século XIX. Bradlaugh e Annie Besant constituíram testemunhos vivos dessa tendência. Mas estavam longe de ser os únicos. Coincidência ou não, foi em 1848 que ocorreram o lançamento do *Manifesto comunista*, de Marx e Engels, e os curiosos fenômenos mediúnicos de Hydesville, nos Estados Unidos, tidos como marco inicial do movimento espírita. Em 1857, o prof. Rivail (Allan Kardec) lançou, em Paris, a primeira edição de *O livro dos espíritos*, precedido pela febre mundial em torno das famosas 'mesas girantes'. Antes do final do século, aí pelas décadas de 80 e 90, espiritualismo – a modalidade inglesa – e o espiritismo – a visão francesa da fenomenologia, ocupavam a atenção de muita gente, tanto da parte dos que apoiavam as novas ideologias, quanto daqueles que a combatiam e mais a daqueles que se valiam dos insólitos fenômenos para trapacear e ganhar dinheiro e notoriedade.

Para poupar tempo e espaço, ficaremos limitados, neste livro, a um mínimo de informação sobre o assunto. O leitor interessado tem a seu dispor ampla literatura de consulta. Indico apenas três delas, por apresentarem abordagens diferenciadas do problema *The history of spiritualism*, de *sir* Arthur Conan Doyle, *In search of white crows*, de R. Laurence Moore e *O espiritismo e as mesas girantes*, de Zêus Wantuil.

O livro de Doyle, traduzido para o português e publicado pela Editora Pensamento, oferece uma abordagem predominantemente do ponto de vista do espiritualismo britânico, o de Laurence Moore (não sei de tradução brasileira), é um estudo acadêmico, neutro; no de Zêus Wantuil, publicado pela Federação Espírita Brasileira, o enfoque é sobre o espiritismo francês dito 'kardecista'.

Nethercot informa (p. 204) que Charles Bradlaugh manifestou, em 1869, algum interesse pela fenomenologia – sessões mediúnicas, clarividência, telepatia, levitação, fenômenos de efeito físico e outros, mas "os resultados foram (considerados) insatisfatórios". A questão, contudo, não estava encerrada para ele, que se interessou pelos trabalhos da Society for Psychical Research (Sociedade de Pesquisas Psíquicas), que reuniu gente de considerável projeção intelectual e social, como Frederic W. Myers, Gladstone, Ruskin, Tennyson, Arthur Balfour, William Crookes, Oliver Lodge, Henry Wallace e William James.

O assunto, contudo, não figurava entre os interesses da sra. Besant. Quando o abordava, a tônica de sua postura era pela rejeição. Seu ressentimento com as religiões em geral e com o cristianismo em particular tinha, pelo menos, cerca de milênio e meio, desde que Hipácia fora trucidada em Alexandria, no ano 415, tragédia que se confirmara em Giordano Bruno, no ano 1660, na Itália. Se não tinha muita razão na rejeição sistemática aos fenômenos suscitados pelos médiuns do século XIX, certamente a tinha de sobra ao empenhar-se tão valentemente na sua cruzada particular pela liberdade de pensamento.

> Estranho como possa parecer – escreve Nethercot (p. 205) –, o espiritualismo (grafado com maiúscula, no original) exerce forte atração em certos tipos de livres-pensadores.

Mas, havia, ao mesmo tempo, um não menos forte sentimento de rejeição, pois quando John Holmes, destacado membro da National Socialist Society, de Bradlaugh e Annie Besant, aderiu ao espiritualismo e passou a pregá-lo em palestras públicas, foi sumariamente expulso do comitê diretor por "conduta vergonhosa". O mesmo acontecera, aliás, com George Sexton, alguns anos antes. Segundo Nethercot, no entanto, defecções desse tipo somente passaram a preocupar Annie Besant e Charles Bradlaugh, quando, membros da sociedade, em Bombaim e Madras, na Índia, começaram a migrar para uma ainda obscura instituição intitulada Sociedade Teosófica.

A Theosophical Society fora fundada em 1875, em Nova York, por madame Helena Petrovna Blavatsky e pelo coronel Henry Steele Olcott. Nethercot descreve Blavatsky como "enigmática imigrante russa naturalizada americana, ex-espiritualista de poderoso olhar hipnótico", ao passo que Olcott se caracteriza no seu texto como ex-advogado, auditor de fundos destinados à marinha e ao exército e "velho amigo americano" de Bradlaugh.

O primeiro contato da sra. Besant com a teosofia não foi nada promissor, para dizer o mínimo. Bradlaugh tinha escasso conhecimento da doutrina teosófica e Annie, menos ainda. Estavam apenas preocupados com a adesão à Sociedade Teosófica de convictos livres-pensadores e membros da instituição dirigida por eles – a NSS, especialmente na sucursal indiana. Em 18 de junho de 1882, na sua habitual coluna "*Daybreak*", Annie tentou abordar o problema de frente. Sem muito conhecimento da doutrina disseminada por Blavatsky, limitou-se a considerá-la "vaga" e interessada em "aparições" dos mortos e no "além", para o qual usou a curiosa expressão "*other--worldism*", algo assim como "outro-mundismo". Chegou, contudo, a admitir que, a despeito da contradição nas respectivas crenças, teosofistas poderiam perfeitamente tornar-se secularistas, se assim o desejassem. Convém esclarecer que, no jargão da época, secularista era a pessoa desligada de qualquer vinculação de natureza religiosa. Note-se, ainda, que a sra. Besant fala de teosofistas aderindo ao secularismo, mas evita mencionar sua preocupação maior no momento, ou seja, sobre secularistas que estavam aderindo ao teosofismo.

A sra. Blavatsky não deixou passar a oportunidade de manifestar-se. Nethercot informa que ela já estava, como se diria hoje, de olho naquela "conspícua feminista". Será que já sabia, por indicação de seus famosos mestres espirituais, que Annie Besant estava programada para trabalhar com eles? Em artigo publicado em agosto, no *Theosophist*, órgão oficial do movimento, Helena P. Blavatsky respondeu com tato, cortesia e firmeza ao artigo de Annie, que, a seu ver, não estava bem informada acerca dos propósitos da Sociedade Teosófica. A estocada foi firme e certeira:

> Para uma pessoa intelectualmente tão bem dotada e tão perspicaz, como aquela famosa escritora – adoçou –, dogmatizar e expedir autoritários *ukazes*, depois que ela própria sofrera tão cruel e imerecidamente nas mãos da cega intolerância e do preconceito social, na sua luta de uma vida inteira pela liberdade de pensamento, parece, para dizer o mínimo, absurdamente inconsistente.

A sra. Besant, não obstante, manteve-se 'inconsistente' – na sua expressa opinião, livre-pensamento e teosofia eram irreconciliáveis.

A despeito de ter sido a sra. Blavatsky uma ex-espiritualista, a teosofia ainda tinha para Annie muito a ver com médiuns, fantasmas e "outro-mundismo".

Na realidade, Blavatsky pode ter deixado o espiritualismo, mas não deixou de ser médium, por mais que se empenhasse em desfazer-se dessa imagem. Continuou tendo suas vidências, seus desdobramentos, suas intuições e continuou recebendo, por escrito, instruções de seus mestres e guias espirituais.

• • •

Anos mais tarde, já na dimensão espiritual após a morte do corpo físico, uma entidade que se apresentava com seu nome passou a manifestar-se no grupo dirigido pelo dr. Carl Wickland. A médium era a própria esposa do doutor, autor do livro *Thirty years among the dead* (Trinta anos entre os mortos). Blavatsky-espírito ou quem com sua identidade se apresentava, parecia mentalmente confusa e se declarava obstinadamente contrária ao conceito da reencarnação, uma das tônicas da sua famosa Doutrina Secreta. Mas isto é apenas um comentário marginal.

• • •

Alguma coisa, contudo, estava acontecendo nas mais profundas camadas do psiquismo de Annie Besant.

> A despeito de toda a sua aparente dureza e da convicção no seu próprio ceticismo – escreve Nethercot (p. 209) –, as belezas das antigas crenças e rituais e seus anseios pelo poder, e de crer num mundo espiritual, não material, ainda exercem sobre ela uma secreta atração.

Confessaria, mais tarde, a Bradlaugh que já há algum tempo vinha sentindo-se descontente com o severo materialismo que ambos pregavam. Giordano Bruno dentro dela parecia impaciente para reemergir, a fim de dar continuidade à sua busca pelos ainda enigmáticos valores espirituais da vida.

Seja como for, Annie não estava pronta para essa nova mudança de rumo. Talvez entendesse que ainda tinha o que fazer como incansável e destemida guerrilheira da intolerância. Os caminhos para o futuro, a seu ver, não se mostravam desobstruídos do entulho autoritário da intolerância.

No esquema biográfico montado e desenvolvido por Arthur H. Nethercot, Annie Besant estava a essa altura por encerrar sua vida como mártir da ciência, para iniciar a "quarta existência" como "agitadora social-trabalhista". A quinta e última das suas "primeiras vidas" já seria como discípula dos *mahatmas*.

O salto de uma postura para outra desenhava-se como espetacular acrobacia. Nethercot o define em uma dramática dicotomia – "da blasfêmia à teosofia".

Nesse ínterim, algo curioso se passava nos bastidores. Mais ainda do que Helena P. Blavatsky, seus guias espirituais pareciam contar como certa a eventual adesão de Annie Besant à teosofia. Dois mestres (tibetanos) funcionavam como guardiães da Sociedade – Kut-Humi (Koot Hoomi) e Morya, mantendo-se em comunicação direta – informa Nethercot (p. 210) – com H.P.B., à qual transmitiam suas instruções. As mensagens em texto eram escritas em tinta colorida ou *crayon*, num "exótico papel de arroz" e misteriosamente "precipitadas" no ar, nos mais variados lugares, na presença de H.P.B. e de seus seguidores mais íntimos, como A. P. Sinnett.

Uma coletânea de tais 'cartas' mediúnicas dirigidas a Sinnett foi publicada em 1923. Em duas delas havia menção específica à Annie Besant e em uma delas a Charles Bradlaugh. Em uma das mensagens, recebida provavelmente por Sinnett, em Londres, no verão de 1883, Kut-Humi preconiza o eventual surgimento de um "núcleo de pesquisadores e cientistas honestos e de boa reputação profissional, que contribuíssem para projetar a Sociedade Teosófica aos olhos da multidão" (p. 210). Adiantava ainda mais a comunicação, que, entre os cientistas da época, havia gente preparada para "concluir que nossos ensinamentos estão em harmonia com os resultados e avanços de suas próprias pesquisas". Acrescentava, de modo algo enigmático, que mais detalhes iriam sendo passados no devido tempo. Concluía recomendando que se tentasse uma aproximação com Annie Besant, a fim de desenvolver junto dela um trabalho "em linhas paralelas e em inteira simpatia". Sugeria até que Sinnett mostrasse a comunicação a Annie e somente a ela.

A segunda mensagem, recebida em janeiro de 1884 – época em que madame Blavatsky e o coronel Olcott estavam na Inglaterra –, foi ainda mais específica. Queixando-se, como habitualmente, das imperfeições mediúnicas de H.P.B., mestre Kut-Humi declarava "conhecer bem (de alguma existência anterior?) Bradlaugh e sua parceira" – Annie, naturalmente. Nada do que dissessem de ambos, contra ou a favor, "mudaria, ou sequer, influenciaria minha opinião acerca de ambos, ele e a sra. Besant".

Num aspecto, apenas, Kut-Humi, tanto quanto H.P.B., reprovava o procedimento de Bradlaugh e Annie e este foi a publicação de *Fruits of philosophy*, o famigerado livrinho acerca do controle da natalidade.

Seja como for, criara-se um cerco psicológico, ainda sutil, mas não menos consistente, em torno de Annie Besant. Nethercot detecta, neste ponto da carreira da combativa militante, certas inflexões, uma espécie de moderada recaída no misticismo que marcara sua juventude, quando ainda solteira. Talvez, especula o biógrafo, com o propósito de fortalecer suas próprias "tentações", a fim de "reafirmar sua fé na dúvida", Annie assestou novamente suas baterias "sobre as religiões em geral e, especialmente, sobre o cristianismo" (p. 211). Foi uma série de artigos e panfletos de títulos bastante explícitos e expressivos: *Será o cristianismo um sucesso? A história natural do demônio cristão, A posição da mulher segundo a Bíblia, Um mundo sem Deus, Os pecados da Igreja, Vida, morte e imortalidade, O mito da ressurreição e O mundo e seus deuses*. A temática deste último foi destacada numa exposição promovida por ela no conhecido Hall of Sciences, onde se assentava sua tribuna predileta. A obra final dessa demolidora série sumarizava uma veemente declaração de princípios: *Por que não creio em Deus*.

Parece que Annie Besant regredira, no tempo, às angústias e aos questionamentos de Giordano Bruno, a fim de purgar-se dos conflitos que, como entidade espiritual, ainda trazia irresolvidos nas profundezas de si mesma. O privilégio da visão retrospectiva nos autoriza hoje à reflexão de que tanto Bruno como Besant não atacavam com esses candentes pronunciamentos o cristianismo do Cristo revertido à pureza de suas origens, mas as estruturas de poder civil e as de pensamento teológico dogmático que haviam sido criadas, não em torno dos legítimos ensinamentos do Cristo, mas em cima deles e à margem deles, sufocando-os e ignorando-os. Em suma, ainda doíam, e muito, na intimidade mais funda de Hipácia/Bruno/Besant as dores do massacre de Alexandria e as labaredas da fogueira inquisitorial de 1600, em Roma. Sua existência como Annie Besant, até então – 1887 – e alguns anos mais, teria de ser devotada à prioridade básica de arrasar com as últimas trincheiras da intolerância. Só assim seria possível repensar a questão religiosa, que continuava com a túnica e as mãos manchadas de sangue.

A criação e publicação daqueles textos veementes parece terem produzido um efeito catártico, quase mágico – esgotara-se o cálice das amarguras maiores. De repente, em 1888, como diz Nethercot, de maneira irretocável, Annie Besant "reduziu-se a um portentoso silêncio" (p. 211).

Isso não quer dizer que tenha abandonado simultaneamente suas causas sociais. E nem que tenham cessado suas frustrações pessoais; pelo contrário. Continuava presa legalmente ao marido, que se transformara em implacável inimigo, vivia monasticamente ao lado do homem a quem amava (e por quem era amada); Eleanor Marx, filha mais jovem de Karl, o recém-falecido autor de *Das Kapital* e outros textos comunistas, tomara-lhe o dr. Aveling, que, eventualmente, poderia ter substituído Bradlaugh em seu coração e tinha, finalmente, adversários ideológicos por toda parte, além de rivalidades, ciúmes e processos judiciais, acusações e disputas de poder. Como acentua Nethercot, Bradlaugh, matrimonialmente livre, desde que sua esposa morrera, parece ter se conformado, junto de Annie, "com o papel de pai substituto ou, no mínimo, de irmão mais velho" (p. 222). No meu entender, o papel de pai lhe cabe muito bem, se é que, como suponho, ele tenha sido o velho Theon, pai da outra Hipácia, lá na Alexandria do século quarto.

Nesse ínterim, Annie viveria ainda sua "quarta vida" – a de uma agitadora social trabalhista.

Creio chegado o momento de darmos uma espiada no texto que a própria Annie escreve a título de autobiografia. É um volume exíguo, surpreendentemente exíguo, para uma mulher de inusitada fecundidade intelectual como escritora, jornalista e conferencista. A vida dela tem de ser estudada na ação por ela desenvolvida e não nas suas memórias. Pensar, viver, escrever, agir eram uma só coisa para ela. Não havia muito tempo para falar de si mesma, pois tinha muito o que dizer a respeito de um número incontável de conflitos humanos. Diziam os antigos, que primeiro era necessário viver para só depois filosofar. Annie achava que viver e filosofar eram uma coisa só, simultânea, paralela, inseparável. Com inteira razão, por isso, o capítulo X de sua autobiografia chama-se "Guerra por todas as partes".

A Última das "Cinco Vidas"

Annie Besant viveu uma longa e agitada existência, durante a qual, paradoxalmente, conseguiu isolar-se o suficiente do tumulto à sua volta para ler, meditar e escrever. Como propõe Nethercot, ela conseguiu comprimir nove existências numa só de suas vidas terrenas. Ao publicar sua autobiografia, em 1893, tinha apenas 46 anos de idade e ainda lhe restavam 40 anos de vida. Escreveu-a com a esperança de que seu texto pudesse ser útil aos que a lessem. Era a narrativa de "uma alma que caminhou sozinha na obscuridade e mais além encontrou a Luz, que lutou em meio da tempestade e depois achou a Paz"... Seu propósito era o de poder "difundir um raio de luz e paz entre as trevas e as tormentas de outras vidas" (p. 9).

Vimos, em Nethercot, que em 1888 Annie viveu o seu momento de "portentoso silêncio". Alguma coisa estava acontecendo nas profundezas do seu ser. Em outubro de 1887, tomara uma decisão dramática, ao demitir-se do que caracteriza como o "lucrativo cargo" de codiretora do *National Reformer*, tribuna jornalística na qual pontificava ao lado de seu amigo Bradlaugh, há treze anos. Continuava como colaboradora e como coproprietária da publicação.

Há algum tempo, percebera que as divergências entre os administradores da revista sobre o socialismo repercutiam desfavoravelmente entre os leitores e membros da instituição da qual a publicação era a porta-voz. Como ao entrar para a organização, Annie ainda não era socialista, achou que ela é que devia retirar-se, com o que Bradlaugh não concordou. Pouco depois, ela insistiu; a decisão era irrevogável. Confessa na autobiografia que "foi duro romper um vínculo que tão caro havia custado treze anos antes".

Mas não era só isso. Enquanto Bradlaugh e ela foram, juntos, as ovelhas negras da sociedade contemporânea, ela achou que tinha de ficar ao lado dele. Percebia agora "uma rápida mudança da opinião pública" em favor de seu amigo. Em outras palavras, Charles Bradlaugh começava a ser aceito pelos liberais, que, antes retraídos, agora o procuravam. Mais que isso, percebia que ela, Annie, passara a ser considerada "uma obstrução e uma carga" em vez de uma preciosa colaboradora como fora até aquele ponto. Em suma, Annie continuava sendo a ovelha negra, ainda rejeitada, ao passo que seu amigo passara a ser aceito. Annie entendeu que facilitaria as coisas para ele, se os caminhos de ambos se separassem.

A decisão foi traumática para ambos. Bradlaugh confessou, em editorial, a sua mágoa, falando da dor que lhe "causava aceitar a ruptura de uma situação na qual ela prestara tão relevantes serviços ao livre-pensamento e à causa do radicalismo" (p. 207). A dor não era menos profunda para Annie.

> Enquanto todos o repeliam e odiavam – escreve ela (p. 208) –, sentia-me orgulhosa de estar ao seu lado, mas quando os amigos da prosperidade se agrupavam ao seu redor, compreendi que o servia melhor desaparecendo, se bem que nunca o amei mais intensamente que quando estive separada dele.

Confirmada a dolorosa ruptura, Annie seguiu seu caminho. A amizade entre ambos resistiu e sobreviveu, a despeito das divergências ideológicas. Mas Annie tem uma nota a mais a acrescentar – foi somente

> [...] pouco depois, quando entrei para a Sociedade Teosófica, (que Bradlaugh) perdeu a confiança em minha faculdade de raciocínio e juízo.

Não há como deixar de entender a posição de Bradlaugh. Annie Besant não era apenas a companheira de ideal, a batalhadora incansável, a lutadora destemida, a amiga incondicional de todos os momentos, mas também a mulher que ele amava, talvez de maneira mais intensa por ser um amor platônico, feito de admiração e respeito, além de carinho e afeto.

A luta continuava, os ideais ainda se pareciam e as tarefas a que se propunham desenvolviam-se frequentemente em paralelo, pois muitas causas ainda eram comuns a ambos.

Um exemplo disto foi a verdadeira briga social que Annie 'comprou' com os empresários de uma tradicional fábrica de fósforos, a

Bryant & May, cuja mão-de-obra consistia basicamente de jovens mulheres, muitas ainda adolescentes. Duas delas, em desespero, foram a Annie. Uma tinha apenas 16 anos, ganhava quatro xelins por semana e vivia com uma irmã, que ganhava oito a nove. Pagavam 2 xelins de aluguel e viviam de pão com manteiga e chá. A menina acrescentou que "uma vez por mês comia num lugar onde lhe davam, além de pão com manteiga, conservas e marmeladas em grande quantidade" (p. 216). Enquanto isso, os acionistas da firma eram regiamente recompensados com polpudos dividendos. Não era de admirar-se, pois, que as ações da empresa, de valor nominal de cinco libras, estivessem cotadas a mais de 18 libras.

Sabedores da movimentação das moças, os patrões exigiam delas a assinatura de um documento no qual se diziam bem tratadas e satisfeitas e que eram falsas as acusações de que Annie fora a porta-voz. Eram cerca de 1.400 moças. Annie apoiou a greve iniciada por elas, arrecadou dinheiro, a fim de sustentá-las enquanto se negociavam melhores condições de trabalho, e acabou ganhando a guerra.

> [...] escrevemos artigos – conta Annie (p. 217) – formamos clubes; celebramos comícios públicos; conseguimos que Bradlaugh (já empossado como deputado) interpelasse o Parlamento; pusemos em atividade entidades em que havia acionistas nossos; numa palavra, conseguimos fazer todo o país entrar na lide.

Por algum tempo, ainda, ela permaneceria envolvida nos problemas sociais e políticos de seu tempo, a serviço dos quais pusera seu fantástico poder verbal, tanto com a palavra escrita como a falada. As questões sociais parece terem sido as que mais a agoniavam. Abaixo do nível dos trabalhadores mal remunerados, ainda havia uma camada mais sofrida – a dos desempregados. Ela descreve os lares miseráveis, com crianças magras, andrajosas, deitadas pelo chão, mãe e filhos com o olhar faminto, os pais de mãos trêmulas. Annie começa a se questionar, tentando alcançar a compreensão do que se passava para além da terrível condição social.

> Nosso coração – escreve (218) – se despedaçava, os olhos se enchiam de lágrimas, e cada vez mais imperiosa sentíamos a pergunta: "Onde encontrar alívio para tanta dor? Qual o caminho para livrar o mundo de tantos males?"

Não se tratava, portanto, somente de como aliviar a dor, mas de entender o porquê da dor. A fome e a miséria adquiriam proporções e aspectos metafísicos. Não era apenas um grave problema social. Antes de resolvê-lo, contudo, era preciso socorrer os desgraçados. Annie e seu grupo iam à luta. Além dos artigos, dos panfletos, dos discursos, ela liderava campanhas objetivas, com movimentos de rua, coleta de dinheiro, processos judiciais para minorar injustiças cruéis, como a de pagar apenas dois xelins e um quarto por uma grosa – doze dúzias! – de caixas de estanho para embalagens. Visitava fábricas, seguia à frente, nas passeatas, apoiava greves, negociava com os empresários, debatia com os trabalhadores.

Além de tudo isso, escrevia profissionalmente para ganhar a vida e dedicava-se ao trabalho na Junta de Ensino. A carga já ultrapassava os limites de suas resistências físicas – era, no seu dizer, "superior às forças físicas de uma mulher".

Foi nesse clima que se iniciou o ano de 1889,

> [...] ano inolvidável – declara (p. 219) –, em que encontrei o caminho de minha verdadeira morada e tive a inapreciável ventura de encontrar H. P. Blavatsky e ser sua discípula.

A essa altura, já trazia ela a convicção de que alguma coisa além da militância trabalhista se fazia necessária para combater tantas e tão aflitivas mazelas sociais.

> A doutrina socialista – acrescenta – bastava do ponto de vista econômico, porém onde encontrar a inspiração, o motivo capaz de conduzir à realização da Fraternidade Humana?

Esse questionamento ocupava sua mente há algum tempo. Desde 1886, diz ela (p. 219), vinha percebendo que "minha filosofia era insuficiente; de que a vida e a inteligência eram algo distinto e superior ao que eu havia julgado".

A despeito de toda a estrutura de seu convicto materialismo, ela começava a perceber que muita coisa transcendia as limitações do seu ideário. Suas leituras ampliavam-se e diversificavam. Fala dos avanços da psicologia, das pesquisas sobre o hipnotismo, dos enigmas da personalidade múltipla e de intensas experiências vividas por pessoas com o cérebro em estado comatoso. Crescia o acervo de fatos inexplicados e inexplicáveis no contexto do materialismo, que fora, até então, seu único padrão de aferição ideológica. Começou a ler sobre aquilo a que chama "os aspectos mais obscuros da consciência: sonhos, alucinações, ilusões e insanidades mentais". Nesse ponto, *O mundo oculto*, de A. P. Sinnett – seu futuro amigo e companheiro de ideal – constituiu uma espécie de revelação.

Ampliou ainda mais a exploração do novo e fascinante terreno especulativo. Com a sua habitual acuidade mental, percebeu corretamente que o sobrenatural não passava de "uma natureza sujeita a uma lei mais vasta do que eu ousara conceber" (p. 220). Diz ela, neste ponto, que às suas novas especulações acrescentou a temática do espiritismo e que até o experimentou pessoalmente, concluindo que "os fenômenos eram indubitáveis, mas inacreditáveis as explicações espiritistas". Como não disponho de seu texto original inglês, não posso afirmar, mas suponho que ela esteja se referindo não propriamente ao espiritismo como doutrina, fenomenologia e movimento organizados por Allan Kardec, mas ao espiritualismo britânico, mais voltado para a fenomenologia do que para os aspectos doutrinários e éticos que o professor Rivail fez questão de trazer para o bojo da doutrina. Não encontro qualquer referência à obra de Kardec na documentação consultada para escrever esse estudo. Por essa altura, 1886-1889, os livros fundamentais da codificação espírita haviam sido lançados em Paris há cerca de trinta anos e Annie não dependeria de traduções, porque dominava o francês tão bem quanto sua língua materna.

É curiosa sua conclusão de que os fenômenos eram indubitáveis, mas inaceitáveis as explicações sobre eles propostas pelo espiritismo. Que explicações alternativas teria ela?

Suas experimentações pessoais, portanto, haviam-na levado a inesperadas conclusões, convencendo-a da existência de "algo ignoto, um poder desconhecido", que ela decidiu, ao iniciar-se a primavera de 1889, "encontrar de qualquer maneira". As matrizes ideológicas que Giordano Bruno estudara sob o rótulo de hermetismo, e pelas quais morrera, começavam, afinal, a emergir do fundo da sua memória integral. Era ali o seu lugar, no estudo da realidade tida por oculta apenas porque, basicamente, invisível, extrassensorial, imaterial, espiritual, enfim. Até ali, o trabalho fora apenas preparatório; sua tarefa prioritária para aquela existência começava naquele ponto da sua trajetória pessoal. E ela conta como foi que isso aconteceu.

Foi na hora habitual de sua meditação, após o pôr-do-sol. Sentia-se invadida por um intenso e "quase desesperado" desejo de "resolver o enigma da vida e da mente" (p. 220). Foi quando ouviu uma Voz "convertida mais tarde no mais sagrado som terreno, que me convidava a ser corajosa, porque já se aproximava a luz".

Duas semanas depois, seu particular amigo William Stead entregou-lhe dois grossos volumes para que ela escrevesse sobre eles uma das suas apreciadas avaliações críticas. Acrescentava que a obra intimidava os alunos dele, mas que Annie era dotada de "paixão suficiente" para saber o que fazer dela. Tratava-se da *Doutrina secreta*, da sra. Blavatsky.

• • •

William Stead foi um dos mais brilhantes e famosos jornalistas de seu tempo. Era espírita convicto e praticante e médium. Além de escritos seus, psicografou o curioso livro *Cartas de Júlia*, do qual consegui, certa vez, uma versão francesa sob o título *Lettres de Julia ou Lumière de l'au-delà*. Júlia fora uma jovem americana que trabalhara com Stead, ainda em vida. Após a morte, passou a escrever por intermédio do amigo a narrativa de suas experiências na dimensão espiritual. William Stead tem, para os brasileiros, significativa relevância – tornou-se amigo pessoal de Rui Barbosa, quando da sua cobertura como jornalista da famosa Conferência de Haia, na Holanda, na qual Rui foi uma das mais destacadas figuras. O famoso jornalista morreu no naufrágio do Titanic, o navio que, dizem, o comandante achava que nem Deus conseguiria afundar. Algum tempo depois, estava Rui em um hotel em Caxambu, estância mineral do sul de Minas, quando seus parentes e amigos organizaram uma pequena sessão mediúnica com o 'copinho'. Stead manifestou-se e mandou um recado para o eminente amigo brasileiro. A comunicação foi tão sensacional que resolveram falar com Rui, já recolhido aos seus aposentos, no hotel. O conselheiro leu a mensagem e admitiu prontamente sua autenticidade – falava de coisas que haviam conversado em Haia, anos antes.

A *Doutrina secreta* foi uma espécie de revelação esperada por Annie, se assim podemos dizer. Leu-a fascinada, com crescente interesse e com a estranha (para ela) sensação de que aquilo tudo lhe era familiar. Adivinhava as sequências do pensamento e as conclusões. Tudo lhe parecia natural, coerente, sutil e inteligível. O conhecimento intuitivo parecia disparar na frente da leitura, por mais sôfrega que ela estivesse pelo conteúdo da obra. Teria que meditar sobre tudo aquilo que "a rápida intuição percebia como verdadeiro" (p. 220).

Escreveu o artigo crítico solicitado por Stead e lhe pediu que a apresentasse à sra. Blavatsky, a quem desejava entrevistar. H.P.B. respondeu prontamente de maneira "cordialíssima", declara Annie. Marcaram uma conversa para o "suave entardecer da primavera". Poetisa a sra. Besant.

No dia e hora aprazados, Annie e seu amigo Herbert Burrows dirigiram-se, em ansiosa expectativa, a Nothing Hill Station, número 17 da Landsdowne Road, onde se encontrava a sra. Blavatsky. Vejamos como Annie descreve o encontro:

> Uma pausa, rápido caminhar pelo vestíbulo e antecâmara, atravessando as portas abertas, até chegar ante uma pessoa sentada numa cadeira em frente a uma mesa, a qual, com vibrante e sugestiva voz, dizia: "Ó querida senhora Besant! Há quanto tempo eu desejava vê-la!"

Annie, de pé, com suas mãos fortemente presas às "poderosas" mãos de Blavatsky, declara contemplá-la "pela primeira vez, nesta vida". Foi um momento mágico, aquele. Ao mesmo tempo em que H.P.B. a atraía com o seu reconhecido "olhar hipnótico", também lhe suscitava estranhas emoções. Passado o impacto daquele primeiro momento, Annie confessa envergonhadamente haver experimentado "feroz rebeldia, impulso de fuga, como animal selvagem que sente sobre si a mão do domador".

Sentou-se e ficou a ouvir, pois nada lhe ocorria dizer. H.P.B., enrolando seus cigarrinhos e fumando-os sem cessar, falou sobre suas andanças pelo mundo. Nada de particularmente relevante, nada sobre o ocultismo e seus mistérios – era apenas "uma grande dama" a conversar com seus amigos. Ao se despedirem, pousou na nova amiga seu olhar magnético e "com voz trêmula de emoção", disse como quem sonha com o impossível: "Ó querida senhora Besant, se quisesse vir conosco!" Seria a mera expressão de um desejo? Uma esperança? Um pedido? Uma velada ordem? Uma profecia?

Ainda que profundamente impressionada, Annie não prometeu nada, retirando-se com o que caracterizou como uma "frase evasiva". O comentário de Blavatsky viria mais tarde. "Filhinha" – dissera –, "seu orgulho é terrível! Você é tão orgulhosa como Lúcifer!"

É preciso entender Annie Besant, na sua hesitação inicial. Antes de atravessar aquele ponto sem retorno, muita coisa precisava ser resolvida dentro dela e no contexto em que vivia.

Devia volver-me contra o materialismo – pergunta-se (p. 222) – e afrontar a vergonha de confessar publicamente que me havia equivocado, enganada pelo intelecto que desconhece a existência da alma?

Deveria abandonar toda aquela multidão de amigos que, mesmo nos momentos mais difíceis de sua vida, lhe permaneceram fiéis? Entre todos esses amigos e companheiros de luta e de ideal, destacava-se Charles Bradlaugh. Como enfrentar o seu olhar e dizer-lhe que se tornara uma teósofa? Como explicar-lhe a trajetória íntima de seu pensamento, que a arrastava de uma postura ideológica para outra que se lhe opõe irremediavelmente?

A transformação fora um tanto mágica. Logo nas primeiras leituras disparou-se nela um processo irreversível de autoiluminação, rápido e brilhante como um relâmpago – a expressão é dela mesma. A partir daquele ponto, a combativa materialista, livre-pensadora e ateia declara saber "por experiência pessoal que a alma existe e que é minha alma, não o corpo, que sou eu..." (p. 223).

Seu fascínio, sua convicção de que havia, afinal, chegado ao que buscava, transparece num bilhete que escreveu a William Stead e que Nethercot reproduz no seu livro (p. 311). Lá está escrito, na sua letra forte e clara:

> *Estou imersa em madame Blavatsky! Se eu perecer na tentativa de escrever a análise crítica de seu livro, você deverá escrever no meu túmulo: "Ela foi investigar pessoalmente a Doutrina Secreta."*

Como era de se esperar, esse artigo causou considerável impacto entre seus numerosos amigos e leitores. Charles Bradlaugh foi, contudo, aquele que talvez tenha se sentido mais fundamente atingido. Estava perplexo. Sua reação ao estudo de Annie levou-o a escrever uma nota, na qual foi educado, como sempre, mas firme. Lembrava que o termo *teósofo* era antigo e fora empregado pelos neoplatônicos. Certamente ignorava que ele próprio, Bradlaugh, havia sido um deles. Blavatsky, na sua opinião, "assegura o que não creio e faz afirmações que não julgo verdadeiras" (p. 227). Não tivera oportunidade de ler os dois pesados volumes da *Doutrina secreta*, mas pelo que tinha lido esparsamente dos textos de H.P.B. e do seu particular amigo coronel Olcott, a teosofia estava tentando "reabilitar certa espécie de espiritismo em fraseologia oriental". Refere-se, a seguir, à sua querida amiga e (ex) companheira de ideal. É preciso ler o que ele diz:

> Sinto profundamente que minha colega e colaboradora tenha subitamente, e sem estabelecer um intercâmbio de ideias comigo, adotado como certas, questões que, ao meu parecer, são tão irreais como uma fábula. Meu sentimento é maior ainda, porque conheço a devoção da sra. Besant por tudo o que crê verdadeiro; que sustenta sempre com ardor as ideias cuja defesa empreende, e atemoriza-me o possível desenvolvimento de suas opiniões teosóficas.

Reitera a linha editorial do *National Reformer*, como inapelavelmente "antagônica à teosofia."

E conclui, em tom melancólico:

> Havia preferido calar-me sobre este assunto, pois já se fez público o desacordo entre a sra. Besant e eu, ao aderir ela ao socialismo, o que nos entristeceu profundamente; porém, depois de seu artigo e de sua proclamação pública de haver ingressado na organização teosófica, devo comunicar claramente minha opinião àqueles que me consideram como guia.

Bradlaugh foi firme, mas sóbrio e procurou ser compreensivo, mas outras críticas não tão serenas começaram a pipocar por toda parte.

Nesse ínterim, Annie foi a Paris, em companhia de Herbert Burrows, a fim de participar de um congresso internacional trabalhista. Lá, encontrou-se novamente com madame Blavatsky, que descansava em Fontainebleau, por uma semana. H.P.B. 'traduzia' fragmentos de um velho livro intitulado *A voz do silêncio*. Coloquei aspas no verbo porque não era uma tradução como as outras. Annie via a amiga a "escrever rapidamente sem ter diante de si nenhum exemplar original". Era, pois, uma psicografia. Terminado o trabalho, pediu a Annie que o lesse e lhe dissesse se o inglês "era passável". Estava um primor o texto. Annie mudou duas ou três palavras e falou da beleza do escrito, "em perfeito e belíssimo inglês, fluido e harmonioso" (p. 228). Como uma criança elogiada pelo dever de casa, Blavatsky sorria, surpresa e maravilhada.

• • •

Tenho uma pequena historinha acerca desse texto e leitores e leitoras sabem que adoro contar historinhas. Há uns tantos anos, sem pensar ainda em escrever este estudo que você está lendo, recebi de uma querida amiga e leitora uma xerox de *A voz do silêncio*, numa esquecida edição da Civilização Brasileira. Para surpresa minha, o tradutor era Fernando Pessoa. Há um explicativo em seguida ao título que assim diz: "... e outros fragmentos extraídos do *Livro dos preceitos áureos*. Informa-se, ainda, que o texto foi "Traduzido (para o inglês) e anotado por Helena Blavatsky."

• • •

Terminava o ciclo durante o qual Annie Besant vivera, no dizer de Nethercot, suas cinco primeiras vidas. A partir dali, ela passaria a viver as suas quatro últimas, nesta ordem: 6ª· a educadora, propagandista e mística indiana; 7ª· presidente do Congresso Nacional da Índia; 8ª· a líder abandonada e 9ª· a vida na morte.

É o que veremos a seguir.

ENTREGA TOTAL

Como vimos, Annie Besant tornou-se teosofista em 1889. Foi uma entrega total, como de seu hábito. Dirigiu-se à Landsdowne *road*, a fim de informar-se melhor acerca da Sociedade Teosófica, decidida a aderir ao movimento. Madame Blavatsky fixou nela o penetrante olhar e lhe perguntou se havia lido o relatório da Society for Psychical Research (SPR). Como de nada sabia a respeito, H.P.B. recomendou-lhe que lesse primeiro o documento e se, depois disso, insistisse em pertencer à Sociedade Teósofica, tudo estaria bem. Prontamente passou a outro assunto.

• • •

Lê-se em *Fifty years of psychical research*, de Harry Price, "(p. 56), o seguinte texto sob o título: "Desmascaramento dos 'milagres' teosóficos":

> Em 1884 a Sociedade incumbiu o dr. Richard Hodgson de investigar os chamados milagres que, segundo os teosofistas, alguns de seus devotos praticavam. Os supostos fenômenos pouco difeririam dos ocorridos nas práticas mediúnicas dos espiritualistas: aparições, movimentos telecinéticos e – especialmente – o miraculoso aparecimento de mensagens escritas pelo *mahatma* Kut Humi e outros. A fim de complementar suas investigações, Hodgson foi à Índia, onde permaneceu durante três meses. Verificou que os "milagres" não passavam de meros truques e entrevistou alguns dos cúmplices de madame Blavatsky. Entre eles, madame E. Coulomb, que escreveu um relato completo sobre sua participação nas fraudes. O relatório de Hodgson foi publicado no Volume III dos *Proceedings* da Sociedade. Trata-se

de um documento volumoso, com muitas cartas em *fac-simile*, etc. O relatório causou considerável sensação e a controvérsia em torno dele continua acesa.

O livro de Price, conhecido "caçador de fantasmas" (título de um de seus estudos), é de 1939 e convém lembrar que madame Blavatsky morreu em 1891, aos sessenta anos de idade e a sra. Besant, em 1933, aos oitenta e seis.

• • •

Era a esse arrasador relatório que Blavatsky se referia, ao falar naquele dia com Annie Besant.

Annie recebeu a diplomação oficial como membro da Sociedade Teosófica e voltou à presença de H.P.B. no dia 10 de maio de 1889. Ela mesma descreve a dramática cena, carregada de emoção. Encontrou a amiga sozinha. E prossegue (p. 223):

> [...] aproximei-me dela, inclinei-me e beijei-a sem proferir uma palavra. "Você ingressou na Sociedade?" – "Sim". – "Leu o relatório?" "Sim". – "E então?" Caí de joelhos, apertei suas mãos entre as minhas e, fitando-lhe os olhos respondi: "Quer você aceitar-me como discípula e dar-me a honra de proclamá-la ao mundo como minha Mestra?" Seu austero semblante se dulcificou, e lágrimas irreprimíveis lhe arrasaram (sic) os olhos; depois, com dignidade mais que régia, colocou sua mão sobre minha cabeça, dizendo: "Que nobre mulher é você! Que o Mestre a abençoe!".

Ao que tudo indica, H.P.B. não diria mais, àquela altura, que Annie Besant seria tão orgulhosa quanto Lúcifer.

Ao descrever a cena, "dois anos, três meses e meio" depois que H.P.B. partira para o mundo espiritual, Annie declara jamais ter vacilado na confiança depositada na amiga.

Mais uma vez na vida – nas múltiplas existências que compactou em uma só vivência – Annie Besant entregava-se à sua irresistível vocação para o martírio, enfrentando o desafio de uma causa difícil, rejeitada e combatida pelos mais expressivos segmentos da opinião pública e execrada por todos os companheiros e amigos que ainda há pouco a aplaudiam pelo seu combativo materialismo e seu convicto e explícito ateísmo.

Madame Blavatsky morreu a 8 de maio de 1891, quase que exatamente dois anos após haver recebido Annie Besant, com as pompas e as emoções devidas a uma herdeira espiritual. Estamos lembrados de que, nas diversas instituições de que participou, Annie elevou-se meteoricamente às mais elevadas posições de liderança. Na Sociedade Teosófica não seria diferente. O coronel Olcott continuava na presidência da ST, mas Besant foi considerada tacitamente, desde o início, a substituta espiritual da sra. Blavatsky. Acabaria assumindo a presidência a partir de 1908, até a morte, em 1933.

Mais do que durante a militância secularista, intensificou-se a vida errante, como nos remotos tempos de Giordano Bruno. Só que não mais na virtual clandestinidade como no século XVI. A Inquisição não estava mais no seu encalce, mesmo porque ela fora uma das grandes batalhadoras em favor da liberdade de pensar.

Voltamos, neste ponto do livro, ao problema de sempre, ou seja, o propósito de conservá-lo dentro de razoáveis dimensões físicas. O mesmo drama de Nethercot, aliás. O lançamento do primeiro volume – *As Cinco primeiras vidas de Annie Besant* –, em 1961, criara uma ansiosa expectativa pelo segundo tomo, que o autor pretendia atender logo em seguida. O material de que dispunha, no entanto, era tão abundante, que ele se viu na difícil contingência de se contentar com um só volume em vez de dois. Mesmo assim, *As quatro últimas vidas de Annie Besant* engrossou para 483 páginas, em tipo miúdo e compacto e somente pode ser lançado em 1963.

Ainda que em escala bem mais modesta, é esse o problema que temos aqui, neste relato. Mesmo sacrificando substancial quantidade (e qualidade) de informação, teríamos de escrever, no mínimo, outro tanto do que já ficou dito aqui sobre Annie Besant.

Leitores e leitoras de formação teosófica que, porventura, percorram estas páginas terão todo o direito de se queixar da exiguidade do espaço dedicado à lendária presidente da Sociedade Teosófica. Estou certo, porém, de que dispõem de fontes de consulta suficientes, na literatura publicada pela ST, para compensar o que, neste livro, temos de excluir em proveito da compactação. Nosso texto não pretende ser uma biografia completa da sra. Besant, mas uma seleção de episódios marcantes, mesmo assim, excluindo impiedosamente importantes atividades dela, como seu envolvimento nas lutas políticas pela libertação da Índia.

Isto posto, retomemos nossa conversação acerca de Annie Besant.

Numa sumária panorâmica da vida de sua biografada, Nethercot lembra a vocação dela para o martírio – prioritariamente como mártir cristã – desde a juventude. Acho até que, mais do que uma vocação, esse traço fundamental no psiquismo de Annie seria uma espécie de matriz cármica que ela trazia de remotas existências, pois a tendência já estava presente, pelo menos, em Giordano Bruno, no século XVI e, talvez, em Hipácia, entre os séculos IV e V. Como adverte Nethercot, não lhe faltaram causas nobres às quais se entregar, na existência como Annie Besant. E ela não rejeitou nenhuma, por mais impopular e espinhosa que fosse. Ela as assumia com determinação e se desempenhava das tarefas correspondentes com firmeza, coragem e competência.

Houve quem lhe imputasse um traço de inconsistência ou ambiguidade, em razão das suas constantes e inesperadas mudanças de rumo ideológico. Não a vejo assim. Na minha avaliação pessoal, suas metas eram as mesmas de sempre, embora os instrumentos escolhidos para alcançá-las pudessem parecer inadequados e até contraditórios, quando não algo quixotescos. Em outras palavras, através de uma variedade surpreendente de causas, ela buscava sempre o mesmo objetivo de abrir espaços para a liberdade de pensar.

Nethercot assinala outro curioso aspecto do caráter de sua biografada – Annie era, a seu ver, "extremamente suscetível a influências pessoais externas, particularmente de natureza masculina" (p. 11).

É certo isso. A primeira de tais influências – aliás, negativa – foi a de Frank Besant, seu marido, cuja insensibilidade levou a jovem esposa "a uma revolta contra sua própria religião". Penso que há, de fato, um componente de responsabilidade do marido-reverendo na irreligiosidade de Annie, mas sua atitude pode ter sido apenas o gatilho disparador – ela já trazia as religiões, especialmente o cristianismo, na sua alça de mira. Um marido mais sensível, tolerante e paciente – especialmente um clérigo – teria, certamente, boa chance de reconciliá-la, senão com o cristianismo dogmático, pelo menos com a imagem de Deus transcrita na sabedoria das leis cósmicas. Lamentavelmente, Frank Besant era a pessoa menos indicada para essa delicada tarefa. Penso até que não seria impossível essa missão, dado que Annie viveu intensamente um período de encantamento místico perante os ensinamentos do Cristo.

Tanto isso é verdadeiro que, sob nova influência masculina, a do amigo reverendo Charles Voysey, Annie tornou-se temporariamente uma deísta convicta, após a amarga decepção da dramática entrevista com o severíssimo reverendo dr. Edward Pusey. Na opinião deste, ela estava tentando impor condições a Deus e blasfemava somente em pensar o que estava pensando, com seus questionamentos. Voysey, ao contrário, era um religioso algo rebelde, mais ao feitio de Annie, empenhado em formular uma crença mais inteligente e com um mínimo de racionalidade. Por isso mesmo, era tido sob suspeita pelos seus superiores e por grande parte dos membros de sua própria denominação religiosa.

A próxima influência masculina na vida de Annie Besant foi Thomas Scott, que a levou ao ceticismo, alimentando nela a chama vacilante da dúvida, que, de início, era apenas um mero questionamento de aspectos inaceitáveis do cristianismo oficial, como, por exemplo, a divindade do Cristo ou o complexo enigma da Trindade, no qual todos deviam crer sem entender.

Após Scott, Moncure Conway torceu os sensores de Annie, fazendo-os apontarem para o racionalismo.

Charles Bradlaugh daria mais um impulso decisivo no ideário de Annie, interessando-a em novo conjunto de causas paralelas – materialismo, livre-pensamento, individualismo, radicalismo político, sob o rótulo comum de secularismo, ou seja, nada de religião. Annie incluiu nesse conjunto de propostas a da rejeição a tudo quanto manifestasse colorido sobrenatural.

Com o charmoso dr. Edward Aveling, Annie sintonizou seu interesse prioritário no estudo das ciências em geral, o que a levaria a êxitos consideráveis e à dolorosa frustração de não ter conseguido ser aceita na universidade. Foi barrada pelo preconceito de um examinador prepotente, que a reprovou não porque ela ignorasse a matéria sob exame – a química –, mas porque discordava da sua irreligiosidade.

A próxima influência veio de outra charmosa figura masculina, o genial teatrólogo George Bernard Shaw, que a levou para o socialismo mitigado dos 'fabianos'.

Mais uma vez descontente, Annie deixou-se convencer por Henry Hyndman e Herbert Burrows a adotar a filosofia político-social mais radical do marxismo.

Aparentemente, fechou-se aí um ciclo na vida de Annie Besant. O próximo passo, seria sua inesperada e dramática conversão à teosofia, sob a influência hipnótica da "controvertida e masculina Helena P. Blavatsky" (Nethercot, p. 11). Praticamente, outro 'homem'.

Influências masculinas continuariam a trabalhar o psiquismo de Annie no seu longo ciclo no ambiente da Sociedade Teosófica.

Primeiro, o prof. Gyanendra Chakravarti, emérito ocultista e, mais adiante – até o fim da vida –, Charles Leadbeater, um "renegado clérigo anglicano", no dizer de Nethercot (p. 12).

Eu incluiria nesta lista, em categoria especial, e com algumas qualificações, o jovem Krishnamurti. Veremos isso mais adiante. Por enquanto, basta ler, ainda no prefácio de Nethercot ao segundo volume da biografia, que Annie se mostrava convicta de haver "encontrado um avatar do Novo Messias em Krishnamurti"(p. 12), que, na sua expectativa, regeneraria o mundo. Utopia comparável, senão semelhante, à que imaginara Giordano Bruno, no século XVI, aliás, com muito parecidas conotações astronômicas.

Por enquanto, apenas mais uma observação que, de certa forma, me intriga e para a qual não tenho explicações – o desinteresse de Annie Besant pelo espiritismo estruturado por Allan Kardec, o prof. Rivail, contemporâneo dela. Se é que leu as obras básicas da doutrina dos espíritos, provavelmente as considerou inadequadas ou insuficientes para seus planos. O espiritismo não propunha nenhum tipo de estrutura hierárquica a implementar e Annie demonstrou seu gosto pessoal pelos postos de comando, as hierarquias, as insígnias, os simbolismos. Além do mais, ela parecia conservar na alma reencarnada as cicatrizes do esquartejamento e as marcas das queimaduras que, em nome do Jesus, lhe haviam imposto a ferro e fogo, como Hipácia e como Giordano Bruno. E o espiritismo concretara as suas bases éticas com a moral do Cristo, imagem que, para ela, deveria estar comprometida com os horrores que a fizeram sofrer no passado. Se Annie lesse os livros espíritas teria percebido que o prof. Rivail também rejeitava o cristianismo vigente, com seus dogmas, ritos, sacramentos, hierarquias, para garimpar, nas suas origens, apenas a ética, os ensinamentos incontaminados de Jesus.

Enfim, ela provavelmente entendia que sua tarefa – sua missão, aliás – era outra e deve ser respeitada pelas opções que fez.

Depressão

Como assinala Nethercot, ainda no seu prefácio, Annie Besant acabava sempre — e logo, podemos acrescentar — na liderança de todas as causas que adotou. Com a Sociedade Teosófica não seria diferente.

Em novembro de 1893, o coronel Olcott, presidente da ST, viajou com Annie para o Ceilão. Naquele mesmo mês, no dia 16, às 10:24 da manhã — tudo anotado em benefício dos astrólogos —, ela botou seus pés no solo místico da Índia. Antes desse momento histórico, já começara ela a lembrar-se de remotas reencarnações na 'terra-mãe'.

Foi recebida como uma antiga rainha que retorna aos seus domínios. Dos jantares, cerimônias, atos públicos e caminhadas, participavam eminentes personalidades locais. Em Bangalore, o governo mandou fechar as repartições públicas para que os funcionários, inclusive o primeiro ministro, pudessem participar das homenagens à ilustre visitante. Mesmo que não concordassem com tudo o que ela dizia nas suas numerosas e eloquentes palestras, verdadeiras multidões ouviam-na fascinadas. Várias expressões de carinho e admiração foram criadas para identificá-la: "*Bari Mem Sahib*", "a Grande Dama Europeia", a "Grande Madame", a "Grande Senhora". Os íntimos chamavam-na apenas de A.B.

Diferentemente da sra. Blavatsky, Annie, na opinião do coronel Olcott, apreciava todo aquele cerimonial e a adoração que lhe dedicavam. Tentou-se, logo de início, atraí-la para a atividade política, mas ela entendia que estava ali só na condição de educadora e de trabalhadora espiritual. Resistiria durante quase vinte anos ao envolvimento político, mas acabaria cedendo. Como em tudo o mais, também na política funcionou seu irresistível carisma. Sua carreira foi meteórica e a influência por ela exercida foi profunda e duradoura. Parecia mais indiana do que os nativos, estimulando-os a valorizarem seus costumes, suas tradições culturais e religiosas. Não tinham nada, a seu ver, que tentar imitar os ingleses, seus colonizadores, e copiar-lhes os hábitos e a cultura. A despeito de sua formação britânica, foi das mais destacadas propagandistas da doutrina política do *home rule*, o que hoje se chamaria autodeterminação. A Índia poderia até continuar ligada à Inglaterra, mas com suficiente espaço e liberdade para tomar suas próprias decisões, como o Canadá, por exemplo. Não uma colônia, mas um parceiro. Sabemos que sonhos parecidos com esse eram sonhados por Gandhi. Tornar-se-iam amigos. Admiravam-se e respeitavam-se mutuamente, mas havia entre eles divergências na maneira de alcançar os objetivos. Annie discordava do paradoxal radicalismo da não-violência praticada por Gandhi e que, muitas vezes, gerou sangrentos surtos de violência.

O coronel Olcott continuaria, até a morte, na presidência da sociedade, mas dá para perceber que Annie Besant começou – involuntariamente, acredito – a fazer sombra ao velho líder. Em verdade, Olcott, "bondoso, confiante, crédulo", como o caracteriza Nethercot (p. 26), passou a perceber algo estranho à sua volta.

> Apesar de que ele e Annie Besant haviam jurado lealdade mútua na própria câmara mortuária de H.P.B. – acrescenta Nethercot –, havia indícios do que poderia assemelhar-se a uma conspiração contra ele, articulada pela sra. Besant e por William Q. Judge, do ramo americano da sociedade.

Por essa altura, não apenas a luta pelo poder sibilava nos bastidores da ST, mas também divergências doutrinárias, entre Olcott e Judge, que se reduziam, segundo Nethercot, a diferentes leituras no conceito da reencarnação, uma delas exotérica e outra esotérica, uma chegada ao budismo e outra ao bramanismo. Para dificultar ainda mais as coisas, havia a interferência dos mestres ocultos, que se manifestavam através de controvertidas mensagens escritas em lápis azul e vermelho, em papel especial de arroz, 'precipitadas', inesperadamente, como se caíssem do céu. Vale lembrar que Olcott, Judge e Blavatsky haviam sido os três fundadores da Sociedade, em Nova York, em 1875.

Precisaríamos de muito mais espaço do que o previsto neste livro, a fim de mergulhar mais fundo nessa guerra de bastidores. Mensagens atribuídas à recém-falecida madame Blavatsky começaram a ser encontradas entre os papéis de Annie Besant, sugerindo-lhe que apoiasse Judge. Annie considerou-as autênticas, mas, coincidência ou não, Judge estava presente e, segundo diziam seus adversários, remexendo os guardados de madame Blavatsky, encontrara um pequeno estoque do famigerado papel de arroz e de lápis azuis e vermelhos. Além disso, as mensagens continham certos 'americanismos' e expressões um tanto impróprias para as entidades às quais eram atribuídas. Mais do que isso, tanto Olcott como Judge alegavam apoio dos mestres para suas divergentes atitudes e opiniões. Dentro em breve, haveria também a facção anti-Besant, centrada basicamente nos Estados Unidos. Para complicar ainda mais as coisas, uma sra. Katherine A. Tingley, que Nethercot caracteriza como "médium espiritualista" (p. 56), manifestava claras ambições de dominação pelo menos sobre uma fatia da Sociedade.

Nesse ínterim, Annie Besant mergulhava fundo na literatura religiosa hindu com a sua habitual competência e poder de concentração, depois de ter superado a última barreira, aprendendo (reaprendendo, talvez) o sânscrito praticamente sozinha. Em pouco tempo, ela passou a surpreender os ouvintes hindus de suas palestras com a sua familiaridade com a religião, a filosofia e a metafísica deles.

Embora perambulando pelo mundo a difundir suas ideias, a Índia passou a ser, por essa época, a base de operações de Annie Besant. Tornara-se 'o judeu errante da teosofia', a pregar a doutrina por toda parte. Em 1894, por exemplo, foi até a Austrália, onde vivia sua filha Mabel Besant-Scott, que se casara com um jornalista de Melbourne.

Por esse tempo (1894-1895), o nome de Leadbeater começou a surgir com relativa frequência nos documentos da Sociedade. Seu trabalho junto a Alfred P. Sinnett, na seção londrina, contribuíra para "desenvolver tremendamente suas inclinações ocultas", segundo Nethercot (p. 66). Daí em diante, a despeito de seu controvertido caráter, é crescente sua influência na sociedade, principalmente através de Annie Besant. Voltaremos a conversar sobre ele, mais adiante, neste livro.

Embora investida de grande poder na ST, ante as limitações que a avançada idade impunham ao coronel Olcott, Annie teria de esperar até 1907 para chegar ao tope da hierarquia. Sua posição secundária, contudo, em nada impedia que ela implementasse seus arrojados projetos, entre os quais sobressaía seu interesse por uma educação adequada aos indianos. Queria colégios específicos para eles, baseados nas tradições e na cultura hindus, sem nenhuma influência exógena, leia-se inglesa.

> A grande ênfase hoje posta no estudo de sânscrito nos níveis mais elevados do sistema educacional – depõe Nethercot (pp. 62-63) – deve-se aos esforços pioneiros da sra. Besant, no final do século dezenove.

Deve-se, ainda, a ela e ao coronel Olcott a criação da Biblioteca Teosófica de Adyar, onde hoje se encontra a mais rica e preciosa coleção de antigas e raras obras em sânscrito do mundo.

Na viagem pela Europa, no inverno de 1897-98, Annie mantinha-se em contato com os problemas indianos, através do comitê para isso criado, enquanto falava sucessivamente, em Paris, Nice e Toulon (em francês) e, depois, em Estocolmo, Lund, Cristiania, Hamburgo, Amsterdam, Rotterdam, Haarlem, Haia, Glasgow, Edinburgo, Nottingham, Nice e Roma. Em abril foi a Benares, na Índia, onde ficou resolvido, afinal, fundar o Central Hindu College, a sua tão sonhada universidade. Em 20 de junho, contudo, estaria de volta a Londres, para falar especialmente acerca de seu (e de Leadbeater) interesse prioritário no momento: o cristianismo esotérico. Em 1896, em Adyar, a temática de suas disputadas conferências públicas concentrava-se no estudo das quatro grandes religiões – hinduísmo, budismo, zoroastrismo e cristianismo. No tema específico do cristianismo, ela retomou algo de suas especulações de mocinha, ao buscar entender melhor – e explicar – o que realmente acontecera doutrinariamente, nos primórdios do cristianismo.

O colégio superior foi inaugurado "no sétimo dia do sétimo mês de 1898".

A despeito de toda a intensa atividade desse período, Annie sentia-se deprimida. Em cartas que escreveu, comentando sua conferência em Roma acerca de Giordano Bruno, "lamenta suas deficiências pessoais como discípula dos Mestres" (Nethercot, p. 64). O biógrafo não conseguiu apurar se a causa da "profunda melancolia era física ou espiritual", mas o sofrimento era óbvio. "Tenho tido vontade de repousar minha cabeça" – confessou Annie à sua amiga sra. Bright – "e chorar o dia todo."

Mesmo sem saber das razões dessa crise depressiva, Nethercot arrisca o comentário de que o desconforto de Annie seria "de natureza psíquica e tinha, talvez, algo a ver com o seu relacionamento com seus Mestres" (p. 65). Mas ressalva que o problema pessoal poderia ter também sua conotação emocional. A despeito da severa disciplina que Annie impunha a si mesma, preservando sua privacidade, é certo que ficou profundamente magoada, quando o dr. Edward Aveling rompeu com ela os laços de um envolvimento emocional e cultural, a fim de assumir uma 'união livre' com Eleanor, filha de Karl Marx. O desencanto de Annie não seria apenas provocado pela preferência de Aveling por Eleanor, mas, pelo desnudamento moral do seu antigo amigo e professor de ciência. A história é a seguinte.

Frederich Engels, amigo e colaborador de Marx – é de autoria conjunta de ambos o famoso *Manifesto comunista*, de 1848 –, deixou, ao morrer, substancial parte da fortuna de seu pai, empresário do algodão, em Manchester, para Eleanor, filha de seu amigo. Esta, por sua vez, preparou um documento deixando os direitos autorais das obras de seu pai aos seus sobrinhos, filhos de sua falecida irmã Jenny. Pois bem, Aveling persuadiu-a a mudar o testamento, passando para o nome dele os recursos provenientes das obras do falecido Karl Marx. Mas a história não termina aí. Em março de 1898, Eleanor foi encontrada morta em sua cama, toda vestida de branco. Junto do corpo, havia um frasco vazio de ácido prússico e, na mesa de cabeceira, uma carta de despedida. Provavelmente – supõe Nethercot (p. 66) – ela ficara sabendo que seu companheiro, então livre para casar-se oficialmente com ela – pois morrera a esposa da qual vivia separado –, preferira consorciar-se legalmente, sob o nome de Alex Nelson, com Eva Frey, uma jovem atriz de 22 anos de idade. Casamento, aliás, que durou pouco, de vez que Aveling morreu quatro meses depois, num agravamento de sua crônica doença renal. Tinha 47 anos.

Não sei se deveremos atribuir a depressão de Annie Besant a essas lamentáveis trapalhadas do dr. Aveling. A não ser que se esteja subestimando a profundidade de seu envolvimento emocional com ele, em quem via um homem brilhante, culto, charmoso e versátil. Ademais, não dispunha ela de muito tempo nem de suficiente espaço mental para se deixar aprisionar pelos seus desconfortos íntimos. A Sociedade Teósofica recebia continuamente novas e importantes adesões e o retorno de antigos companheiros descontentes que a haviam deixado num momento de desgosto maior.

Às vezes as notícias tinham escassa repercussão, mas alegravam seu coração. Uma destas foi a de que, bem antes de morrer, em 1903, seu famoso cunhado, *sir* Walter Besant, abrilhantado por honrarias literárias, e o irmão dela, *sir* Henry Wood, não menos bafejado pelo sucesso e pelas honrarias, reconciliaram-se, afinal, após a inimizade causada pelos conflitos em torno de Annie. A cena é antológica e não poderia ser mais britânica. Os dois eminentes *gentlemen* encontraram-se acidentalmente num dos elegantes clubes londrinos. Viram-se e reconheceram-se. *Sir* Henry, irmão de Annie, tomou a iniciativa de caminhar na direção de *sir* Walter e lhe disse: "Não vejo nenhuma boa razão pela qual não devamos apertar as mãos um do outro. E você?" *Sir* Walter também não via... Gente fina, aquela! Tempos elegantes, aqueles!

Talvez coisas assim pequeninas, como minúsculas drágeas medicamentosas, tenham contribuído para curar a depressão de Annie Besant. Tinha ela, ainda, cerca de trinta anos de vida pela frente e muito o que fazer e desfazer para refazer.

A próxima batalha seria, mais uma vez, em torno do poder.

O MESSIAS

Na visita a Melbourne, na Austrália, em 1897, a sra. Laidlaw, tida por maravilhosa psicômetra escocesa, leu na mão do coronel Olcott, que ele viveria até 1917, com o que o bravo coronel alcançaria os oitenta e cinco anos de idade. Como havia 'profecia' semelhante de certa madame Mongruel, especialista em horóscopos, Olcott continuava firme na direção da sociedade. As previsões, contudo, não se realizaram.

Aliás, uma delas, a respeito de Annie Besant, também falhou. Tinha-se como certo que ela morreria em 1906. Ignorando a previsão, Annie estranhou o clima de despedida, ao embarcar de regresso à Índia, nesse ano. Só depois viria a saber que as lágrimas e o ambiente fúnebre de seu embarque deviam-se à expectativa de sua morte ainda naquele ano. Erraram por vinte e sete anos...

Quanto a Olcott, aí pelo fim de 1906, não tinha mais condições nem de comparecer às reuniões e aos eventos públicos da sociedade, que lhe cabia presidir. Numa destas ocasiões, com a voz vacilante, pediu a Annie que lesse o seu pronunciamento. Na verdade, atribuíra a ela poderes para agir, em nome dele, como presidente. Em 30 de dezembro de 1906, recolheu-se aos seus aposentos, onde morreria, às 7:17 da manhã de 17 de fevereiro do ano seguinte, 1907. Os astrólogos de plantão devem ter estudado de perto a ocorrência de quatro setes e três dezessetes nesses números, pois os dígitos do ano também somam 17.

Lembra Nethercot que não se sabe ao certo o que aconteceu nesses quase cinquenta dias, dado que as versões são várias e contraditórias. Annie, naturalmente, esperava ser escolhida como sucessora de Olcott, que, por sua vez, sucedera a Blavatsky, mas as coisas não eram tão simples assim. O episódio contou com a participação de médiuns – a sra. Russak e a sra. Renda – que torciam por Annie, à qual eram emocionalmente ligadíssimas.

A atmosfera psíquica em Adyar era tensa e pejada de expectativas. Em 7 de janeiro, sentindo próximo o fim de sua jornada terrena, o coronel ditara um pequeno texto com o objetivo de transmitir "certas palavras de orientação" recebidas dos mestres. Como lhe competia indicar seu sucessor – informava –, resolveu recorrer, da mesma forma que em situações semelhantes no passado, 'Àqueles' (com maiúscula) que da dimensão invisível, seriam os verdadeiros dirigentes do movimento.

> Na noite passada – continuava o documento –, na presença de testemunhas, o *mahatma* M. (Morya) e o *mahatma* K.H. (Kut Humi) manifestaram-se ao lado de meu leito, visíveis aos nossos olhos físicos e falando com voz audível aos nossos ouvidos físicos. Disseram-me para designar Annie Besant minha sucessora. Disseram-me, ainda, que fosse quem fosse que eu designasse, haveria descontentes, mas que, tomando em conta todos os fatores, da maneira mais decidida, Eles consideravam-na a pessoa mais adequada para a posição.

Confiante em tal manifestação, só lhe cabia formalizar a recomendação, confirmando a indicação de Annie Besant para o cargo de presidente da Sociedade Teosófica. Acrescentava, ainda, que os *mahatmas* lhe haviam prometido apoiá-la como haviam apoiado a ele, Olcott.

O pronunciamento "provocou, imediatamente, uma irada explosão de crítica e até mesmo de explícita rejeição" (Nethercot, p. 102), especialmente entre os membros do Comitê Executivo, em Londres. Segundo estes, Olcott havia excedido os limites de seus poderes estatutários; ele somente poderia *indicar (nominate)* um candidato, não *designar (appoint)* alguém para o posto. Não faltou, por outro lado, quem duvidasse da dramática manifestação dos Mestres espirituais. Aliás, muitos duvidavam dos alegados contatos do velho coronel com os Mestres, pois não viam nele recursos mediúnicos suficientes para isso. Questionava-se, ainda, o tom "mundano e sem dignidade" da suposta entrevista com os *mahatmas*, em contraste com as fluentes comunicações subscritas pelo espírito da sra. Blavatsky.

Como, por esse tempo, Leadbeater encontrava-se em delicadíssima situação pessoal, o coronel aproveitou a oportunidade para reiterar, em outro papel intitulado *Uma conversa com os mahatmas*, o pronunciamento anterior, bem como sua confiança em Annie Besant e

Leadbeater, que, "a despeito de suas imperfeições humanas, tinham estado o tempo todo a trabalhar sob orientação espiritual, pelo bem da sociedade" (Nethercot, p. 102).

O Comitê Executivo britânico e mais o americano, mantiveram-se irredutíveis na rejeição à tal 'conversa' com os *mahatmas*, que não reconheciam como pronunciamento válido dos mestres.

Desencadeou-se agitada campanha. No dizer de Nethercot (p. 105), começara a batalha. Cartas, telegramas, documentos, entrevistas e declarações cruzavam os ares e os mares. "Com a morte de Olcott" – acrescenta Nethercot (p. 206) – "as forças da oposição juntaram-se em combate mortal".

Vamos contornar as minúcias, passando ao largo por uma espécie de 'anel rodoviário'. Decidiu-se por uma eleição, cujo resultado era fácil de ser previsto por quem não estivesse tão apaixonadamente envolvido no conflito de opiniões. Annie Besant venceu por 9826 votos contra 1122 dados aos seus oponentes. Ganhou por toda parte, mesmo na Inglaterra (1189 a 261). No "campo de batalha americano", ela não obteve os dois terços de votos necessários para controlar a seção local, mas ganhou em números absolutos, de 1319 a 679.

Era, pois, a nova presidente da Sociedade Teosófica, cargo que exerceria até 1933, quando morreu. Nos Estados Unidos ocorreram significativas defecções nos quadros da sociedade, que perdeu "grande número de membros importantes" (p. 111), mas ainda assim, ela contava com o decisivo apoio dos que ficaram. O jornal *Tribune*, em editorial, considerava Annie Besant,

> [...] uma mulher destinada a liderar e em condições de fazê-lo, não por causa de poderes ocultos ou místicos que pudesse ou não possuir, mas pela superioridade mental, sua natureza generosa, bem como pela sua amplitude e clareza de visão.

Teria mais de um quarto de século para fazer da Sociedade Teosófica seu instrumento de trabalho missionário. Como Giordano Bruno, ainda sonhava com a reforma do mundo, não apenas em seu aspecto religioso, mas político, social, econômico e ético. Tinha, como Bruno, uma utopia a implantar e, desta vez, não estaria na dependência de uma poderosa liderança como a do papa, a de Elizabeth I, da Inglaterra ou a de Henrique IV, de França. Contava com seus mestres invisíveis e com a estrutura filosófica, a hierarquia e os membros da ST espalhados pelo mundo afora, em pontos estrategicamente importantes. Faltava apenas alguém que, literalmente, encarnasse o sonho reformista que ela tinha em mente. Em outras palavras, ela precisava de um messias.

Aliás, vinha pensando nisso há algum tempo. O tema de sua pregação em Adyar, em 1899, centrara-se nos 'avatares'. Ela e o inseparável e controvertido Leadbeater trocavam frequentes impressões e especulavam sobre a matéria, em particular e publicamente, em palestras e artigos. Um dos aspectos específicos de tais debates dizia respeito ao Cristo. Entendiam que Jesus teria sido apenas veículo de manifestação da poderosa entidade messiânica salvadora – o Cristo.

Durante 1908 Leadbeater selecionara tópicos dessa natureza para debate – *"O mestre Jesus", "O trabalho do Cristo", "O mundo celeste"*. A sra. Besant, por sua vez, na viagem à Austrália, discorreu sobre *"O cristianismo, Jesus e a Igreja"*. "Do nosso ponto de vista" – proclamava – "constitui indubitável verdade que o Cristo virá novamente, no início da nova era".

Em visita a Londres, em 1908, falou na Christo-Teosophical Society, presidida por *sir* Richard Stapley, sobre "A natureza do Cristo", palestra ouvida atentamente por vários prelados anglicanos e até alguns sacerdotes católicos.

No Queens Hall, em oito palestras seriadas, falou sobre as esperadas mudanças no mundo. A seu ver, um novo tronco racial seria necessário para levar avante o grandioso projeto das desejadas modificações. Na verdade, segundo ela, precursores e pioneiros da nova raça já se achavam reencarnados. Mais que isso, "estava para surgir um novo Cristo, um novo Salvador, um novo Mestre" (Nethercot, p. 129). Que ficassem todos nessa expectativa e se preparassem para a civilização dos novos tempos, nos quais, naturalmente, a teosofia teria relevante papel a desempenhar.

Nos Estados Unidos, falou sobre "Os sinais da nova era" e, em seguida, sobre "A próxima raça e o próximo Cristo", que estaria programado para surgir provavelmente dentro de quarenta anos.

Mas a espera não seria tão longa quanto ela antecipara. No seu regresso à Índia, ao cumprimentar Leadbeater, na plataforma ferroviária em Madras, viu "um ansioso jovem de olhos grandes" aproximar-se dela para colocar-lhe uma grinalda ao pescoço, enquanto ouvia a voz de Leadbeater a dizer-lhe: "Este é o nosso Krishna."

Era o seu primeiro encontro (reencontro?) com Krishnamurti.

A CONTROVERTIDA PERSONALIDADE DE LEADBEATER

Como vimos, alhures, neste livro, Charles Leadbeater ganhou certa visibilidade na ST entre 1894 e 1895, ainda durante a presidência do coronel Olcott. Por esse tempo, a sra. Besant tinha como principal interesse, na Índia, a temática religiosa, ao passo que, na Inglaterra, seu assunto predileto era o ocultismo.

Leadbeater e Annie já se conheciam, mas a reaproximação desta vez foi para valer e perdurar. Ele é caracterizado por Nethercot (p. 46), como um "clérigo anglicano renegado", que se reinseriu na vida dela, "como figura central, desta vez, não um avulso. Permaneceria no papel principal – talvez o principal papel – até a cortina terrena final".

Em agosto, Annie ofereceu-lhe o cargo de secretário-assistente para o setor europeu da ST, o que implicava em trabalhar junto dela, em Londres. Apesar dos rumores de que ele havia sido expulso, sua posição no grupo parecia boa. Artigos seus sobre a aura e sobre os sonhos começaram a aparecer nas publicações da sociedade. Leadbeater discorria – cientificamente, informa Nethercot – sobre suas "aventuras astrais", quando, fora do corpo físico, encontrava-se com os mortos e com pessoas vivas, também desdobradas pelo sono.

Experiências com a "mediunidade, a pesquisa psíquica e Hata Yoga" eram conduzidas no grupo liderado por Sinnett, do qual fazia parte Leadbeater, usualmente acompanhado de um protegido seu, um jovem senegalês de nome Jinarajadasa. O tema das 'raças raízes' e o das 'sub-raças' frequentavam assiduamente os debates por esse tempo. Olcott resolveu, por isso, recomendar uma pesquisa a John

Varley, um pintor de paisagens, de meia-idade, e que havia sido discípulo direto da sra. Blavatsky. Aliás, a esposa de Varley era nada menos que tia de William Butler Yeats, o poeta. Especificamente, deveria ele estudar a etnologia científica contemporânea, a fim de conferi-la com os postulados básicos da *Doutrina secreta*.

Leadbeater incumbiu-se de entrevistar diretamente os mestres invisíveis, durante suas projeções astrais, a fim de preencher com tais ensinamentos eventuais vazios no pensamento teosófico. Uma vez concluído, o documento foi lido para os membros que compunham o núcleo íntimo da ST, em Londres, o chamado *Inner Group*.

Em maio de 1894, Leadbeater incumbiu-se de um projeto de caráter pessoal, com a finalidade de rastrear a trajetória evolutiva do próprio Varley. Seria essa uma decisão relevante e de profundas consequências. Já a essa altura, nem eram mais necessárias as 'viagens astrais' noturnas. Leadbeater declarava-se capaz de ver tudo claramente, de olhos abertos, à luz do dia. Identificou, desse modo, dezesseis reencarnações de Varley. As revelações foram posteriormente publicadas em livro sob o título *As vidas de Erato*.

O projeto despertou o interesse pessoal de Annie Besant, que passou a trabalhar junto de Leadbeater. Também interessado, o coronel Olcott encomendou aos dois uma pesquisa acerca de seu próprio passado, mediante consulta aos "registros acásicos".

Tais estudos revelaram que Olcott, identificado espiritualmente como Ulysses, vivera em remotas eras, na capital da Atlântida, então governada por uma pessoa que era, agora, um dos mestres ocultos que, por sua vez, havia sido pai de Blavatsky, que se reencarnara, àquela época, em corpo masculino.

As investigações prosseguiram com outras figuras eminentes da ST. Uma senhora solteirona, por nome Annie J. Wilson, teosofista desde 1894, fazia o papel de escriba, anotando as informações colhidas por Leadbeater e a sra. Besant, em seus contatos com os mestres. Um volume intitulado *As vidas de Acor* resultou dessas pesquisas. Viriam outras 'Vidas'. Na verdade, a tarefa, iniciada em 1895, se estenderia por quase quatro décadas.

Jinarajudasa informaria mais tarde, que, enquanto as faculdades de Leadbeater se desenvolviam lentamente, as de Annie Besant surgiram como que prontas. Não sei se podemos aceitar tal informação pelo seu valor nominal, dado que, em suas pesquisas pessoais para o seu livro, Nethercot verificou que Leadbeater era o canal vivo pelo qual, supostamente, fluíam as instruções e ensinamentos dos mestres. Veremos isso, mais adiante.

Nesse ínterim, Leadbeater e Annie exploraram mediunicamente, se é que esse é o termo apropriado para o fenômeno, o que se poderia chamar de 'química oculta', descobrindo segredos da intimidade da matéria.

No verão de 1903-1904, lembra Nethercot (p. 83), tornara-se difícil distinguir qual a personalidade teosófica mais popular, se Annie Besant na Europa e na Índia, ou Leadbeater nos Estados Unidos e no Canadá.

A expectativa maior no seio da ST, nesse momento, era a do 'novo ciclo' que, no entender dos líderes, traria à terra um novo e poderoso messias. Leadbeater assumiu papel predominante no desenvolvimento desse projeto. Num dos módulos do seu livro, Nethercot qualifica-o como *The God-Finder*, ou seja, aquele que sai à procura ou identificação de um Deus. Vimos anteriormente que foi Leadbeater quem apresentou Krishnamurti a Annie Besant, como "o nosso Krishna".

Estranhos rumores começaram, então, a circular sobre Leadbeater numa denúncia de Helen Dennis – ex-amiga pessoal de Annie –, de que ela estava arruinando a ST ao dar cobertura a um "pervertido sexual" (Leadbeater). O ex-prelado anglicano tinha amigos fiéis dentro e fora da ST e a quota usual de adversários, principalmente dentro da sociedade, mas sua situação tornara-se crítica.

Nethercot tem um longo depoimento a fazer sobre isso, apoiado em documentos da época e material colhido pessoalmente por ele, em entrevistas. Segundo informa o biógrafo de Annie Besant, existe uma considerável "massa de testemunhos contraditórios de ambos os lados" (p. 93). Entende o autor que três ou quatro décadas mais tarde, o alegado comportamento sexual de Leadbeater não teria provocado mais do que um simples movimento de sobrancelhas. Seja como for, ele manteve-se firme nas suas justificativas, invocando razões meramente doutrinárias e filosóficas para as suas posturas na delicada temática, especialmente sensível na era vitoriana. É certo, contudo, como assinala Nethercot, o prazer que experimentava no relacionamento mestre-discípulo com os "seus meninos".

Circulavam histórias acerca de seu comportamento com um dos seus favoritos protegidos, um jovem por nome Basil, entre 1903 e 1904, bem como outro chamado Douglas. O nome de Basil nunca foi citado na documentação que veio à tona posteriormente. Terminara seus estudos com Leadbeater e só teria referências elogiosas acerca do seu tutor.

Douglas, um adolescente de quatorze anos, com leve deficiência física, foi confiado pelos pais a Leadbeater, tido por bom educador de meninos. Na primeira noite, conta Nethercot (p. 94), Leadbeater não apenas levou seu novo discípulo para o seu próprio quarto de dormir, como o convidou para deitar-se com ele, na mesma cama. Alegando estar-lhe passando instruções ocultas dos mestres, Leadbeater teria ensinado o menino a masturbar-se, dado que, no seu entender, a impureza sexual estaria apenas no relacionamento com outra pessoa, do sexo masculino ou feminino, mas nada tinha a ver com a autossatisfação, por ele considerada aceitável e até legítima.

As contradições envolveriam esse episódio. O menino juraria mais tarde que as práticas recíprocas duraram sete meses, durante a viagem deles pelo Ocidente, o que teria arruinado a saúde do jovem discípulo. Leadbeater, a seu turno, declararia que "o experimento ocorreu apenas uma vez", dado que o menino o havia consultado acerca dos seus problemas sexuais de adolescente. Admitiu, contudo, que a matéria não deveria ser tratada com outras pessoas. Douglas, mais explícito, declarou que Leadbeater o fizera prometer que não diria nada a ninguém.

Ao retornar ao lar, Douglas manteve em segredo, durante meses, sua experiência, mas era evidente sua antipatia pelo ex-tutor. Ao cabo desse tempo, chegaram aos ouvidos da família (Pettit) rumores acerca das "imorais práticas sexuais" de Leadbeater, na Índia e na Inglaterra (p. 94). Preocupada com a depressão do filho, a sra. Pettit, pressionou-o por uma explicação e o rapaz acabou confessando tudo. Ao comentar o incidente com a sra. Dennis, esta confidenciou haver tido problema semelhante com seu próprio filho Robin, sendo que um dos meninos não tinha conhecimento da experiência do outro. As histórias contadas pelos dois eram iguais sobre os estranhos 'ensinamentos ocultistas' de Leadbeater. "O pior de tudo" – diria o menino à mãe – "é que ele me fez acreditar que aquilo era teosófico".

A versão de Leadbeater era outra, naturalmente. Ele apenas aconselhara o menino, que tinha problemas nessa área, a proceder "a 'descargas regulares', amplamente espaçadas, a fim de minorar o problema" (p. 95). Acrescentara instruções práticas sobre dieta e exercícios.

Colocada entre a sra. Dennis e Leadbeater, Annie ficou com este, escrevendo à amiga que aceitara as explicações de Leadbeater, alegando ser injusto condená-lo com base "nas acusações de dois meninos confusos".

Acresce, porém, que foi encontrada, em Toronto, uma carta datilografada, sem assinatura, escrita em código que, depois de relembrar certas "sensações prazerosas", terminava com a expressão "Mil beijos, querido" (p. 96). Confrontado com o documento, Leadbeater admitiu reconhecê-lo, mas "não na sua presente forma".

Seja como for, as revelações explodiram no seio da hierarquia da ST. Olcott decidiu submeter a matéria à decisão de um comitê especificamente constituído. Leadbeater admitiu que, em alguns casos, poderiam ter ocorrido "atos indicativos", seja lá o que queira isso dizer. As opiniões ficaram divididas, no comitê, mas as revelações eram muito graves, no entender de alguns dos membros, Olcott inclusive. Decidiu-se por uma recomendação no sentido de que Leadbeater renunciasse, o que ele fez prontamente.

De Londres, ele escreveu várias cartas à sua "querida Annie", repreendendo-a docemente por ter pensado em renunciar também, apenas porque ele o fizera. Aproveitou a ocasião para nova e surpreendente revelação, ao declarar que o homossexualismo – o termo usado no texto de Nethercot (p. 97) é *pederastia* – fora encarado de modo inteiramente diverso na Antiga Grécia, ao tempo em que ele, Leadbeater, vivera lá uma de suas muitas reencarnações.

O tom das cartas de Annie, em resposta às suas, contudo, começou a deteriorar-se. Ela mostrava-se convencida de ter sido envolvida, ainda que teoricamente, pelas suas doutrinas. Leadbeater, por sua vez, estava certo de que Annie fora dominada por seus inimigos e que a magia negra atuara, de fato, não nele, e sim, nela.

Durou pouco o conflito. Em breve, estariam de volta ao clima fraterno e confiante do antigo relacionamento, que seria permanente, até o fim, mesmo porque Annie assumiria logo a presidência da sociedade, como vimos. Até as antigas pesquisas nos registros acásicos seriam retomadas.

Na avaliação da sra. Besant, na convenção de Adyar, em 1909, a sociedade emergira fortalecida das suas crises. Havia mais de quinze mil membros, espalhados pelo mundo, em 631 lojas. Nethercot comenta que não era muito para uma entidade que deseja "regenerar o mundo, mas, com adequada liderança humana e assistência divina, talvez fosse suficiente" (p. 122).

Por essa época, Leadbeater estava em Adyar há vários meses, depois de uma ausência de menos de três anos. Ao contrário do que se poderia pensar, nem chegara a haver uma separação de fato, de vez que os dois se mantiveram em constante contato nesse ínterim e não apenas por carta. Uniam-nos laços mais fortes do interesse comum nas especulações e pesquisas ocultistas.

Em visita sentimental a Taormina, em 1913, Annie Besant caminhou sobre o fragmento de um velho piso do qual Pitágoras costumava falar aos cidadãos de Naxos. Ali mesmo, por perto, segundo a tradição – que o prestimoso Leadbeater confirmara – o lendário Apolônio de Tiana, filósofo e mago, enterrara um dos seus sete poderosos talismãs europeus. O local, segundo os entendidos e sensitivos, estava carregado de vibrações, radiações e magnetismo, concentrados pelas poderosas entidades da "Grande Irmandade Branca", à qual Apolônio e Pitágoras pertenceriam. Dizia-se, ainda, que Apolônio teria sido uma das encarnações do próprio Cristo, o que, cronologicamente, não confere, ainda que se admitissem reencarnações para o Cristo, pois eles foram contemporâneos.

• • •

Apolônio nasceu, segundo a Encyclopaedia Britannica (Verbete "Apollonius of Tyana", p. 113), "alguns anos antes da era cristã". Mario Meunier, em Apollonius de Tyane (p. 26), põe o nascimento do lendário filósofo "nos anos que estiveram nas origens do primeiro século da nossa era".

Pouco antes ou nos primeiros anos do primeiro século, o certo é que Apolônio foi contemporâneo de Jesus. Não faltou quem tentasse colocá-lo como rival e até superior ao Cristo, desde o nascimento virginal até a ascensão ao céu, passando pelos milagres e pelo grupo de doze apóstolos, aos extremos limites da divinização. É o que se pode conferir até mesmo com o subtítulo do livro de Meunier: *Le séjour d'un Dieu parmi les hommes* (A presença de um Deus entre os homens).

• • •

Leadbeater havia precedido o grupo, nessa peregrinação, atraído ao local pelos mestres e pelo espírito de Blavatsky. Tudo fazia sentido, segundo ele, pois a última reencarnação de Annie fora como Giordano Bruno que, aliás, estava sendo um dos temas prediletos de suas mais recentes conferências. Leadbeater, por sua vez, havia sido discípulo de Clineas, atualmente mestre D.K., que, a seu turno, havia sido discípulo de Pitágoras, ou seja, mestre Kut Humi , "futuro Bodhisattva".

Nova tempestade estava para desabar sobre a cabeça de Leadbeater, desta vez uma ação judicial movida pelo instável e temperamental J. Narayaniah, pai de Krishnamurti, que desejava recuperar o pátrio poder sobre seus filhos, depois de havê-los entregue oficialmente aos cuidados da sra. Besant.

O processo voltava a suscitar a delicada questão da moral de Leadbeater que, segundo o pai, havia cometido "atos impróprios e antinaturais" com seu filho, em 1910, o que, aliás – alegava –, confirmava duvidosos antecedentes do referido senhor.

O caso foi parar na mídia e o procedimento judicial polarizou a atenção do público. Annie Besant manteve-se firme ao lado do amigo, tão firme que decidiu assumir, ela mesma, sem ajuda profissional, a defesa do acusado.

A questão arrastou-se por algum tempo na justiça, numa guerra de recursos e tricas judiciais. Primeiramente, Leadbeater foi condenado e, posteriormente, absolvido, não com apoio no mérito da contenda, mas por uma tecnicidade de jurisdição.

Em longa nota de rodapé ao seu relato do incidente (pp. 192-193), Nethercot oferece uma reavaliação mais atualizada de Leadbeater, abrindo-a com este comentário:

> O mistério do verdadeiro caráter e da conduta de Charles W. Leadbeater continua dividindo a Sociedade Teosófica até hoje (seu livro, como sabemos, é de 1963), e os testemunhos, a favor dele e contra ele, são absolutamente contraditórios.

Confrontada com certas acusações formais, que punham em xeque o caráter de Leadbeater e o seu costume de empregar 'linguagem suja' perante os jovens que sempre o rodeavam, Annie ficou bastante chocada, mas, no dizer de Nethercot, "ela não tinha como encarar publicamente a verdade".

> Afinal de contas – prossegue Nethercot (p. 193, nota) –, ela era forçada a tolerá-lo porque, *somente por intermédio dele*, ela conseguia contatar os mestres e a mais elevada hierarquia, no Shambala (O destaque é meu).

Ainda segundo Nethercot (p. 143), Leadbeater parecia ter poderes para "colocar pensamentos na mente dela". O que se afigura confirmado num testemunho de B. P. Wadia, pessoalmente, ao biógrafo de Annie. Segundo Wadia, perguntaram, certa vez, a Annie se ela havia aprendido algo importante com os mestres na noite anterior. Um tanto impaciente, ela retrucou: "Vocês não sabem que nunca me lembro de nada sobre os encontros com os Mestres a não ser que *mr.* Leadbeater esteja por perto?"

A visão retrospectiva desses fatos leva-nos a entender as desconfianças e suspeições que membros eminentes da ST mantinham a respeito de Leadbeater.

Destacados dirigentes da ST alemã declararam pessoalmente, em entrevista a Nethercot, que consideravam Leadbeater uma das pessoas mais danosas à sociedade Teosófica.

A opinião de Hubert van Hook, um dos jovens que estudara com Leadbeater, era também desfavorável ao seu antigo mestre, de quem não queria nem ouvir falar, rejeitando também a Sociedade à qual pertencera na mocidade.

Há, por outro lado, o inabalável testemunho de Annie Besant, sempre na defesa de seu amigo e companheiro de investigações ocultistas. Ernest Wood e Clarke, que também conheceram Leadbeater de perto, atestavam a "moralidade sexual" dele, embora Wood, pessoalmente, manifestasse suas dúvidas acerca da "integridade e de outros significativos aspectos" do caráter de Leadbeater.

Seja como for, o ex-prelado anglicano continuou até o fim a merecer o apoio irrestrito de Annie Besant, em colaboração íntima com ela, no estudo dos registros acásicos e na produção de textos doutrinários.

Numa de tais obras, exploraram ambos a história das origens e da destinação do ser humano, através das idades – *Man: whence, how and whither.* Em outros, a temática era a das vidas pregressas, seiscentas das quais eram as da própria sra. Besant, sob o nome Héracles, e as de Krishnamurti. Tratava-se de um cósmico processo evolutivo que começara na Lua, cerca de 600 mil anos antes do Cristo, já em preparação para a prodigiosa missão de Krishnamurti, no século vinte.

As revelações mais surpreendentes invadiam esses textos que, muitos na ST consideravam inaceitáveis e desenhadas pela imaginação descontrolada no sutil tecido da fantasia. Júlio César, por exemplo, teria sido uma entidade conhecida como Corona, "Imperador Branco" da "Cidade dos Portões de Ouro", na Atlântida, cerca de

100 mil anos antes do Cristo. Sob suas ordens, operava o general Mars (Marte), atual mestre Morya, que, por sua vez, tinha Héracles (a futura Annie Besant) por esposa. Foi nessa época, diziam as revelações, que Alcyone (futuro Krishnamurti) se deixara seduzir "pela beleza essencialmente inocente de uma mulher", ao que parece, a própria Héracles-Besant.

Figuravam nessa história Orestes, o prefeito da antiga Alexandria, Hipácia, a bela filósofa, Teon, seu pai, bem como certo Netuno (mestre Hilarion), que viria a ser o grande Jâmblico.

Nethercot informa que as revelações reencarnacionistas passaram a ser esperadas com ansiedade, a fim de verificar-se quem fora quem, no passado. Havia listas secretas a circular entre alguns poucos iniciados do círculo mais íntimo, bem como rivalidades entre os incluídos e ciumeiras entre os excluídos.

Leadbeater estava por trás disso tudo, dado que a matéria prima das várias 'Vidas' que escreveu de parceria com a sra. Besant provinha de suas 'leituras' dos registros acásicos e de seus constantes desdobramentos, em corpo astral.

Não há como passar Leadbeater em julgamento. O próprio Nethercot, que investigou pessoalmente o assunto, absteve-se de um pronunciamento conclusivo – limitou-se a apresentar os fatos e as opiniões das pessoas consultadas. De minha parte – retificando o que acaba de ser dito – diria que há, sim, uma conclusão a construir-se com todo esse material – a de que Charles Leadbeater foi uma figura polêmica e controvertida.

Krishnamurti Decepciona Seus Patrocinadores

Em dezembro de 1908, Jeddu Narayaniah, um funcionário público aposentado, mudou-se de Madanapale, no sul da Índia, para Adyar. Narayaniah era viúvo, pobre, mas da elevada casta brâmane, pai de treze filhos, dos quais apenas quatro meninos sobreviveram, um deles mentalmente deficiente. Ele próprio era de temperamento instável e imprevisível, batendo nos filhos ou tratando-os com paternal amor nos extremos de suas habituais crises.

Os dois meninos mais novos foram considerados educáveis – Krishnamurti e Nityananda. O irmão mais velho, Sivaram, já passara pelo ensino primário. Haviam sido criados até aquela data, no interior, onde falavam o dialeto local, o telugu. Pouco ou nada entendiam de tamil e de inglês, as línguas oficiais da escola que passaram a frequentar. Enquanto Nityananda, o mais jovem, revelava-se inteligente, alegre e amável, Krishnamurti mostrava-se desatento, desligado e sensível durante as aulas. Por isso, às surras do pai, juntaram-se as do irritável e impaciente professor. Era franzino, cabelos longos e maltratados, unhas irregulares e quebradas e estava infectado com a malária. Seu olhar parecia sempre perdido no espaço, contemplando o nada. Ele próprio diria a Nethercot, mais tarde, ter sido considerado um tanto retardado.

Leadbeater teria visto os meninos pela primeira vez numa praia e, segundo Wadia, aproximara-se deles, tocando-lhes os ombros morenos. Especialmente atraído por Krishnamurti, "acariciou-o afetuosamente" (p. 138). Diria mais tarde que lhe chamou a atenção "o desusado tamanho e a intensidade das auras deles", especialmente a de Krishnamurti. Nas pesquisas acásicas reencetadas pouco depois de se tornar o tutor dos meninos, Krishnamurti figurava como antiquíssima entidade espiritual de nome Alcyone, da qual o incansável ocultista alinhou as primeiras trinta vidas.

Por essa altura, Ernest Wood, já nutria suas desconfianças acerca das intermináveis revelações de Leadbeater, a despeito do apoio irrestrito e até da colaboração da própria sra. Besant.

> Um observador perspicaz como ele – informa Nethercot (p. 141) –, não poderia deixar de notar as numerosas discrepâncias e implausibilidades que começaram a surgir em crescente quantidade, à medida que as séries de vidas se ampliavam em extensão e em número de figurantes e se multiplicavam os eventos.

Enquanto isso, Krishnamurti arrastava-se, lenta e penosamente, pelas difíceis trilhas do aprendizado. Subrahmanyam Aiyar, seu professor de sânscrito, não precisou de muito tempo para uma baixa avaliação da inteligência de seu aluno, opinião, aliás, que batia com a de outros professores. O menino mostrava-se "extraordinariamente afetuoso e tratável", mas, na opinião de outros, "tão passivo, a ponto de não ter qualquer vontade própria ou caráter" (p. 142). Até o próprio Leadbeater perdia, às vezes, sua paciência ante a ausência de interesse da parte do discípulo.

Para Annie Besant, em razão de seu "conhecimento oculto", Krishnamurti poderia tornar-se o esperado instrumento para manifestação do Mestre Mundial, da mesma forma como o Cristo utilizara-se de Jesus, como veículo, dois mil anos antes (pp. 133-144). Leadbeater incumbira-se de confirmar essa expectativa, com base em seus próprios conhecimentos. A sra. Besant não parecia, contudo, convicta, àquela altura, de que Krishnamurti tivesse mesmo condições para implementar seus planos de renovação mundial. Sentia-se indecisa entre vários candidatos. Entre estes, figurava destacadamente, o jovem Hubert van Hook, que seria o avatar que A.B. tinha em mente ao declarar, numa de suas conferências em Chicago, que, "desta vez, o mestre surgiria no Ocidente e não no Oriente, como sempre fizera no passado" (p. 144).

Não deu certo. Após suportar quatro ou cinco anos de estudos com o onipresente Leadbeater, juntamente com dois novos protegidos indianos do mestre, Hubert terminou rejeitando tudo quanto dizia respeito à ST.

Mais uma vez – e muito nitidamente no episódio Krishnamurti – percebe-se que todas as grandes revelações e os principais projetos desenvolvidos pela ST passavam necessariamente por Leadbeater. Ainda lento e desinteressado, Krishnamurti prosseguia nos estudos. Não gostava de ler e gostava ainda menos de matemática. Os livros didáticos tinham de ser lidos para ele. Mesmo assim, no Natal de 1896, Leadbeater – sempre ele! – informou haver recebido instruções dos mestres, a fim de proceder ao ritual da iniciação de Krishnamurti. Em 11 de janeiro do ano seguinte, em obediência a instruções telegráficas de Annie Besant, ausente, na Inglaterra – Nityananda, irmão de Krishnamurti, e um jovem por nome Clarke postaram-se como guardas às portas do edifício central, enquanto Leadbeater e Krishnamurti entraram nos aposentos reservados de Annie. Deitaram-se no chão, a fim de se projetarem astralmente no local onde se realizaria, na dimensão invisível, o processo da iniciação. Permaneceriam ali durante cerca de trinta e seis horas, numa espécie de transe. Anotações posteriores de Leadbeater informavam que Krishnamurti havia comparecido sozinho, em seu corpo astral, perante os grandes mestres Kut Humi, Morya e Dwaj Kul, sendo, em seguida, levado a Maitreya, assentado num trono e rodeado por numerosos outros mestres.

A cerimônia prosseguiu na noite seguinte, quando, em seu "corpo búdico", o jovem iniciante foi levado ao Shamballa, ao encontro do próprio "Senhor do Mundo", com o qual teria mantido um diálogo.

Krishnamurti acabava, portanto, de ser definido como o instrumento através do qual o Mestre Maior eventualmente se manifestaria. Estava assegurada, pois, a volta do Grande Mestre à Terra, a fim de prepará-la para as dramáticas expectativas de reforma preconizadas por Annie Besant e Leadbeater.

Em março, em documento apresentado por *sir* Subramania Yyer, juiz aposentado, e vice-presidente da ST, Narayaniah, pai de Krishnamurti, entregava seu filho à guarda de Annie Besant. A ideia era a de evitar que, numa das suas constantes explosões emocionais, ele criasse dificuldades ao projeto de fazer de Krishna, como o chamavam, um mensageiro divino. Mesmo assim, ele agitaria algum tempo depois toda a estrutura da ST, com a ação judicial contra Leadbeater, como vimos há pouco.

Por esse tempo, ainda despreparado e com escassa familiaridade com a língua inglesa, Krishnamurti escreveu um livro intitulado *The masters and the path* (*Os mestres e a senda*). Segundo Leadbeater, Krishna era levado no corpo astral ao mestre Kuti Humi, que durante quinze minutos o instruía. No final de cada encontro, mestre K.H. resumia as ideias fundamentais das instruções em duas ou três frases, que o discípulo repetia até gravá-las bem na memória, antes de retornar ao corpo físico. Pela manhã, ele escreveria laboriosamente o que aprendera, a partir do resumo memorizado. Leadbeater incumbiu-se de dar a essas notas um arranjo melhor e datilografá-las.

Os originais assim ordenados foram revistos por Kut Humi e, em seguida, apresentados ao próprio Maytreya, que não apenas os aprovou como inesperadamente recomendou que o livro fosse publicado, a fim de que "Alcyone" (Krishnamurti) fosse apresentado ao mundo. Não faltou quem achasse prematuro publicar a obra, mas o sucesso foi imediato. Dentro de poucos anos, estaria traduzida em vinte e sete línguas, além das suas quarenta edições na língua original.

Como era de se esperar, levantou-se séria dúvida sobre a verdadeira autoria do livro, que muitos atribuíam a Leadbeater, dado que o jovem mal sabia expressar-se em inglês. Não tardou a explicação: de início, Krishnamurti guardava apenas o esquema de cada capítulo em sua mente e tentava reproduzi-los pela manhã, mas em breve se tornara capaz de reter na memória todos os ensinamentos do mestre invisível e transpô-los fielmente para o papel. Foi nesta segunda fase, dizia Leadbeater, que o livro havia sido escrito.

At the feet of the master, a segunda obra foi ainda mais bem-sucedida, ultapassando em tiragem os mais venerados textos teosóficos, como *Light on the path*, de Mabel Collins, *The path of discipleship*, de Annie Besant e até *A voz do silêncio*, da sra. Blavatsky.

Renovavam-se as expectativas de uma breve descida do Mestre Supremo ao mundo. Para cuidar da grandiosa tarefa da segunda vinda, a sra. Besant criou a Ordem da Estrela do Oriente, visando a congregar especialmente os jovens.

Simultaneamente, começou a lançar Krishnamurti em escala mundial, apresentando-o aos seus amigos, que eram muitos e influentes. Tentaria, ainda, insistentemente, fazê-lo frequentar a Universidade de Baliol ou mesmo Oxford e Cambridge.

Foi por essa época que ela divulgou mais uma de suas premonições – a de que César, um dos grandes, estava para reencarnar-se dentro de poucos meses.

Enquanto isso, Leadbeater cuidava de dar frequentes polimentos na imagem de seu discípulo, ao declarar, por exemplo, que ele,

Alcyone, sentara-se, como aprendiz, junto a Buda, sob a lendária *bo-tree*, a árvore sagrada, sob a qual o grande mestre ensinava.

No final daquele ano, Krishnamurti presidiu a uma solenidade e acabou consagrado por manifestações inesperadas de gente que se atirava aos seus pés, em crises místicas. Por trás da cenas carregadas de emoção, que os simples mortais contemplavam, Annie Besant e Leadbeater presenciaram o que se desenrolara, segundo eles, do lado oculto da vida. Foi, no dizer deles, uma verdadeira "efusão do Espírito Santo, como no Pentecostes" (p. 171).

Somente os membros do grupo esotérico tiveram acesso ao relato mais completo do que a sra. Besant teria presenciado com a sua privilegiada vidência. Descera das alturas um facho de luz azulada que, tocando a cabeça do jovem, nela entrou. "Verdadeiramente" – declarou Annie –, "o Senhor Maitreya havia baixado dos planos superiores da espiritualidade, para incorporar-se no Seu Escolhido." Brilhara ali, por um instante, ainda segundo ela, "o símbolo carmesim do mestre Jesus."

No dia seguinte, em pronunciamento público, a sra. Besant declarou não ser mais possível ocultar a evidência de que Krishnamurti havia sido escolhido pelo Bodhisattwa como seu instrumento pessoal de manifestação e o estava afinando para essa finalidade.

Alguns membros de mais aguda sensibilidade crítica achavam aquilo tudo um pouco demais, queixando-se do exagerado 'culto' que se desenvolvia em torno de Krishnamurti. Um deles foi Jinarajadasa, um dos antigos protegidos de Leadbeater, ainda em Londres, quando ambos atuaram junto de Sinnett, como vimos. Ele, que já vinha observando com algum desgosto certos fatos, viu suas dúvidas se fortalecerem acerca "da divinização de Krishnamurti e sobre o papel de Besant e Leadbeater em promulgá-la" (p. 172).

O dr. Nanjunda Rao, prestigiado médico (não teosofista) do coronel Olcott, seria um crítico cada vez mais severo do que estava acontecendo. Nethercot considera-o "implacável" (p. 182). Chegaram-lhes às mãos algumas cartas, nas quais Krishnamurti contava ao seu irmão mais velho suas viagens pelo mundo. Acontece que as cartas datavam de cerca de menos de um ano após a publicação da pequena "obra-prima" *At the feet of the master* e nelas o missivista revelava-se totalmente despreparado para produzir o texto que lhe havia sido atribuído. Errava na grafia das palavras – até mesmo no nome Besant –, as expressões usadas eram primárias, a ideias em geral, ingênuas, com "a mentalidade de um escolar algo retardado" (p. 183).

A despeito de toda a expectativa criada em torno do jovem Krishnamurti e de sua tarefa com o esperado Mestre do Mundo, dúvidas e questionamentos começaram a surgir, nos círculos mais íntimos da sociedade, sobre se Annie e Leadbeater não se teriam equivocado nas suas decisões de promovê-lo.

Com o passar dos anos, formara-se em torno de Krishnamurti sua própria *entourage*, com a qual viajava pelo mundo, fazendo palestras, escrevendo textos e concedendo entrevistas. O jovem pregador e pensador parecia mais interessado em seus esportes prediletos – tênis, golfe e automobilismo, nos quais era treinado por admiradores profissionais –, do que em cuidar da tarefa missionária de veículo divino. Nethercot informa que ele se tornaria excelente mecânico, mesmo depois de haver adquirido seu caríssimo carro.

Encantou-se com a Califórnia, nos Estados Unidos, onde em breve teria local apropriado para instalar seu florescente núcleo de trabalho. A mídia local e a internacional concediam-lhe amplos espaços. Numa de suas disputadas conferências no famoso Orange Bowl, em Hollywood, falou para 16 mil ouvintes. Falaria, pouco depois, pelo rádio, em francês, da torre Eiffel, em Paris, para uma plateia estimada em 2 milhões de pessoas. Em Londres, declarou, em entrevista, não ser apenas o instrumento do Mestre do Mundo, mas o próprio (Nethercot, p. 407).

A despeito de investir-se do papel de Mestre do Mundo, não via nessa tarefa qualquer conotação sobrenatural. O que autoriza a suposição de que tudo fazia por si mesmo, sem nenhuma cobertura espiritual transcendente. Já nem falava mais sobre o "Senhor Maitreya", preferindo o termo mais neutro de "Senhor" ou o "Amado". Anos mais tarde, nem essas expressões figuravam mais nos seus escritos e nas suas conferências.

Por esse tempo, declarou extinta a Ordem da Estrela Oriental, decisão que Annie confirmaria pouco depois, ainda que reiterando sua convicção de que Krishnamurti era o veículo escolhido para manifestação do Mestre Maior na Terra.

Numa de suas viagens a Londres, em 1929, Annie o encontrou lá, mas pouco contato pessoal tiveram. Já nem se poderia, em sã consciência, considerá-lo um teosofista, embora não houvesse um rompimento formal. Ninguém mais do que Annie sofria com o melancólico final de seu sonho de renovação do mundo.

Atento aos aspectos meramente materiais, Krishnamurti passara a contar com um especialista para gerir o lado empresarial de suas atividades de pregador itinerante.

Também em Londres, em 1929, soube-se que Leadbeater, passou a admitir, reservadamente, que dera em nada a segunda vinda (do Messias) por eles tão anunciada, promovida e esperada. Foi nesse estado de espírito, vencido pelas suas próprias dúvidas, que escreveu um artigo com o significativo título de "És tu aquele que deveria vir?"

Finalmente, Krishnamurti não desejava mais ser tido como teosofista e passou a rejeitar explicitamente toda a temática ocultista que, teoricamente, seria o conceito nuclear de sua tarefa missionária.

Em janeiro de 1933, nos últimos tempos da vida terrena de Annie Besant, Bernard Shaw visitou a Índia, em companhia da esposa. Nem uma vez mencionou, nas suas entrevistas, o nome dela, reconhecidamente, sua antiga paixão. Talvez porque tenha sido advertido a não suscitar temas políticos, num ambiente tumultuado como o da Índia daquele tempo. Annie Besant ainda era um nome politicamente explosivo.

Um de seus visitantes foi Krishnamurti, que Shaw descreveria mais tarde como "um dos mais belos seres humanos que jamais contemplara". O eminente pensador e teatrólogo perguntou a Krishnamurti se costumava encontrar-se com Annie Besant. A resposta foi "Diariamente". "E como está ela?" – insistiu. "Muito bem" – assegurou Krishnamurti –, "mas, na sua idade, ela não consegue pensar consecutivamente". "Ela nunca pode", teria dito Shaw, num sopro. Krishnamurti limitou-se a sorrir, informa Nethercot (p. 449).

Em nota de rodapé, o biógrafo de Annie acrescenta que o *Annie Besant centenary book*, publicado em 1947, assegura que Shaw, "sempre que se refere a Annie Besant, ainda hoje, o faz com respeito e consideração."

Não há dúvida, porém, de que Krishnamurti acabou – não deliberadamente talvez – tornando-se um espinho no coração desencantado de sua antiga protetora. Sob a poderosa influência de Leadbeater, provavelmente ela tenha esperado de seu antigo pupilo mais do que ele estava disposto a dar à sua programada tarefa de canal de comunicação à disposição do Mestre do Mundo.

Raramente se sabe, dos bastidores de tais eventos, o suficiente para formular um juízo correto de cada episódio. Muito menos para condenar quem quer que seja. Não resta dúvida, contudo, de que Krishnamurti decepcionou aqueles que escreveram para ele o difícil papel de veículo do Grande Mestre Universal.

O Fim da Jornada Terrena

Annie Besant, finalmente adornada com um PhD, conquistado na Índia, passara a ser tratada como dra. Besant. Há muitos anos se tornara uma personalidade de projeção internacional e admirada até por aqueles que não concordavam em partilhar suas ideias. Era uma personalidade tão rica, contudo, dedicara-se a tantas causas e mergulhara sua inteligência em tantos vetores do conhecimento, que havia sempre nela algo com o que se concordar e muito com o que discordar. O saldo era francamente positivo.

Tinha, no dizer de Nethercot (p. 411), "lugar assegurado entre as mais proeminentes e notáveis mulheres de sua era". Fenner Brockway, editor da publicação *New Leader*, escrevera em seu livro *A week in Índia (and three months in an indian hospital)*, que Annie Besant era "seguramente, a mais maravilhosa mulher vivente". Emil Ludwig, autor de livros memoráveis, escolheu-a para figurar na série de "Grandes Mulheres" – publicada no *New York Times* e em outros veículos –, que haviam desempenhado heroicos papéis no mundo contemporâneo. A lista de Ludwig era, por si só, uma consagração – madame Curie, Selma Lagerlof, a rainha Marie da Rumênia, e tantas outras desse porte. Em Londres, em outra série dedicada às "Mulheres representativas", Annie figurava entre várias representantes da nobreza e mais Mary Shelley, Christina da Suécia e Elizabeth Barrett Browning, a poeta-esposa de Robert. Geofrey West – no primeiro livro biográfico sobre Annie – caracterizava-a como "aventureira religiosa e peregrina espiritual", cuja vida havia sido "estranha demais para ser verdadeira". Leitores teosofistas do livro de West discordaram do biógrafo, que rejeitava explicitamente a teosofia como religião moderna, ressalvando, no entanto, que seus contemporâneos eram gratos "pelos benefícios diretos produzidos pelos hercúleos trabalhos e sacrifícios" que deviam à sra. Besant.

Vimos no capítulo anterior o comentário algo deselegante de Bernard Shaw acerca de Annie, em sua conversa com Krishnamurti. Encontramos em Nethercot outro episódio semelhante. Ao enviar à antiga amiga um exemplar de seu livro *Intelligent woman's guide to socialism and capitalism*. (*Guia da mulher inteligente ao socialismo e ao capitalismo*), Bernard Shaw teria comentado com o amigo Stephen Winsten, que "ela sentia-se lisonjeada por eu tê-la considerado uma mulher inteligente". Na verdade, Annie agradecera a lembrança, num amável bilhete, perguntando ao autor se a considerava uma mulher inteligente ou inintelligente. De qualquer modo, prosseguia, "preservo um cantinho para um velho amigo" e declara continuar sendo uma batalhadora em favor da autodeterminação da Índia e uma socialista.

Ao iniciar-se a década de 30, a dra. Besant "deu entrada na idade das reminiscências", segundo expressão de Nethercot (p. 432). Sempre se referira nos seus escritos a alguns amigos especiais, como madame Blavatsky, Charles Bradlaugh e até a Bernard Shaw e Herbert Burrows. Jamais mencionou, contudo, Edward Aveling, que trocou sua amizade pela ligação com Eleanor Marx. Passou a evocar outros antigos companheiros, e começou a escrever o que poderiam ter sido suas memórias, a partir de 1889, mas não levou avante o projeto, como esperava e prometera.

Por essa época, as coisas não iam muito bem na Sociedade Teosófica, que se reduzira a 33 mil membros. As velhas divergências e rivalidades de sempre, além do sensível problema Krishnamurti, que rejeitara como inúteis os aspectos ocultistas tão importantes à ST. Krisha, por outro lado, não queria que as coisas se 'cristalizassem' numa estrutura administrativa, uma organização – preferia preservar sua liberdade de pensamento e ação, sem estar preso a normas, estatutos e conceitos doutrinários com os quais não concordasse.

Numa avaliação pessoal de Krishnamurti, Nethercot confessa uma "longa estima" pelo líder espiritual, mas não deixa de lhe fazer algumas restrições. Para ele, Krishna vivera um longo período sob o controle dos outros (Leadbeater? Annie?). Durante esse tempo, desagradável e difícil, Krishnamurti parece ter-se "auto-hipnotizado" para esquecer-se de tudo quanto então se passara com ele.

Eu detestaria pensar nele como um charlatão – escreve Nethercot (p. 451) –; prefiro pensar nele como uma espécie de esquizofrênico, ou, pelo menos, um caso tido hoje, como de permanente personalidade dupla.

Por mais que o estime e admire sua "coragem e independência", Nethercot admite que "toda a sua vida pública hoje (década de 60, século XX) é uma contradição à sua filosofia". Ele nem falava mais no "Amado".

Enquanto isso, a vida terrena de Annie estava chegando ao fim e ela planejava voltar logo, em outra reencarnação, desta vez com um corpo físico indiano, a fim de dar prosseguimento à tarefa de construir a grande Índia do futuro. Acrescentava que continuaria sendo, como sempre, uma 'guerreira'. A saúde não estava bem. Ela não tinha apetite e o pouco que conseguia ingerir não parava no estômago. Dizia-se pelos jornais que ela vivia de crise em crise e chegou-se até a anunciar que ela já morrera e que a notícia seria divulgada assim que conseguissem anunciar simultaneamente sua próxima reencarnação. Descobrira, nas suas viagens astrais, que três anos antes de renascer como Annie Wood, na Inglaterra, havia sido neta de um adepto, seu atual Guru.

Morreu em Adyar, na tarde de 20 de setembro de 1933. Pela manhã seguinte, logo cedo, o corpo, envolvido em seda branca, ficou exposto no saguão. 54 bandeiras adornavam o local, cada uma representando um país onde a ST estava implantada. Dali, o corpo foi levado a um templo maçônico, para o ritual devido e, em seguida, conduzido à pira de sândalo, para ser incinerado. Após as preces, Leadbeater acendeu a pira com uma tocha. Com as chamas e a fumaça que se elevavam no ar brilhante da manhã, espalhou-se o perfume da madeira.

Pela terceira vez, pelo menos, na sua história espiritual, o corpo físico daquela entidade era entregue às chamas. Como Hipácia e Annie Besant, queimaram-lhe o cadáver, mas como Giordano Bruno – diria Paulo, referindo-se a Êutico – "o espírito ainda estava nele".

No dia seguinte, após a exposição de uma noite ao tempo, as cinzas foram recolhidas e divididas em duas porções – uma para ser atirada às águas sagradas do Ganges, honraria que coube ao idoso companheiro Bhagavan Das, e outra, que seria conservada no memorial, em Adyar, no Jardim da Recordação.

Seis meses depois, parte das cinzas de Charles Leadbeater, seu "indispensável companheiro" (Nethercot, p. 454) foram trazidas de

Perth, na Austrália – para onde ele havia partido, após a morte dela –, e colocadas ao lado do que restara do corpo físico de Annie Besant.

A Índia homenageou com dignidade e respeito sua grande amiga inglesa. As manifestações foram muitas na imprensa, no órgãos públicos, no meio político.

Quando seu testamento foi aberto, apurou-se que deixara uma pequena propriedade na Inglaterra, avaliada em apenas 2.510 libras esterlinas. O restante de seu modesto patrimônio era constituído mais de objetos de valor simbólico e histórico, como o anel maçônico, e o que pertencera a madame Blavatsky, e, finalmente, a pequena livraria que ela possuía em Londres e que deixava para seu filho Digby Besant, recentemente aposentado de suas atividades profissionais, com as honras de um comentário laudatório, na seção financeira do *Times*.

A dra. Besant havia pilotado a ST durante vinte e cinco anos. A única dificuldade foi a da primeira eleição, em substituição ao coronel Olcott. Daí em diante, não houve mais candidatos opositores.

Nethercot apurou que alguns anos após a morte, a reputação da dra. Besant entrou em declínio (p. 457). Opiniões contrárias e críticas a muitas de suas atitudes começaram a surgir, especialmente da parte de ex-teosofistas. Theodore Besterman foi um deles e não esperou muito tempo para expressá-las, logo após a morte da presidente da ST. As qualidades dominantes que Besterman via em Annie eram "extremada autoconfiança, que a levava ao autoritarismo; grande capacidade de trabalho e coragem". Paradoxalmente, contudo, ele não encontrara nela "aquela força mágica da personalidade que, por si mesma, deixa sua marca no mundo" (Nethercot, p. 460). Mesmo reconhecendo nela uma mulher de "excepcional competência", não identificava nela "um intelecto dotado de poder de abstração e pensamento filosófico analítico". Seus escritos – mais de 380 livros e panfletos – não demonstravam, a seu ver, "a força genuína da poesia ou da inspiração, nem visão científica". Achava, por tudo isso, que Annie não havia produzido nada de construtivo em benefício da humanidade.

Frank Spicker, presidente da Service Lodge, em Nova York, escreveu a Nethercot, declarando que Annie "arruinou a Sociedade Teosófica com o seu orgulho, sua devoção (talvez amor) a um homossexual (Leadbeater, certamente) e sua própria autoglorificação". Chega ao extremo de considerá-la uma "Judas, uma virago, cuja ânsia pelo poder, fazia dela uma megera quando sua vontade era contestada."

George Arundale tinha uma visão completamente diferente dessa. Para ele, Annie era dona de uma "grandeza impossível de ser medida pelos padrões usuais". Fora, segundo ele, uma pessoa incapaz de mentir, até mesmo uma mentirinha inocente.

Não faltou quem visse nela o complexo do martírio, do autossacrifício algo masoquista, que, como sabemos, vinha do tempo em que vivera como Giordano Bruno. Anotou-se também a poderosa influência que alguns homens exerceram sobre sua vida. Nessa categoria inclui-se madame Blavatsky, que admitia, ela mesma, ter sua polaridade psíquica predominantemente masculina.

Com isso, mais do que o enigma Annie Besant, como afirma Nethercot, creio que se criou o mito Annie Besant. Com o propósito de "encontrar alguma unidade na aparente desarmonia" de tantas opiniões apaixonadamente divergentes, Nethercot resolveu fazer sua própria investigação, entrevistando gente que havia conhecido a dra. Besant pessoalmente. Seu texto, nesse sentido, é bastante iluminativo, como, aliás, todo o seu magnífico estudo biográfico. Para colher esse material, andou pelo mundo afora, falou com relevantes personalidades, mas ressalva não poder afirmar que tenha solvido "o mistério das estranhas vidas de Annie Besant" (p. 462).

Falou, na Índia, com Sri Prakasa, governador de Madras, ao tempo de Annie, com a qual convivera durante anos. Como teosofista convicto e militante, Prakasa "nunca entendera" aquela história de outras vidas e outros planos, mas conservava intacta sua admiração pelos seus ideais e sua inspiração. Quanto à participação dela na política da Índia – da qual pouco pudemos dizer neste livro para não torná-lo grande demais – pensava Prakasa que Annie era realmente mais hindu do que o Mahatma (Gandhi). Revelou-se, ainda, "francamente cético acerca dos aspectos ocultos e místicos das crenças da sra. Besant e as atribuía, em larga medida, à influência de Leadbeater"(Nethercot, p. 463). Não lhe questionava, contudo, a sinceridade. Nethercot informa, logo a seguir, que Martin Boyken, secretário-geral da pequena seção alemã da ST, também considerava Leadbeater "a única influência sinistra no que seria, de outra maneira, uma vida modelar".

Bhagavan Das, do alto dos seus noventa anos de idade e da sua experiência, autor de um clássico da filosofia religiosa – *The essential unity of all religions* – tinha Annie em elevada estima e admiração. Dizia que ela fora sua mãe em várias de suas passadas existências e que sempre a considerou mãe espiritual na presente vida. Não fazia a menor restrição ao amplo leque de grandezas de sua amiga, exceto "na sua aceitação de Krishnamurti como Mestre do Mundo. Com isto" – conclui Nethercot (p. 463) – "jamais conseguira conciliar-se".

De todos os que conheceram pessoalmente a sra. Besant e conversaram com Nethercot, o único que se revelou 'cáustico' sobre ela foi B. P. Wadia, embora reconhecendo os relevantes serviços que ela prestou à Índia. Para Wadia, Annie fora um "caso psicomental", especialmente perante os homens, a força dominante em sua vida. Segundo Nethercot, Bernard Shaw manifestara, anos antes, opinião semelhante. Wadia acusava Annie de haver criado uma neoteosofia, com a qual substituiu a doutrina "genuína" de madame Blavatsky. A despeito do envolvimento de Annie com os vários homens de sua vida – desde o marido, rev. Frank Besant, e sucessivamente, Voysey, Conway, Scott, Bradlaugh, Aveling, Burrows, Judge e, finalmente, Leadbeater – Wadia mostrou-se convicto de que jamais Annie se entregara fisicamente a nenhum deles, exceto ao marido. Admitia, no entanto, um conteúdo de atração sexual nesses relacionamentos platônicos.

Esse mesmo testemunho sobre a impecável castidade de Annie Besant, Nethercot ouviu unanimemente de todos os seus entrevistados.

A mais demorada de tais conversas-entrevistas foi com Krishna Menon, em Nova Delhi, em 1957. Menon admitia esse sutil jogo de influência masculina sobre Annie, mas somente na primeira metade da vida dela, o que, praticamente, exclui Leadbeater. Perguntado a respeito deste último, Menon desconversou, dizendo não tê-lo conhecido bem, acrescentando, porém, que, certamente, Leadbeater não influenciou Annie na sua carreira política. O que deixa livre a opção de que a influência nos problemas da ST pode ter sido admitida por Wadia. Quanto às diferenças com Gandhi, tinham mesmo de ocorrer – eram de "temperamentos incompatíveis", segundo ele.

Para o dr. Sarvepalli Radhakrishnan – como muitos outros, deixara de usar o título de *sir*, depois que a Índia passou a ser governada pelos indianos – "a mais importante contribuição da dra. Besant ao país havia sido o despertar inicial do orgulho da Índia pela sua cultura, suas tradições e sua história" (p. 466).

Algo semelhante proclamara o premier Jawaharlal Nehru, nas comemorações ao aniversário de Annie, em 1956. A dra. Besant não apenas desempenhou relevante papel na luta pela libertação da Índia, como "suscitou nossa atenção para nossa própria herança e nos fez sentir orgulhosos disso" (Nethercot, p. 466). Nehru, naturalmente, não era, como tantos outros políticos — da opinião de que os métodos propostos por Annie Besant teriam sido preferíveis aos de Gandhi. Entendia Annie Besant, contudo, como "uma personalidade tremendamente impressionante". À saída de Nethercot, como quem deseja encerrar a conversa com uma frase de impacto, caracterizou a dra. Besant como "a mais majestosa dama" que conhecera.

Nethercot encerra a sua estupenda biografia com um interessante exercício de especulações, alinhadas para destacar qual seria, para o mundo, a diferença, caso ela nunca houvesse existido. Uma conquista sobressaía, logo de início — a admissão de mulheres ao ensino superior britânico. Também à sua conta figurava a aceitação do controle da natalidade. Como a gente se lembra, ela conseguiu modificar até a opinião de Bradlaugh, a fim de envolver os livres-pensadores no problema. Foi relevante sua posição na luta pela igualdade de direitos entre homens e mulheres. Por outro lado, sua ausência no Comitê Escolar, em Londres, retardaria substancialmente a decisão de proporcionar instrução e alimento gratuitos às crianças de ambos os sexos. Muita falta faria, nas greves e nas questões trabalhistas e sociais em geral, sua corajosa participação feminina, como líder grevista e reformadora social. Sem ela — que fora, paradoxalmente, uma combativa militante em favor do ateísmo e do materialismo — o movimento contra o exacerbado racionalismo da época teria perdido muito de sua força.

Nethercot tem uma palavra — me pareceu cética, aliás — de compreensão, ao declarar que se poderia questionar a validade de "suas extravagantes e dogmáticas posturas acerca do mundo oculto", sem, contudo, pôr em dúvida "a sinceridade de sua própria crença" (p. 468). Acrescenta que a experiência mística tem uma conotação fortemente pessoal. Quem sabe, pergunta-se Nethercot, se as experiências místicas da dra. Besant não seriam comparáveis às de Joana d'Arc ou às de Bernadette Soubirous?

Subscrevo, em parte, essa avaliação final do excelente biógrafo de Annie Besant. Depois de mais de quatro décadas de estudo e experimentação com a realidade espiritual, não nutro a menor parcela de dúvida acerca de aspectos que também figuram no ideário da dra. Besant, tais como existência, sobrevivência, preexistência do espírito e, consequentemente, o mecanismo das reencarnações retificadoras ou missionárias. Tanto quanto ela, sei — e não apenas creio — da comunicabilidade entre 'vivos' e 'mortos'. Concordo com ela, na realidade de um processo evolutivo que nos conduz, através dos milênios, a uma contínua aproximação com a perfeição espiritual. Vejo, praticamente como ela – com matização algo diferente, talvez –, a presença de Deus no cosmos. Estou igualmente convencido da existência de elevadas e evoluídas entidades espirituais, sempre dispostas a nos ajudarem a chegar onde já chegaram, a fim de continuarmos a ascensão rumo aos mais elevados patamares da felicidade. Não tenho dúvidas de que podemos ter acesso a tais entidades, seja através de sensitivos dotados de faculdades especiais, seja por meio de desdobramentos, sonhos ou até pelos mecanismos da intuição, da qual tanto desconfiam – com alguma razão, mas não toda – céticos e 'racionalistas' de vários matizes. Penso, contudo, que nosso trato com a sutil realidade espiritual deve ser processado de modo cauteloso, com o senso crítico alertado, sempre dispostos a rejeitar possíveis verdades de suspeita ou equivocada conotação, a fim de evitar a influência de meias-verdades, fantasias, teorias e hipóteses mirabolantes. Em outras palavras, os sensitivos que nos põem em contato com a realidade invisível devem passar antes pelo teste do bom-senso, da lucidez, da autocrítica, da honestidade de propósitos, da ausência de qualquer interesse pessoal subalterno no exercício de suas delicadas tarefas.

Não me agradam, por outro lado, rituais, simbolismos secretos, doutrinas ditas ocultas, paramentos especiais e nem mesmo hierarquias gerenciadoras para o sistema. Isso quer dizer que prefiro o corpo doutrinário e experimental do espiritismo coordenado em suas obras básicas pelo professor Denizard Rivail – Allan Kardec – na segunda metade do século dezenove, na França. O espiritismo é uma doutrina despojada, concentrada na simplicidade do essencial, mas que nada tem de simplismo. É como um tranquilo, transparente e profundo corpo de água cristalina. Não cuida de dogmas, nem propõe qualquer tipo de hierarquia, a não ser aquele mínimo indispensável ao gerenciamento de sua interface com o mundo em que vivemos.

Penso, por tudo isso, que muito teria a ganhar a sra. Annie Besant se houvesse optado pelo estudo e a prática da doutrina dos espíritos coligida por Allan Kardec, que foi parcialmente seu contemporâneo (*O livro dos espíritos* foi lançado em abril de 1857, em Paris, ao tempo em que Annie (ainda Wood) estava aí pelos seus dez anos de idade). Como vimos alhures neste estudo, não encontrei indícios ou referências sobre se Annie Besant leu Kardec e seus continuadores, ela que dominava com perfeição a bela língua francesa, na qual foram escritas as obras fundamentais e as que surgiram a seguir, nos primeiros anos do movimento.

Com todo o respeito pelos teosofistas que, eventualmente, percorram estas páginas, e o mesmo nível de respeito pelas suas ideias e posturas filosófico-religiosas, devo confessar minha honesta rejeição àquele exagerado intercâmbio com os 'Mestres', as longas dissertações sobre as centenas de reencarnações pregressas dos líderes do movimento teosófico. Sobre as não realizadas expectativas de uma segunda vinda do Messias, a indicação de Krishnamurti como veículo do "Mestre do Mundo" não é necessário manifestar minhas restrições, dado que os próprios líderes teosofistas o fizeram. Penso, ainda, que o controvertido papel de Charles Leadbeater, na filtragem de todas as grandes 'revelações', muitas delas de natureza polêmica e nem sempre aceitas por muitos dos próprios membros da ST, constitui ponto fraco – verdadeira ruptura – na tarefa a que se propôs a dra. Besant.

Esta avaliação final, nos leva – ou pelo menos leva a mim – à conclusão de que, a entidade espiritual que animou os corpos de Giodano Bruno, no século XVI e a de Annie Besant, entre os séculos XIX e XX, necessita alijar de sua formação cultural aspectos fantasiosos e míticos que tanto contribuíram para o melancólico fracasso na implantação de suas complexas utopias. Feito isso, poderá, colaborar, como sonha e deseja, para que se construa, afinal, um mundo melhor, apoiado em alicerces de justiça social, amor ao próximo, liberdade de pensamento e ação, contidos apenas pelos claros limites recomendados por uma ética universalmente aceita e praticada e uma inteligente e racional abordagem à realidade espiritual.

Não me empenho aqui, contudo, numa avaliação mais profunda da teosofia. Precisaria estudá-la melhor e dispor de mais espaço neste livro, que pretende ser apenas uma notícia da possível ligação palingenética entre Hipácia, Giordano Bruno e Annie Besant. Podemos, no entanto, leitor/leitora e eu, dar uma espiada na opinião do dr. Roger J. Woolger acerca da teosofia, no seu livro *Other lives, other selves*. É uma escolha aleatória e até algo arbitrária, de vez que a obra do dr. Woolger cuida de suas experiências pessoais, como psicoterapeuta junguiano, com as vidas passadas de seus clientes e não especificamente de teosofia. Explico-me.

Era de se supor que, ao escrever um estudo em que a reencarnação constitui a espinha dorsal de seu trabalho como profissional da saúde mental, o doutor se mostrasse convencido dessa realidade. Pois não está.

Ao colocar suas ideias perante o leitor, ele identifica, didaticamente, três posições em face da reencarnação – 1) ao nascer o indivíduo, a mente seria uma *tabula rasa* – a expressão latina é dele –, ou seja, uma folha em branco, sem passado, o que vale dizer que teríamos apenas uma existência na carne; 2) a mente seria um mecanismo de acesso àquilo que Jung caracterizou como inconsciente coletivo; e 3) a posição reencarnacionista, segundo a qual vivemos numerosas existência na carne.

O dr. se confessa em dúvida, oscilando entre a segunda posição e a terceira. Não aceita, portanto, a unicidade da vida terrena, mas não se sente preparado – ou encorajado? – a pronunciar-se, sim ou não, pela reencarnação, embora seja ela, paradoxalmente, seu instrumento de trabalho e temática de seu livro.

O que estaria bloqueando, na mente do dr. Woolger, sua aceitação plena à doutrina das vidas sucessivas? Com todo o respeito pelo seu *status* profissional, seu 'argumento' é de comovente inconsistência. Ele acha que

> [...] poucos reencarnacionistas ocidentais revelam-se alertados para o fato de quão intimamente suas ideias estão saturadas dos truísmos da teosofia do século dezenove (p. 43).

Em outras palavras – seu problema não é com a reencarnação em si, mas com a teosofia. Uma vez que a teosofia adotou a doutrina das vidas sucessivas, tê-la-ia deixado irremediavelmente contaminada e inaceitável para qualquer outra corrente de pensamento, religioso ou não.

Depreende-se, mais, do seu texto, que é no livro *Théosophisme, histoire d'une pseudorreligion*, de René Guenon – "uma crítica devastadora do movimento e suas ramificações" –, que ele foi colher o julgamento da teosofia. A despeito de toda a sua reconhecida erudição, no entanto, Guenon não constitui uma boa fonte de consulta nesse contexto cultural. Pode-se até concordar com ele, em princípio, de que a teosofia não chega a ser um movimento religioso no sentido usual das religiões instituídas – também eu assim penso –, mas faltou a Guenon serenidade suficiente para examinar com isenção, não a doutrina teosófica em si, que se abre, realmente, a muitas críticas e restrições, mas aos aspectos da realidade espiritual, *malgré tout*, contidos na teosofia em particular e nas correntes espiritualistas em geral. Estou falando de existência, preexistência e sobrevivência do espírito, reencarnação, comunicabilidade entre vivos e mortos, responsabilidade cármica e outros.

Em *L' erreur spirite* (Marcel Rivière, Paris, 1923), o mesmo Guenon produziu um apaixonado calhamaço (quatrocentas páginas) contra o espiritismo. Não que o considerasse coisa séria ou digna de ser tratada com seriedade, como ele acreditou fazê-lo – e pelo que até se desculpa –, mas porque, a seu ver, a situação se "agravara" a olhos vistos, com a "invasão" das ideias espíritas, ameaçando "chegar a um verdadeiro envenenamento da mentalidade pública" (Guenon, p. 399).

> Trata-se, seguramente, de uma tolice – prossegue –, mas o terrível é que essa tolice tenha chegado a exercer uma ação extraordinariamente extensa, o que prova que ela responde a tendências assaz generalizadas [...]

Tornara-se urgente, pois, *salvar a humanidade* da perniciosa ideia de que somos espíritos imortais, perfectíveis e que precisam orientar suas vidas por um código de ética colocado acima de religiões e filosofias, porque cósmico.

Percebe-se, portanto, que o dr. Woolger não tem a nos oferecer uma avaliação pessoal sobre a teosofia – ele adota a do sr. René Guenon. Por isso, a teosofia figura em *Other lives, other selves*, como uma "criação basicamente sintética" de madame Blavatsky, "notável médium e escritora russa". Surgindo num momento psicologicamente adequado, como "retardada reação romântica ao materialismo científico, bem como à moribunda espiritualidade cristã", o movimento teosófico parecia oferecer nutrientes a uma geração faminta da "antiga sabedoria" e do misticismo. O que conseguiram, porém, foi a interminável, intrigante e insatisfatória mixórdia que madame Blavatsky elaborou com ensinamentos autênticos e clichês ocultistas" (Woolger, p. 44).

Cita, em apoio de sua observação, texto em que René Guenon ataca a teosofia como "mistura de neoplatonismo, gnosticismo, cabala judaica, hermetismo e ocultismo".

Não me ponho, aqui, como advogado de defesa da teosofia, pela qual não me sinto atraído e nem interessado, mas é preciso lembrar que qualquer sistema de ideias que adote a realidade espiritual terá, necessariamente, de incluir os mesmos conceitos básicos que vamos encontrar nos conteúdos do neoplatonismo, do gnosticismo, da cabala, do hermetismo e do ocultismo. Os ingredientes temáticos são os mesmos de sempre, ainda que com diferentes ênfases, neste ou naquele movimento. Ou não estariam falando de realidade espiritual.

E pensar que o sr. Guenon se chamava René, ou seja, renascido, reencarnado!

O dr. Woolger recorre novamente a Guenon, mais adiante, no livro (p. 58), para discorrer sobre as origens da teosofia, nascida em Nova York, em 1875, dois anos após a sra. Blavatsky haver conhecido o coronel Olcott, "um apaixonado adepto do espiritualismo". Cita, a propósito *Isis unveiled*, no qual Helena P. Blavatsky escreveu taxativamente (Vol. II, p. 351, apud Woolger) que a "reencarnação constitui violação das leis cármicas da natureza". A observação é de uma total falta de consistência, de vez que é, precisamente, a reencarnação o instrumento através do qual as leis cármicas se manifestam.

Acrescenta Woolger, contudo, sempre apoiado em Guenon, agora nas suas "autorizadas histórias críticas do espiritismo (letra minúscula) e da teosofia (maiúscula), que madame Blavatsky ter-se-ia "apropriado da doutrina da reencarnação do espiritismo de Kardec, em vista do seu sucesso na França" (p. 58). Woolger concede, pouco adiante – p. 59 –, que o "conteúdo evolutivo da versão da reencarnação que Blavatsky adotou de Kardec era atraente na época, como ainda hoje".

Se é que podemos aceitar como válida a manifestação do espírito (desencarnado) de Blavatsky, nas tarefas mediúnicas dirigidas pelo dr. Carl Wickland – às quais também se refere o dr. Woolger – a criadora da teosofia negou a reencarnação nos seus primeiros escritos, aceitou-a mais tarde e voltou a rejeitá-la depois de 'morta'. É necessário considerar, contudo, que a reencarnação não constitui objeto de fé ou crença – ou é um fato, uma lei cósmica, ou não. Ao escrevermos isto, a evidência acumulada em apoio do conceito das vidas sucessivas é decisiva, convincente, irrecusável.

Também concordo com Woolger e até com Guenon em que a doutrina teosófica apresenta numerosas inconsistências, fantasias e complexidades perfeitamente dispensáveis, mas isso não contamina o conceito da reencarnação por ela adotado. O que o coloca sob questionamento é a torrencial literatura acerca das numerosas e fantásticas reencarnações que Leadbeater 'revelou' nas suas meditações ocultistas.

BIBLIOGRAFIA

BESANT, Annie. *A study in counsciousness*. Madras, Londres, Wheaton, III, 1980.
BESANT, Annie. *Autobiografia*. Trad. J. Gervásio de Figueiredo. S. Paulo, Pensamento.
BLAVATSKY, H. P. *A voz do silêncio*. Trad. Fernando Pessoa. Rio de Janeiro, Civilização Brasileira, 1969.
CONAN DOYLE, Arthur. *História do espiritualismo*. Trad. J. Herculano Pires, S. Paulo, Pensamento, 1960.
DURANT, Will. *The Age of Reason begins*. Nova York, Simon & Schuster, 1961.
——— *The Age of Faith*. Nova York, Simon & Schuster, 1950.
ENCYCLOPAEDIA Britannica. Chicago, Londres, Toronto, Genebra, William Benton, 1962.
GELEY, Gustave. *De l'inconscient au conscient*. Paris, Félix Alcan, 1921.
GILLABERT, Émile. *Jésus et la gnose*. Paris, Dervy-Livres, 1981.
GUENON, René. *L' erreur spirite*. Paris, Marcel Riviére, 1923.
GUIRDHAM, Arthur. *The cathars and reincarnation*. Londres, Neville Spearman, 1970.
JUNG, Carl G. *Psychologie et alchimie*. Trad. Anotada do alemão por Henry Pernet e dr. Roland Cahen, Paris, Buchet-Castel, 1970.
KARDEC, Allan. *O livro dos espíritos*. Rio de Janeiro, FEB, RJ.
LOVELOCK, James. *Gaia, a new look at life on Earth*. Londres e Nova York, Oxford Press, 1979.
MACGREGGOR, Geddes. *Gnosis, a renaissance of christian thought*. Wheaton, III, Julian Press, 1979.
MARRYAT, Florence. *There is no death*. Londres, 1892.
MEUNIER, Mario. *Apollonius de Tyane ou le séjour d'un dieu parmi les hommes*. Paris, Librairie des Sciences Psychiques, 1911.
MIRANDA, Hermínio C. *Alquimia da mente*, Niterói, RJ, Lachâtre, 1994.
MIRANDA, Herminio C. *O evangelho gnóstico de Tomé*, Niterói, RJ, Lachâtre, 1995.
MOORE, R. Laurence. *In search of white crows*. Nova York, Oxford Press, 1977.
NETHERCOT, Arthur H. *The first five lives of Annie Besant*. Londres, Rupert Hart-Davis, 1961.
———. *The last four lives of Annie Besant*. Londres, Rupert Hart-Davis, 1963.
PRICE, Henry. *Fifty years of psychical research*. Londres, Nova York. Toronto, Longmans, Green, 1930.
RUSSELL, Peter. *The global brain*. Los Angeles, J. P. Tarcher, 1987.

SPAMPANATO, Vicenzo. *Vita de Giordano Bruno*. Roma, Casa Editrice Giuseppe Principato, 1931, Messina. Reimpressão Gela Editrice, 1988.

STEAD, William. *Lettres de Julia, ou lumière de l'au-delà*. Paris, Livro mediúnico. Trad. C. Montonnier. Librairie des Sciences Psychique, 1911.

VANCANDARD. *Vie de saint Bernard*. Paris, J. Gabalida, 1920.

WANTUIL, Zêus. *O espiritismo e as mesas girantes*. Rio, FEB.

WEBSTER"S New Collegiate Dictionary. Springfiled, Mass. G & C. Merriam, 1949.

WICKLAND, Carl. *Thirty years among the dead*. Londres, Spiritualist Press, 1971.

WILLIAMS, Gertrude M. *The passionate pilgrim a life of Annie Besant*. Londres, John Hamilton.

WOOLGER, Roger J. *Other lives, other selves*. Toronto, Nova York, Londres, Sydney, Auckland. Bantam Books.

YATES, Frances. *Giordano Bruno e la tradizione ermetica*. Roma, Editori Laterza, 1985.